Volker Halfmann

Mein goldener Sprung in der Schüssel

Volker
Halfmann
Mein
goldener Sprung
in der Schüssel
Wie ich als Pastor
mit meinen Zwangsstörungen
und der Alkoholabhängigkeit lebe
SCM
R.Brockhaus

SCM

Stiftung Christliche Medien

SCM R.Brockhaus ist ein Imprint der SCM Verlagsgruppe,
die zur Stiftung Christliche Medien gehört, einer gemeinnützigen Stiftung,
die sich für die Förderung und Verbreitung christlicher Bücher,
Zeitschriften, Filme und Musik einsetzt.

MIX
Papier aus verantwortungsvollen Quellen
FSC® C014496

2. Auflage 2019

Max-Eyth-Straße 41 · 71088 Holzgerlingen
Internet: www.scm-brockhaus.de;
E-Mail: info@scm-brockhaus.de

Lektorat: Christiane Kathmann, www.lektorat-kathmann.de
Umschlaggestaltung: Kathrin Spiegelberg, Weil im Schönbuch
Titelbild: Johannes Fenn, www.fennomenal.de
Satz: Christoph Möller, Hattingen
Druck und Verarbeitung: GGP Media GmbH, Pößneck
Gedruckt in Deutschland
ISBN 978-3-417-26872-0
Bestell-Nr. 226.872

Inhalt

Für meine Eltern,
Esther und Horst Halfmann.
Ihr habt mir das Wichtigste mitgegeben.

Vorwort von Ulrich Eggers

Seit vielen Jahren verfolge ich mit großer Wertschätzung das Leben – oder auch die Berg- und Talbahn – von Volker Halfmann. Ich freue mich sehr an diesem Buch und an seinem Mut, so offen mit seiner Gottes-, Glaubens- und Lebensgeschichte umzugehen. Ich bin überzeugt: Von solchen grundehrlichen Berichten lernen wir Entscheidendes über das Wesen Gottes und die krassen Herausforderungen, Freuden und Abstürze des Lebens.

Kennengelernt habe ich Volker Halfmann durch einen Artikel, der in unserer Zeitschrift AUFATMEN die höchste je verzeichnete Zahl an Leserbriefen hervorgerufen hat: »Mein freiwillig gottloses Jahr«[1] – ein Pastor steigt aus seinem Glauben aus und versucht es ohne Gott. Was dort an ehrlich geschilderten Gefühlen, Trauer, Wut, Zorn – schließlich aber auch an neuer Hoffnung und neu gefundenen Türen in die Zukunft aufleuchtete, hat viele angesprochen und berührt. Für mich zeigen diese Reaktionen auch, dass sich viele Christen vor dem inneren Spiegel ihrer Seele hier oder da eng verwandt fühlen mit dem, was Volker Halfmann auf der schwierigen Strecke seiner Lebensreise erlebt hat: Abgründe und Zweifel, Schatten aus der Vergangenheit und Belastungen aus der Gegenwart – all die Hochs und Tiefs, die an uns nagen – und welche die meisten von uns in unserem normalen Alltag nur besser verbergen, überspielen und an den Rand drängen können, als der Autor dieses Buchs das mit seiner Vorgeschichte und Prägung und in einem so exponierten Beruf tun konnte.

Belastet durch ein verbogenes Gottesbild, hohe Ambitionen und Erwartungen an sich selbst, mit dem oft schwierigen Korsett einer Pastorenrolle, landet Volker Halfmann in Alkoholsucht und psychischer Krankheit. Ich bin total dankbar, dass er in all dem nicht aufgegeben hat – dank einer wunderbaren Frau, seiner Familie und guter Freunde. Und auch dank seiner Entscheidung, immer wieder Auswege aus den Abgründen zu finden, sich heraushelfen zu lassen, zu kämpfen. Vieles von dem, was Volker Halfmann in diesem Buch beschreibt, ist fernab jeder Romantik und wahrhaftig nicht schön, sondern einfach nur dunkel, traurig, herzzerreißend und belastend. Umso mehr aber leuchtet auf, dass mitten in solchen Abgründen Gottes Liebe greifbar nah ist, dass er nach uns sucht und immer wieder mit offenen Armen darauf wartet, dass wir bei ihm Anker werfen.

Dieses Buch erinnert mich in manchem an die berührende Autobiografie des ehemaligen Priesters Brennan Manning[2], der sein Leben lang gegen die Alkoholsucht gekämpft hat – und dennoch die wunderbarsten Bücher über die Liebe und Barmherzigkeit Gottes geschrieben hat, die ich kenne: Wer so vertraut mit den Abgründen des Lebens ist, wer sich so wenig Illusionen über sich selbst machen kann, wer so auf Barmherzigkeit und Liebe angewiesen ist, der weiß am Ende mehr über diesen Gott der Liebe zu sagen als wir vielen anderen, die in ihrer gutbürgerlichen Sicherheit einer Normalexistenz daran leicht vorbeileben. Eben deswegen schätze ich dieses Buch von Volker Halfmann: Es teilt etwas vom Kampf und der Expertise eines Menschen, der durch tiefe Täler geht und dort Erfahrungen mit Gott macht, die nur in dieser Tiefe zu gewinnen sind.

Der amerikanische Autor Gordon MacDonald hat einmal gesagt, dass er die geborgene Offenheit einer Gruppe der Anonymen Alkoholiker für eine der neutestamentlichen Absicht viel nähere Form von Gemeinde hält als unsere oft so glatten und starken Versammlungen der scheinbar Gerechten und Erfolgreichen. Bei den Anonymen Alkoholikern kann niemand über seine Wirklichkeit hinwegspielen: »Guten Tag, mein Name ist X, ich bin alkoholkrank«, so stellt man sich dort vor. »Guten Tag, mein Name ist X, ich bin Sünder, ich bin abhängig von Gottes Vergebung, ich schaffe es nicht allein« – *das* ist eigentlich unser aller Wirklichkeit, über die wir uns so gern hinwegtäuschen, die wir aus Scham und Stolz verdrängen, vor der wir flüchten. Aber ich bin überzeugt: Wir tun das oft um den (viel zu hohen) Preis, den Gott der Liebe und Barmherzigkeit gar nicht wirklich kennenzulernen, den uns der Autor dieses Buches nahebringen will. Eben deswegen gab und gibt es so viele starke Reaktionen auf das ehrliche und offene Teilen seines Lebensweges in AUFATMEN.

Volker Halfmanns Weg ist einzigartig, er darf nicht romantisch verklärt werden – aber er zeigt uns eins in großer Deutlichkeit: Unsere Sehnsucht nach Leben, Frieden und Glück stillen wir am besten in der Abhängigkeit von dem, der uns gemacht hat. Ihn will uns dieses Buch neu vor Augen malen.

In uns allen stecken Anteile der Lebenslasten und verbogenen Haltungen, mit denen sich Volker Halfmann herumschlagen muss. Eben deswegen ist dies ein Buch über jeden und jede von uns – eben deswegen sind wir Geschwister, gemeinsam Kinder eines wunderbaren Vaters im Himmel.

Danke für dieses Schreib-Geschenk und dieses Opfer an radikaler Offenheit und Ehrlichkeit, das hier einer bringt, um gute Früchte auch für andere aus seinem Weg zu ernten und damit Gott zu danken und zu ehren. Was für ein Buch!

Ulrich Eggers
Geschäftsführer und Verleger der SCM Verlagsgruppe,
Herausgeber der Zeitschrift AUFATMEN

Vorwort von Dr. Wilfried Haßfeld

Als ich 1997 in Oberursel erstmals die FeG besuchte, lernte ich einen sprachbegabten Pastor kennen, nämlich Herrn Volker Halfmann. Gerne erinnere ich mich an unsere monatlichen »Atempause-Gottesdienste« in öffentlichen Räumen, an Gebetsgemeinschaften morgens um 6 Uhr, an Predigten, in denen die Leidenschaft für einen Jesus hervorleuchtete, den die Kranken brauchen und nicht die Gesunden. – Gegen Ende seiner Zeit in Oberursel wollte Herr Halfmann auch einmal mit mir reden. Dazu ist es allerdings nie gekommen. Damals war die Zeit für derartige Gespräche wohl noch nicht reif.

Vielleicht wird es dem Leser ja auch so gehen: Bei der Lektüre des Manuskriptes habe ich manchmal die Luft angehalten. Dass jemand so ehrlich schreibt wie Herr Halfmann, ist für mich eher ein seltenes Phänomen. Selbst in Vier-Augen-Gesprächen – sei es in der Seelsorge, sei es in der Psychotherapie – ist solch eine Offenheit durchaus nicht die Regel.

In mir wird ein Gefühl wachgerufen, als stünde neben Herrn Halfmann ein strenger Zensor, der sehr darauf achtet, dass der Inhalt des Berichtes bis in die Einzelheiten wahrhaftig ist, auf keinen Fall zu sehr zu seinen Gunsten sprechen darf. Dieser Zensor oder innere Kritiker ist ein strenges Gewissen.

Ein weiteres wichtiges Indiz für sein strenges Gewissen – in diesem Fall muss man von einem überstrengen Gewissen reden – ist das sadistische Gottesbild mit geradezu diabolischen Zügen, das Herrn Halfmann das Leben so überaus schwer gemacht hat. In dem Wutbrief an Gott, den er während der stationären Reha in Bad Herrenalb verfasste, lässt er uns miterleben, wie er in einem Akt der Verzweiflung versucht, sich von diesem Gott zu befreien. Im Vordergrund stehen abgründige Zwangsgedanken, die bei einem zwangskranken Menschen schwerpunktmäßig auf das

Wichtigste und Liebste in seinem Leben abzielen – bei Herrn Halfmann auf seine Beziehung zu Gott.

Übrigens gibt es in der Bibel ein paar Stellen, wie man mit den Anklagen eines überstrengen Gewissens umgehen sollte. Salomo äußert sich ganz unmissverständlich: »Sei nicht allzu gerecht und nicht allzu weise, damit du dich nicht zugrunde richtest« (Prediger 7,16; LUT). Und Johannes weist uns darauf hin, dass wir uns ganz einem gütigen Gott anvertrauen können und nicht einem überstrengen Gewissen ausgeliefert sind: »Doch auch wenn unser Gewissen uns schuldig spricht, dürfen wir darauf vertrauen, dass Gott barmherziger mit uns ist als wir selbst. Er kennt uns ganz genau« (1. Johannes 3,20; HFA).

Solch ein Gewissen meldet sich ja nicht mehr in einer für den Menschen förderlichen Weise zu Wort, wenn innere Normen verletzt werden. Es hat vielmehr den Charakter, völlig autonom zu sein, sich in unserer Seele als mächtige und völlig übergeordnete Instanz etabliert zu haben, um möglichst ständig einen maximalen Druck aufzubauen, eine grausame Gewissensangst. Die Autonomie dieses Gewissens spiegelt sich auch darin, dass für Zwangsgedanken Begründungen hervorgebracht werden, die für den normalen Menschen so weit hergeholt sind, so abenteuerlich klingen, dass sie normalerweise sofort wieder verworfen werden. Für den Menschen, der an einer Zwangsstörung leidet, gewinnen diese abstrusen Gedanken aber immer mehr an Realität – und werden schließlich zu einer lebensbedrohlichen Gewissheit.

Unter diesen Aspekten sollte seine Suchterkrankung auch als sekundäres Phänomen gesehen werden. Letztlich waren die Betäubung, der Rausch, das Vergessen durch Alkohol und Medikamente so etwas wie Urlaub von diesem Gewissensdruck, der ständig auf Herrn Halfmann lastete. Natürlich sammeln sich im Laufe der Suchterkrankung dann immer mehr andere unerträgliche Gefühle an, die in diesem Buch auch benannt sind. Um sie nicht mehr spüren zu müssen, lösen sie dieses Craving aus, die unwiderstehliche Begierde nach der Wirkung des Suchtmittels.

Vielleicht wird es den Leser interessieren, wie man sich die Entwicklung eines solchen Gewissens vorstellen kann. In der Regel findet man in der Biografie solcher Menschen, dass einer oder mehrere der nächsten, eigenen Verwandten selbst Hinweise solch einer Zwangsstörung aufweisen. Das wird einerseits genetisch erklärt. Andererseits kann die große »innere Enge« eines Elternteils mit angedrohten und/oder vollzogenen Strafen von dem Kind sehr tief verinnerlicht werden. Es kann auch sein, dass es die innerliche Bedrohung spürt, die ein Elternteil in seiner eigenen Kindheit erlitten hat, auch wenn nie darüber geredet wurde. Solche bedrohliche Situationen werden also non-verbal, »transgenerational« weitergereicht, wie wir zum Beispiel von Enkeln wissen, deren Großeltern todesbedrohlichen oder höchst beschämenden Situationen im Krieg oder auf der Flucht im Zweiten Weltkrieg ausgesetzt waren.

Diese Einflüsse sind es, die zu solch einem mächtigen autonomen und verurteilenden Gewissen führen können. Die bedrohlichen Verinnerlichungen, die sich in einem überstrengen Gewissen verdichtet haben, werden dann auch auf Menschen, vor allem hier aber auf Gott, übertragen. Solch ein Gottesbild besteht also so gut wie ausschließlich aus der Übertragung sehr bedrohlicher und sehr einengender Erfahrungen und kann geradezu diabolische Züge annehmen. Es hat aber so gut wie gar nichts zu tun etwa mit dem liebevollen Charakter von Jesus Christus.

Dass es auch Menschen gibt, die ein dickes Minus an Gewissen haben oder überhaupt gar kein Gewissen zu haben scheinen, die also auch von Gott in der Bibel eine ganz andere Ansprache brauchen, um sie zur Umkehr zu bewegen, ist für einen Menschen mit einer Zwangsstörung in keiner Weise nachvollziehbar oder verständlich. Was also Gewissenlose vielleicht noch aufrütteln kann, ist für Menschen mit einer Zwangsstörung geradezu das reinste Gift, wenn sie es – in der Regel mit größter Affinität und Vorliebe – auf sich beziehen.

Was die Suchterkrankung* betrifft, ist der erste Schritt zur Umkehr die Erfahrung der absoluten Hilflosigkeit, sich aus eigener Kraft aus einer lebensbedrohlichen Situation nicht mehr herauswinden zu können. Erst dann kann es zur letzten Bereitschaft kommen, sich konkret helfen zu lassen.

Herr Halfmann fühlte sich überflutet von dem Gefühl, sich nicht selbst helfen zu können, als er den Weg in die Kapelle der Psychiatrie fand. Eine Hoffnung keimte auf, »dass Jesus das nur machen kann«.

Besonders Menschen mit einer Zwangsstörung** sind sehr bestrebt, ihr Leiden zu verstecken. Sie würden heftigste Schamgefühle entwickeln, wenn Ansprechpartner ihr inneres Befremden nicht mehr verbergen können. Wenn ich in der Klinik Visiten gemacht habe und ein Patient – um sich zu verbergen – so total nichtssagend daherredete, drängte sich mir der Eindruck auf, dass es sich bei ihm um eine Zwangsstörung handeln dürfte.

Deshalb ist es Herrn Halfmann – so wie ich ihn verstanden habe – nicht auf Anhieb leichtgefallen, einen Hinweis ernst zu nehmen, über seine Erfahrungen mit seiner Suchterkrankung und seiner Zwangsstörung zu schreiben. Aber ich kann mir nicht nur sehr gut vorstellen, sondern meine zu wissen, dass viele Menschen, die suchtkrank sind und/oder unter einer Zwangsstörung leiden, Herrn Halfmann sehr dankbar sind, weil er ihnen die Chance gibt, an seinem Erleben Anteil nehmen zu können – und dass es doch einen Weg aus dem Gefängnis gibt.

Dr. Wilfried Haßfeld
Arzt für innere Erkrankungen,
Psychotherapeut und Psychoanalytiker

---

* Man spricht vom größten sozialmedizinischen Problem der Bundesrepublik: Acht Millionen Bundesbürger sind suchtkrank oder werden krank, weil sie mit einem Suchtkranken zusammenleben und co-abhängig werden (z.B. an einer Erschöpfungsdepression).

** Zwangsstörungen rangieren etwa an fünfter Stelle in der Häufigkeit psychischer Störungen.

Vorwort von Claudia Halfmann

Eines Tages lag ich in der Sonne, nachdem ich Gott gebeten hatte, mir mehr von seiner Gegenwart zu zeigen. Ich genoss die hellen Strahlen und versuchte, nichts Bestimmtes zu denken, schließlich wollte ich ja lernen, zu hören (etwas spät könnten Sie denken, denn ich bin in diesem Jahr fünfzig geworden). Und wie ich da so lag, formulierte sich dieses Vorwort in mir. »Das schreibe ich auf«, beschloss ich.

Ich weiß nicht, ob Gott zu mir geredet hat. Die Christen, die das so schreiben können (»Gott hat mir gesagt«), beneide ich. Vielleicht bemühe ich mich nun deshalb darum, mehr auf Gott zu hören – wie auch immer.

In so manchem sind Volker und ich uns ähnlicher, als man denken könnte. Unsere Kindheitsgeschichten sind sehr verschieden und dennoch in einem Punkt gleich: Da gab es wenig Entwicklung von Selbstbewusstsein, Taffheit und Selbstvertrauen. Mit 14 Jahren wurde ich Christin und habe durch meinen Glauben und durch Erfahrungen, die mit dem Erwachsenwerden kommen, gelernt, dass ich etwas kann, weiß und zu geben vermag. Das Gelernte ist immer wieder hart umkämpft und verwirklicht sich keineswegs automatisch. Immer wieder wollen sich Zweifel und Unsicherheiten Bahn brechen.

Ich habe ein Bild für mein Leben mit Volker. In der zerbrochenen Schüssel, die durch den Kintsugi-Meister für andere erstrahlt, liegen viele Perlen. Schöne Perlen, aufgrund derer ich mich in Volker verliebt habe, und kostbare Perlen, die ich im Laufe unserer Ehe entdeckt habe. So manche Risse im Gefäß habe ich übersehen, einige für kleiner gehalten, bei manchen mitgelitten und unter anderen selbst gelitten. (Wer von uns ohne Risse ist, werfe den ersten Stein.) Aber die Perlen sind ein Schatz, den mir niemand nehmen konnte und kann.

Gott möchte nicht nur unsere Risse vergolden, sondern auch, dass wir unsere Perlen und die des anderen entdecken. Ich bin für die Momente dankbar, in denen Volker eine neue Perle in mir gefunden hat, denn jede Entdeckung hilft mir, einen weiteren Schritt vorwärtszugehen.

Schwierigkeiten wie die, die Volker und ich erlebt haben, gehören zum Leben dazu, erst recht zum Leben mit Jesus. Gott hat gesagt, dass »ein Mann seinen Vater und seine Mutter verlässt und sich an seine Frau bindet und die beiden zu einer Einheit werden« (1. Mose 2,24). Volkers und mein Lebensweg sind genauso wenig zu trennen wie ein gestricktes Stück Stoff: Wenn es zerschnitten wird, hat man nicht zwei kleinere Stoffstücke, sondern jede Seite ribbelt sich auf – der Stoff ist nicht mehr heil. Nur mit sehr viel Mühe und Zeit würden sich die einzelnen Maschen wieder auffangen lassen und es könnte mit kleinen Knoten weiter gestrickt werden.

Volker und ich sind noch nicht fertig. Wir wachsen weiter zusammen und werden weiter ineinander verstrickt. Wir hoffen, dass am Ende ein ganz passables Strickstück dabei herauskommt – vielleicht nicht unbedingt ein Norwegerpulli, aber eine Weste wäre auch schon gut.

Ach ja, auch wenn ich anfangs geschrieben habe, dass ich Gott selten bis nie höre, so ist mir aber doch mindestens einmal ganz klar geworden, dass Gott mir sein volles »Ja« gegeben hat: Als ich mich auf die Beziehung mit Volker eingelassen habe.

Claudia Halfmann

Prolog: Mein Leben proggt

Was ich erlebt habe, haben tausend andere auch erlebt: Zwangsgedanken, irrationale Ängste, Rückzug, Alkohol und Medikamentenmissbrauch, Scham, Lügen, Konflikte im persönlichen Umfeld, Arbeitsunfähigkeit, Selbstmitleid, Depressionen, Psychiatrie, neue Hoffnung, Lebensmut, Übermut, Rückfall, Hilfsangebote von außen, neuer Aufbruch, alte Lasten ... Das alles kenne ich nicht nur aus eigener Erfahrung, sondern es begegnet mir auch bei meiner Arbeit in der Suchtberatung immer wieder. Es ist das typische Karussell eines psychisch erkrankten Menschen, der zu Drogen greift, um sich selbst zu therapieren, und dessen Probleme dadurch letztlich nur noch größer werden. Eigentlich nichts Besonderes also.

Das einzig Ungewöhnliche an mir ist mein Beruf: Ich arbeite in Halbzeit als Pastor einer evangelischen Freikirche. Außenstehende würden mich wohl als einen »Evangelikalen« bezeichnen, was wiederum bedeutet, dass ich zu jener Spezies unter den Christen gehöre, die sich sehr schnell für etwas Besseres halten und mit dem Finger auf andere zeigen. Wohlgemerkt: Ich selbst würde mich nicht als evangelikal bezeichnen, denn ich halte diesen Begriff für völlig verbrannt (er ist inzwischen eher ein Schimpfwort). Aber von außen betrachtet wird man mich dennoch so einordnen und dementsprechend urteilen: »Dieser Pastor ist so ein superfrommer. Einer von denen, die es ganz genau nehmen. Schau an, schau an, da ist ja wohl auch nicht alles Gold, was glänzt.« Ich kann das gut verstehen, doch ich habe nie besonders geglänzt und tue es auch heute nicht. Und trotzdem ist da Gold.

Nach meiner Erfahrung dienen freikirchliche Pastoren immer etwas als Projektionsfläche für ihre Gemeindemitglieder. Sie gehören zu jenen Leuten, auf die man die eigenen Hoffnungen und Sehnsüchte überträgt: »Also, wenn der so einen hingebungsvollen und vorbildlichen Glauben leben kann, dann schaffe ich das auch!« Die Pastoren wiederum spüren dies. Und so neigen manche von ihnen dazu – ob bewusst oder unbewusst –, in ihrer Verkündigung eine fromme Welt zu malen, die sie, zumindest in der von ihnen beschriebenen Schönheit, so selbst gar nicht erlebt haben. Sie malen ihre Predigtbilder mit fremder Farbe, einer Farbe, die nicht aus ihrem eigenen Leben stammt, sondern aus dem sehnsüchtigen Wunsch, den Erwartungen ihrer Hörer zu entsprechen.

An dieser Stelle bin ich dann doch etwas anders, denn als Projektionsfläche für meine Hörer bin ich nun wirklich gänzlich ungeeignet. Ich bin wohl eher das, was manche einen »komischen Kauz« nennen: menschenscheu, wenig kommunikativ, oft in Gedanken versunken, sprunghaft und unberechenbar. Wenn ich mich in einer Gruppe auf mehrere Menschen einlassen soll, dann fühle ich mich unwohl. Bei meinem ersten Gemeindepraktikum habe ich mich ab und zu auf dem Klo eingeschlossen, um allein zu sein. Manche halten mich darum für überheblich, andere würden sagen, dass ich als Pastor völlig fehl am Platz bin und wieder andere haben sich damit abgefunden: »So ist der halt, der hat einfach einen ziemlichen Sprung in der Schüssel.« Doch kaum jemand käme auf die Idee, seine Hoffnungen und Sehnsüchte ausgerechnet auf so einen Typen wie mich zu projizieren.

Das wiederum gibt mir die Freiheit, in meinen Predigten radikal ehrlich zu sein und zu sagen, wie es wirklich ist, zumindest bei mir. Ich will nicht ausschließen, dass es Christen gibt, deren Glaubensleben viel siegreicher verläuft als das meine. Ja, ich gehe sogar davon aus, denn viele meiner Niederlagen sind selbst verschuldet und die Folgen meines Ungehorsams. Doch bei mir sieht das nun mal so aus. Mein Leben und auch meine Gottesbeziehung sind ein ziemlich langes Durcheinander. Mein Leben proggt.

»Prog« ist die Abkürzung für Progressive-Rock, meine große Leidenschaft. Kennen Sie Rockbands wie Yes, King Crimson oder (aus heutiger Zeit) die Neal Morse Band? Dann wissen Sie eigentlich schon, was Prog-Rock ist: Ein typischer Song dieser Bands dauert zehn bis zwanzig Minuten und entwickelt sich sehr langsam. Am Anfang scheint alles ein einziger Wirrwarr zu sein, verschiedene Themen und Rhythmen wechseln sich ständig ab. Doch nach und nach werden die Konturen schärfer, bis der Song schließlich in einem furiosen Finale endet, bei dem alle scheinbar losen Stränge wieder zusammenfinden.[3]

Bislang verläuft mein Leben wie so ein Progrock-Song: Da gab es ruhige und harmonische Passagen, aber auch erschreckend laute und aggressive, mal hatte ich helle und glückliche Zeiten, mal ziemlich traurige und zerstörerische, eine Zeit lang war ich klar und berechenbar, wenig später dann wieder völlig undurchsichtig und eine Zumutung für mein Umfeld. Es war ein ständiger Wechsel der Rhythmen und Melodien. Die bislang dunkelste Phase meines Prog-Lebens habe ich vor zehn Jahren erlebt. Damals war für mich keinerlei Struktur und auch kein Sinn in meinem Leben erkennbar, es war alles ein einziges Durcheinander. Bedingt durch meine Suchterkrankung sowie eine völlige psychische Erschöpfung musste ich für mehrere Wochen raus aus meinem Alltag und rein in eine Klinik: die Psychosomatische Fachklinik Bad Herrenalb. Die Therapiemethoden dort waren ziemlich abgefahren und nicht alles ist mir gut bekommen. Dennoch war diese Zeit unendlich wertvoll. Denn dort, in der Klinik, machte ich die ersten wichtigen Schritte, um mich aus einer langjährigen Geiselhaft zu befreien: aus meinem krank machenden Gottesbild.

Der Gott, dem ich bis dahin gedient hatte und nach bestem Wissen und Gewissen zu gefallen suchte, dieser Gott war eine Plage, ein lebensvernichtendes Gift. Darum musste ich ihn loswerden – koste es, was es wolle! Also habe ich mit Gott abgerechnet. Ich habe ihm einen hasserfüllten Brief geschrieben, mit dem ich ihn aus meinem Leben verbannen wollte – ein für alle

Mal. Und obwohl mich eine panische Angst vor seinem Zorn überfiel, habe ich mich dennoch darum bemüht, diesen Brief öffentlich zu machen. Er wurde tatsächlich veröffentlicht, doch Gottes Zorn blieb aus. Stattdessen ist in den letzten zehn Jahren etwas geschehen, womit ich nie gerechnet hätte und wovon ich in diesem Buch berichten möchte.

Inzwischen sind fünf Jahrzehnte meines Lebens vergangen. Bei einem Prog-Song wäre ich jetzt wohl so ungefähr in Minute elf oder zwölf angekommen. Und wie bei meinen Lieblingssongs schärfen sich auch bei mir die Konturen. Eine Melodie wird erkennbar! Zunächst habe ich sie selbst kaum wahrgenommen, doch mitten im Wirrwarr meines chaotischen Lebens hat sie sich einen Weg gebahnt und ist dabei, die vielen verschiedenen Stränge zu ordnen und zu verbinden.

Als ich in der Klinik war, habe ich Gott wirklich gehasst für das, was er mir angetan hatte. Heute weiß ich: Das war nicht der Gott, der mir in Jesus Christus begegnet, sondern der Gott meiner kranken Einbildung. Gott ist Liebe! Und diese wunderbare Melodie, die heute mehr und mehr mein Leben prägt, ist eine göttliche Melodie. Nur so kann ich mir die Erfahrungen, die ich gemacht habe, sinnvoll erklären: Da ist ein einzigartiger Komponist am Werk, der mit an meiner Lebensgeschichte schreibt. Ein Komponist, genialer noch als Steven Wilson. Und je mehr ich mich diesem Komponisten überlasse, umso größer wird meine Hoffnung, dass am Ende noch ein furioses Finale auf mich wartet.

Doch bis es so weit ist, gibt es einige Leute, die irgendwie versuchen, aus mir schlau zu werden und mit mir klarzukommen, allen voran meine Frau Claudia. Sie hat sich unser gemeinsames Leben sicherlich etwas entspannter vorgestellt. Umso mehr liebe ich sie dafür, dass sie mir bis heute die Treue gehalten hat, auch in den Zeiten, in denen ich sie tief verletzt habe. Dieses Buch ist nur möglich, weil Claudia sich beständig geweigert hat, mich aufzugeben. Was für ein erstaunliches Geschenk!

Durch meine eigenen Erfahrungen sowie durch die vielen Gespräche mit suchtkranken Menschen bin ich zu der festen Überzeugung gekommen, dass ich die wesentlichen Dinge meines Lebens nicht in der Hand habe, sie entziehen sich meiner Kontrolle. Im Umgang mit Alkohol war mein Kontrollverlust eine verheerende Katastrophe. Doch inzwischen ist für mich daraus *der* Schlüssel zu einem gelingenden Leben geworden: Denn wenn es wirklich so ist, dass ich die wesentlichen Faktoren meines Lebens nicht kontrollieren kann, warum sollte ich dann krampfhaft versuchen, an der Kontrolle festzuhalten? Dann wäre ich doch wie jener Affe, der in die Falle tappt, indem er durch das Loch einer ausgehöhlten Kokosnuss greift und die darin deponierte Banane mit seiner Faust umfasst. Nun kann er sie nicht mehr herausziehen. Der Clou dabei ist, dass die ausgestreckte Hand sehr wohl durch das Loch passen würde, nicht aber die Faust. Wollte der Affe sich befreien, dann müsste er nur loslassen und die Banane aufgeben. Doch genau dazu ist er nicht bereit und wird schließlich samt Kokosnuss gefangen.

Gefangen war ich lange genug, inzwischen lerne ich, loszulassen und abzugeben – und das befreit! Zu den wichtigsten Erfahrungen in meinem Leben gehört die Erkenntnis meiner eigenen Machtlosigkeit. Ich habe endlich kapituliert und damit aufgehört, mich an etwas festzukrallen, was ich in Wahrheit nie hatte.

Kontrollverlust ist kein Fluch, sondern ein Segen. Vorausgesetzt, es gibt da jemanden, der die Kontrolle übernehmen kann und der es gut mit mir meint. Einen Gott, der *für* mich ist.

Der Song meines Lebens war nicht vorherbestimmt, er hätte auch völlig anders verlaufen können. Ein paar traurige Takte haben andere Menschen zu verantworten, doch die meisten chaotischen Zeiten gehen eher auf mein eigenes Konto. Wenn ich jetzt zurückschaue, dann tue ich dies vor allem im Staunen darüber, was bis heute daraus werden konnte. Oder besser formuliert: Was Jesus Christus bis heute daraus gemacht hat. Denn es ist seine Handschrift, die ich in meiner Geschichte erkenne.

Mein Leben proggt nach wie vor. Und ich weiß nicht, wie viele Themen- und Rhythmuswechsel es noch geben wird. Aber eines weiß ich bestimmt: Je mehr ich mich Jesus Christus überlasse, umso mehr wird er mein Leben entwirren und zum Ziel bringen. Der Apostel Paulus hat dies im Römerbrief einmal so ausgedrückt: »Wir wissen, dass für die, die Gott lieben und nach seinem Willen zu ihm gehören, alles zum Guten führt« (Römer 8,28).

So wird dieser geniale Komponist meines Lebens am Ende alles zusammenführen. Er wird mir meine Schuld vergeben und meine Wunden schließen. In mir wird dann jene Melodie in voller Klarheit erklingen, die ich jetzt ansatzweise erahne. Und ich sehe mich schon vor ihm stehen bei diesem Finale: Weinend vor Freude werde ich anfangen zu tanzen. Ich tanze zu einem Prog-Song, den Jesus eigens für mich geschrieben hat. Ein Song, der noch heller und schöner ist als der, zu dem ich heute schon tanze: »So make Your home inside my heart, fill this empty house of stone. ... Let me dance in the brightness of Your throne« (*Darum mach mein Herz zu deinem Zuhause. Füll dieses leere Haus aus Stein. ... Lass mich in dem Glanz deines Throns tanzen.*[4])

Volker Halfmann

Teil 1

Die Risse

Kapitel 1:

Wenn nichts mehr geht – Der Weg in die Klinik

Am Ende der Selbstachtung

»Herr Halfmann, haben Sie noch einen Moment Zeit für mich? Ich müsste Sie einmal dringend unter vier Augen sprechen.« Mit diesen Worten nahm mich der Supervisor meiner Seelsorge-Fortbildung im Herbst 2006 nach einer unserer Gruppensitzungen zur Seite. »Ich möchte Ihnen eine sehr persönliche Frage stellen und bitte Sie, mir offen und ehrlich zu antworten.«

Ich wusste, was jetzt kommen würde, denn ich hatte es durch eine Bemerkung in der Gruppe selbst provoziert. »Herr Halfmann, spielen Sie ernsthaft mit dem Gedanken, sich das Leben zu nehmen?« Schweigen. Eigentlich wollte ich ja, dass er mich anspricht, doch zugleich hatte ich Angst vor den Konsequenzen. Endlich kann ich mich zu einer Antwort durchringen: »Ich danke Ihnen wirklich sehr für Ihre Nachfrage. Aber wir beide wissen, was passieren wird, wenn ich Ihnen eine ehrliche Antwort gebe. Ich werde die kommenden Tage und Wochen in der geschlossenen Psychiatrie verbringen und das will ich nicht. Was also soll ich Ihrer Meinung nach tun?«

Auf seine erste Frage war ich vorbereitet gewesen, nicht aber auf das, was nun folgte. Mein Supervisor hatte Tränen in den Augen, als er mich beschwor, mein Leben nicht einfach wegzuwerfen: »Denken Sie an Ihre Frau und Ihre Kinder – die brauchen Sie!« Offensichtlich lag diesem Mann etwas an mir, was über eine professionelle Empathie hinausging. Aber warum? Für mich war das vollkommen unverständlich, denn in meinen eigenen Augen war ich ein erbärmlicher Niemand, ein Stück Dreck.

Als Gemeindepastor hatte ich total versagt. Über Jahre war es mir nicht gelungen, die Gräben zwischen den verfeindeten Geschwistern zuzuschütten und Versöhnung zu stiften. Meine Gottesbeziehung war eine riesige Baustelle. Ich hatte viel mehr Fragen als Antworten und sah mich außerstande, weiter zu predigen.

Gemessen an meinem kranken Ideal hatte ich außerdem sieben Kilo Übergewicht und verachtete meinen Körper zutiefst. Inzwischen war ich nicht einmal mehr in der Lage, in den Spiegel zu schauen. Gleichzeitig war in meinem Kopf die Hölle los. Meine irren Gedanken und Grübeleien wurden immer aufdringlicher und machten es mir unmöglich, zur Ruhe zu kommen. Nicht nur das: Über Wochen hatte ich meine Frau Claudia belogen und ihr vorgespielt, ich würde nichts mehr trinken. Dabei konnte ich ohne Alkohol keinen einzigen Tag überstehen.

Ich war am Ende: am Ende mit meiner Selbstachtung, am Ende mit meinem Glauben, am Ende mit dem Versuch, zu funktionieren, und am Ende mit der Hoffnung, dass es für mich noch einmal besser werden könnte. Ich hasste mein Leben und war doch zu feige zum Sterben. Ich war erbärmlich!

Vielleicht bewog ja gerade das meinen Supervisor, sich um mich zu kümmern: Erbarmen. Am Ende unseres Gespräches versicherte ich ihm, dass ich mich bei einem Psychologen in Würzburg vorstellen würde, um professionelle Hilfe in Anspruch zu nehmen. Ich hatte keine Ahnung, was mich dort erwarten würde, aber vielleicht gab es ja doch noch eine Zukunft für mich?

Manisch-depressiv?

Leider ist mein Problem mit Ärzten, dass ich ihnen gegenüber meist in ohnmächtiger Unterwerfung erstarre. Ähnlich geht es mir mit Polizisten, Anwälten, Managern und überhaupt allen Typen, die nur so vor Selbstbewusstsein strotzen. Der Psychologe stellte mir viele Fragen und ich gab kurze Antworten. Die ganze Atmosphäre in der Praxis machte mir Angst und auch der Kerl selbst war mir ziemlich unsympathisch. Aber darum ging es hier ja nicht. Schließlich war er der Profi und ich der Patient. Also versuchte ich, seinen Fragen gerecht zu werden und meinen Zustand irgendwie in Worte zu fassen.

Am Ende dieses Gespräches diagnostizierte er, ich sei manisch-depressiv und müsse mit einer Lithium-Behandlung beginnen. Er nahm mir Blut ab und meinte, ich solle in ein paar Tagen wiederkommen. Dann seien die Laborwerte da und die Behandlung könne beginnen. Ich nickte alles willig ab und machte mich auf den Weg nach Hause.

Doch je näher ich Karlstadt kam, umso größer wurde meine Verzweiflung: »Ich, manisch-depressiv? Niemals! Der Typ hat doch überhaupt keine Ahnung, was wirklich mit mir los ist!« Und mit der Verzweiflung kamen die Vorwürfe: »Volker, du bist so ein armes Schwein! Wie soll er denn wissen, was mit dir los ist, wenn du ihm nicht alles erzählst? Und warum in aller Welt lässt du so was mit dir machen? Warum kannst du dich nicht durchsetzen? Du Nichts, du Niemand!«

Rund vierhundert Meter vor unserem Haus machte ich eine Vollbremsung, sprang aus dem Wagen und rannte in die Praxis meines Hausarztes. Der war so ein Arzt der alten Schule, einer, der sich noch Zeit nimmt für seine Patienten und wissen will, wie es ihnen wirklich geht. Er war der Einzige, der mir jetzt noch helfen konnte.

Da nun sowieso alles egal war, schilderte ich bei der Anmeldung meine Situation und konnte schon nach kurzer Wartezeit zu ihm, ein echter Glücksfall. Wir hatten ein langes und gutes Gespräch, an dessen Ende er mir versicherte: »Sie müssen da nicht mehr hin, Herr Halfmann. Ich regle das für Sie.« Stattdessen vereinbarte ich einen Termin bei seiner Frau, die in derselben Praxis als Psychotherapeutin arbeitete. Damals, am scheinbaren Ende, begann mein Weg zurück ins Leben.

Von dieser Psychotherapeutin fühlte ich mich ernst genommen und wertgeschätzt und konnte so zum ersten Mal von meinen verrückten Gedanken und Ängsten sowie von meiner Alkoholabhängigkeit erzählen. Sie war es auch, die sich für mich um eine Überweisung in die Klinik kümmerte.

Um in der Klinik Bad Herrenalb aufgenommen zu werden, musste ich damals einen schriftlichen Bericht über meine Beschwerden verfassen. Dies ist mein Bericht vom 27. März 2007:

Meine Beschwerden sind Schlafstörungen, ständiges Kreisen der Gedanken, ein Grundgefühl der Angst, Traurigkeit, Resignation, Müdigkeit, Leere. Insgesamt das Empfinden, in ein »schwarzes Loch« gefallen zu sein (ohne die Möglichkeit, den Fall aufzuhalten). Die Angst ist mein ständiger Begleiter und ist in den letzten Jahren immer stärker geworden. Sie äußert sich auch körperlich (Atemnot, Enge) und führt dazu, dass ich nicht mehr in der Lage bin, einfachste Absprachen zu treffen oder Aufgaben zu erledigen. Das wiederum führt bei mir zu Scham und Selbstverachtung. Bis zum Beginn meiner Therapie hatte ich versucht, mithilfe von Alkohol diese Probleme zu vertreiben. Das hat auch funktioniert. Nur bin ich dadurch mehr und mehr in eine Abhängigkeit geraten und musste schließlich erkennen, dass ich keine Kontrolle mehr über meinen Alkoholkonsum habe. Ich musste die Dosis immer weiter steigern und konnte einfach nicht mehr aufhören.

Von Beruf bin ich Pastor in einer evangelischen Freikirche und habe somit ständig mit Menschen zu tun. Doch fällt es mir immer schwerer, ihnen zu begegnen. Das hat wohl auch etwas mit meiner Scham zu tun und der Angst, »enttarnt« zu werden. Es hängt aber auch damit zusammen, dass ich gedanklich ständig darum kreise, was wohl die an-

deren über mich denken und von mir halten. Das hat zur Folge, dass ich nachts immer schlechter einschlafe, weil auch dann mein Kopf voll ist von Gesprächen, Situationen, Befürchtungen.

Seit Oktober letzten Jahres trinke ich nun keinen Alkohol mehr. Die Schuld- und Schamgefühle, die nach einem Alkoholrausch entstanden sind, habe ich damit nicht mehr (wohl aber von Zeit zu Zeit das unbändige Verlangen nach Alkohol).

Seit einiger Zeit verschiebt sich meine Selbstablehnung mehr auf meinen Körper. Manchmal kriege ich einen »Flash« und stopfe alles Mögliche in mich hinein, nur um anschließend alles wieder herauszuwürgen und zu erbrechen.

Was meine Arbeit anbelangt, so halte ich den Schein aufrecht, versuche, mir nichts anmerken zu lassen und das Nötigste irgendwie zu erledigen. Auch mit meiner Frau spreche ich immer weniger über meine Probleme. Ich fühle mich schuldig ihr gegenüber, sie hätte was anderes verdient (ebenso unsere drei kleinen Kinder). Und ich habe Angst, sie könnte irgendwann einmal die Nase voll haben von meinem Gerede über Ängste, Blockaden, Probleme.

Ich habe mal irgendwo gelesen, dass Menschen mit Depressionen eigentlich immer depressiv bleiben wollen und sich nicht heraus trauen aus dem »Kokon« ihres Selbstmitleids und ihrer Abhängigkeiten. Vermutlich gibt es auch bei mir den Hang, mich versorgen zu lassen und Verantwortung abzuschieben. Aber mich ganz aufgeben, das will ich nicht! Ich will leben! Und zwar leben mit dem Kopf über Wasser, ohne das ständige Gefühl, abzusaufen. Dabei musste und muss ich erkennen, dass ich dieses Ziel ohne fremde Hilfe nicht werde erreichen können.

Eine seltsame Zugfahrt

Am 16. Mai 2007 verabschiedete ich mich von meiner Familie und marschierte zum Bahnhof, um mit dem Zug nach Bad Herrenalb zu fahren. Die Gemeinde wurde darüber informiert, dass ich eine längere Auszeit brauche und in einer Klinik sei. Unsere Gemeindeleitung bat darum, von weiteren Rückfragen abzusehen. Man könne für meine Familie und mich auch beten, ohne alles zu wissen.

Die Fahrt von Karlstadt nach Bad Herrenalb dauerte knapp vier Stunden. Es war eine seltsame Reise voller Erinnerungen und wirrer Gefühle. Eigentlich liebe ich das Zugfahren. Schon als Kind war ich total begeistert, wenn wir die Strecke von Köln nach Frankfurt fuhren. Wann immer möglich saß ich am Fenster und ließ die wunderschöne Landschaft an mir vorüberziehen. Vor allem die alten Schlösser und Burgen entlang des Rheins hatten es mir angetan. Dabei stieg jedes Mal das Gefühl in mir auf: »Hier, in meinem Zugabteil, bin ich der Mittelpunkt des Universums, während draußen das Leben an mir vorbeizieht.«

Doch bei dieser Fahrt war das anders, der Zauber der Kindheit war inzwischen verflogen. Jetzt, als gescheiterter Pastor Anfang vierzig, saß ich wieder im Abteil und schaute nach draußen. Und mir wurde plötzlich klar: »Es sind nicht die alten Schlösser und Burgen, die an mir vorbeiziehen. In Wahrheit bin ich es, der an ihnen vorbeifährt! Sie stehen dort schon seit Jahrhunderten und werden wohl auch noch in hundert Jahren dort stehen. Ich aber werde sie nicht mehr allzu lange bewundern können, denn meine Zeit ist begrenzt.«

Der Song »Time« von Pink Floyd kam mir in den Sinn. Darin heißt es: »Du bist jung und das Leben ist lang, heute kannst du die Zeit totschlagen.« Aber dabei bleibt es nicht, denn eines Tages, findet man heraus, dass zehn Jahre vergangen sind. Also rennt man, um die sinkende Sonne einzuholen, vergeblich, denn: »Die Sonne ist, wie sie immer war, aber du bist älter geworden: Dein Atem ist kürzer und du bist einen Tag näher am Tod.«[5]

Auch bei mir war das so. Die Hälfte meines Lebens war bereits abgelaufen. Und was hatte ich aus meiner Lebenszeit gemacht, was hatte ich erreicht? Nichts, absolut nichts! Ich war ein Versager, eine Niete, eine Nullnummer. Wie hatte es nur so weit kommen können? Warum nur war ich dermaßen abgestürzt? Ich hatte doch die besten Voraussetzungen: ein behütetes Elternhaus, eine gute Schulbildung, eine wundervolle Familie und gute Freunde. War das nicht mehr als genug, um ein einigermaßen vernünftiges Leben zu führen?

So kauerte ich in meinem Abteil wie ein Häuflein Elend und trank ein Bier nach dem anderen, um meine Verzweiflung hinunterzuspülen. Während ich die Landschaft draußen nur noch verschwommen wahrnahm, ging ich die einzelnen Stationen meines Lebens noch einmal durch.

Kapitel 2:

Und plötzlich bist du 40 – Stationen meines Lebens

Kindheit und Jugend

Im Jahr 1964 hatten meine Eltern, Esther und Horst Halfmann, bereits zwei Söhne. Ein drittes Kind war nicht geplant, da ihre finanziellen Verhältnisse begrenzt waren und ihr Wohnraum recht beengt. Ein Jahr später jedoch verbesserten sich ihre Lebensbedingungen und nun konnten sie sich durchaus vorstellen, noch ein drittes Kind zu bekommen. Bei der Vorstellung blieb es nicht, meine Mutter wurde schon bald schwanger und ich erblickte im Sommer 1966 in Remscheid das Licht der Welt.

Zunächst wohnten wir in einer kleinen Wohnung im Zentrum der Stadt, doch schon bald nach meiner Geburt erhielten meine Eltern das Angebot, ein Reihenhaus zu kaufen. Da sie eigentlich immer von dem Wunsch erfüllt waren, für uns Kinder ihr Bestes zu geben, nahm mein Vater diverse Kredite auf und arbeitete bis tief in die Nacht, um dieses Haus zu finanzieren. So zogen wir Anfang 1968 von der Remscheider Innenstadt nach Remscheid-Lennep, einem Stadtteil, der wie eine typische Kleinstadt im Bergischen Land wirkt. Wir wohnten auf dem »Hasenberg«, einem Wohngebiet, welches vor allem dadurch auffiel, dass fast alle Häuser mit schwarzem Schiefer verkleidet waren. – Wenn man mich heute einen alten »Schwarzseher« nennt, so mag das durchaus auf meine ersten Lebensjahre zurückgehen.

In Remscheid-Lennep verbrachte ich meine Kindheit und Jugend. Dort ging ich zur Schule und machte mit Freunden die Gegend unsicher. Außerdem besuchten meine Brüder und ich mit meinen Eltern die Freie evangelische Gemeinde (FeG), denn meine Eltern waren tief gläubige Menschen. Sie vertrauten auf Jesus Christus und folgten ihm nach. Dazu gehörte für sie ganz selbstverständlich die aktive Mitgliedschaft in einer christlichen Kirche. Uns Kinder nahmen sie schon sehr früh in diese Kirche mit. Sonntags gab es dort parallel zum Gottesdienst für die Erwachsenen einen Kindergottesdienst.

So lernte ich schon als Kind die biblischen Geschichten kennen und hatte damals nicht die geringsten Zweifel daran, dass diese wahr sind und dass der Gott der Bibel wirklich existiert. Neben dem Kindergottesdienst am Sonntag ging ich als Schulkind unter der Woche noch in die Jungschar und später in den Jugendkreis der FeG. Im Keller des Gemeindehauses durften sich die Jugendlichen ihre eigenen Räume einrichten: mit Kicker, Billardtisch und abgewetzten Sofas. An den Wänden hingen die typischen Kawohl-Poster aus den frühen 80er-Jahren wie »Spuren im Sand«.

Für die Leiter unseres Jugendkreises war ich damals wohl eine ziemliche Herausforderung, denn es war sehr schwierig, an mich heranzukommen. Woran das lag, ahnten sie nicht, denn ich erzählte niemandem von den furchtbaren Gedanken und den Ängsten, unter denen ich litt. Manchmal haute ich mitten im Programm ab, um gemeinsam mit meiner Clique nach Wuppertal oder Köln zu fahren. Wenn es sein musste, stieg ich dafür auch aus dem Fenster. Und doch war diese Zeit für mich sehr wertvoll und prägend.

Unser Jugendraum hieß anfangs noch »Teestube« und wir tranken dort in der Tat eine Menge Tee und diskutierten dabei sehr engagiert. Trotz der großen Altersspanne (die Jüngste war 14 und der Älteste rund 30 Jahre alt) bildete unsere Gruppe eine enge Gemeinschaft. Einmal im Jahr gab es ein »WoKo«, ein »Wohnen & Kochen«. Dann wohnten wir über mehrere Tage in den Gemeinderäumen, wir schliefen und aßen dort und machten am Nachmittag unsere Hausaufgaben. Wir sangen auch viel, beteten und dachten über Gott und die Welt nach. In den Nächten spielten wir stundenlang »Risiko« oder »Monopoly«. Und ich war mittendrin. Ein Teil dieser Gemeinschaft. Ich gehörte dazu. Für einen Jugendlichen ist das sicher eine der wichtigsten Erfahrungen überhaupt: angenommen zu werden und dazuzugehören. Genau diese Erfahrung machte ich damals.

Der Jugendkreis der FeG war aber auch noch auf andere Weise prägend für mich, denn eines Tages tauchte dort ein junges Mädchen auf, das ich anfangs nur oberflächlich wahrnahm, weil ich zu sehr in meiner eigenen kleinen Welt feststeckte. Doch nach und nach wurde mir dieses Mädchen sympathischer und wichtiger, schlich sich in meine Gedanken und in mein Herz, sodass ich mich schließlich bis über beide Ohren in sie verliebte. So etwas hatte ich zuvor noch nicht erlebt – und es machte mich fertig. Denn woher sollte ich wissen, ob sie auch für mich etwas empfand?

Meine damalige Strategie war ziemlich bescheuert: Ich stellte mich bewusst kratzbürstig und abweisend, weil ich mir dachte: »Wenn sie dann immer noch was mit mir zu tun haben will, dann heißt das, dass sie mich auch liebt.« Das hätte ganz schön nach hinten losgehen können, doch Gott sei Dank ließ sich Claudia, trotz aller Fragen und Zweifel, damals nicht von meinem seltsamen Verhalten abschrecken. Sie wagte es doch tatsächlich, meine Freundin, Verlobte und Ehefrau zu werden.

Seit 1990 sind wir verheiratet, und für Claudia war das oft eine Achterbahnfahrt. Ohne sie an meiner Seite wäre ich schon längst endgültig aus der Bahn geworfen worden. Mal hält sie mich fest, mal rückt sie mich zurecht. Ich liebe diese Frau und bin sehr froh, dass sie damals im Jugendkreis hinter meine Fassade geschaut hat.

Studium der Theologie

Nach meinem Abitur wollte ich eigentlich Wirtschaftsmathematik studieren und hatte bereits einen Studienplatz in Trier. Doch vorher musste ich meinen zwanzigmonatigen Ersatzdienst leisten, da ich den Kriegsdienst aus Gewissensgründen verweigert hatte. Also begann ich mit der Arbeit als Zivi in einer Wuppertaler Klinik, bei der ich hauptsächlich für den Patiententransport zuständig war.

In dieser Zeit tauchte für mich zum ersten Mal der Gedanke auf: »Volker, vielleicht will Gott, dass du Theologie studierst und Pastor wirst.« Ich kann mich nicht mehr erinnern, wodurch diese Überlegung entstanden ist. Ich weiß nur noch, dass sie auf einmal da war und mir keine Ruhe mehr gelassen hat. Also betete ich darüber: »Herr, wenn du das wirklich von mir willst, dann musst du mir das deutlich zeigen.«

Ich sprach mit Claudia, mit meinen Eltern und mit dem damaligen Pastor der Freien evangelischen Gemeinde in Lennep. Zwar fiel kein Zettel vom Himmel, aber es geschahen doch einige Dinge, die ich als Fingerzeig Gottes verstand, als seine Berufung. Und so ließ ich mich nach meinem Zivildienst im Bund Freier evangelischer Gemeinden durch ein fünfjähriges Theologiestudium zum Pastor ausbilden.

In späteren Jahren habe ich diese Berufung wieder und wieder infrage gestellt. Sie war für mich selbst gemacht und rein menschlich interpretierbar. Doch inzwischen bin ich mir sicher: Was damals geschehen ist, war wirklich eine Berufung Gottes – wobei ja Göttliches und Menschliches nie ganz voneinander zu trennen sind.

Wie jeder Junge war ich damals sehr danach bestrebt, die Anerkennung meines Vaters zu bekommen. Ich wollte, dass er mir auf die Schulter klopft und sagt: »Gut gemacht, mein Sohn. Ich bin stolz auf dich!« Aber das war gar nicht so einfach, denn meine beiden älteren Brüder hatten bereits einige Anerkennungsfelder abgegrast – zumindest empfand ich das damals so. Mein ältester Bruder hatte Sozialpädagogik studiert und auf einen sicheren Job bei der Stadt verzichtet, um sich in einer christlichen Gefährdetenhilfe zu engagieren. Mein anderer Bruder schaffte es als Handballtorwart bis in die Jugendnationalauswahl und bekam an jedem Wochenende begeisterte Kritiken. Wie also sollte ich da noch punkten? Was blieb für mich noch übrig, um meinen Vater zu beeindrucken? Na klar: Ich konnte Theologie studieren und in den vollzeitlichen Dienst gehen.

Vermutlich hängt die Wahl meines Berufes auch mit diesem Grundbedürfnis nach väterlicher Anerkennung zusammen – was für mich eine göttliche Berufung jedoch nicht ausschließt.

Die theologische Hochschule meiner Kirche steht in Dietzhölztal-Ewersbach. Das ist ein kleiner Ort in der Nähe von Dillenburg, gefühlt irgendwo weit »hinter den sieben Bergen« im hessischen Hinterland. Dort gibt es vor allem sehr viel Wald, man kann stundenlang spazieren gehen und dabei Bibelverse studieren oder Vokabeln lernen.

Das erste Jahr meines Studiums war ein Probejahr, und dieses hätte ich fast nicht überstanden. Denn nach ein paar Monaten war für meine Dozenten klar: »Der Halfmann ist viel zu verschlossen und undurchsichtig, der würde im Gemeindedienst schlicht untergehen.« Doch dann riss ich mich auf der Zielgeraden zusammen und überraschte alle, sodass ich schließlich doch weiterstudieren durfte, wobei ich das alles erst in einem Gespräch am Ende der Probezeit erfuhr.

Irgendwie ist das typisch für mich: Ich war immer schon ein Typ für die zweite Halbzeit und bin erst relativ spät so richtig in Schwung gekommen. Deshalb hoffe ich, dass nun noch einige Jahre vor mir liegen. Denn in welcher Rolle auch immer – ob als Ehemann, Vater, Freund, Berater oder Pastor – ich habe den Eindruck, heute einiges mehr von dem geben und umsetzen zu können, was Gott sich schon immer für mich gedacht hat. Da wäre es doch sehr schade, wenn bald Schluss wäre.

In den ersten zwei Jahren meines Studiums wohnte ich im Wohnheim des Theologischen Seminars. Dort hatten wir an den Wochenenden manchmal Arbeitseinsätze, sodass ich nicht nach Hause fahren konnte. Doch wann immer es ging, fuhr ich ins Bergische Land, um mit Claudia zusammen zu sein, die damals noch in ihrer Ausbildung zur Erzieherin steckte. Als sie damit fertig war und ich mein Grundstudium beendet hatte, konnten wir endlich heiraten und zogen in ein kleines Dorf gleich neben Ewersbach.

Der Start in unsere gemeinsame Zukunft verlief etwas turbulent, denn am Umzugstag vergaß ich den Schlüssel zu unserer neuen Wohnung. Da unser Vermieter nicht im Haus war, mussten wir die meisten Kisten durch eine kleine Luke auf den Dachboden hieven, um von dort aus in unser zukünftiges Zuhause zu gelangen.

Kirchlich geheiratet haben wir in der Freien evangelischen Gemeinde Lennep und dort in der Nähe auch gefeiert. Weil wir im Anschluss endlich in die eigene Wohnung wollten, stiegen wir noch in derselben Nacht ins Auto und machten uns auf den Weg nach Dietzhölztal. Irgendwo auf der A 45 wurden wir so müde, dass wir die Fahrt unterbrechen mussten, um zu schlafen. Erst in den frühen Morgenstunden kamen wir zu Hause an. Zugegeben, eine romantische Hochzeitsnacht sieht anders aus – aber ich denke sehr gern an diese Zeit zurück. Wir waren vielleicht etwas verplant damals, aber eben auch ziemlich verliebt und einfach nur glücklich.

Was für ein riesiges Geschenk, nun als Ehepaar gemeinsam in der ersten kleinen Wohnung zu leben! Claudia fand eine Stelle als Erzieherin und ich stürzte mich in mein Hauptstudium. So hätte es meinetwegen auch bleiben können. Doch die Ausbildung in Ewersbach war sehr praxisorientiert und sah bereits ein Jahr später ein sechsmonatiges Gemeindepraktikum vor. In diesem Praxissemester musste ich nach Frankfurt am Main, um in der dortigen Gemeinde die tägliche Arbeit eines Pastors kennenzulernen. Claudia besuchte parallel dazu die Bibelschule der »Fackelträger« in Obernhof an der Lahn. So waren wir nur rund hundert Kilometer voneinander entfernt und konnten uns ab und zu sehen. In Obernhof stieg ich dann wieder mal heimlich aus dem Fenster, denn in der Bibelschule waren »Herrenbesuche« nach der offiziellen Schließzeit strikt verboten.

Die verbleibende Studienzeit verlief recht schnell. Claudia hatte inzwischen einen neuen Job und ich steuerte mehr und mehr auf die Abschlussprüfungen zu. Alles schien in geregelten Bahnen zu laufen und wir waren gespannt, wo unser erster Einsatzort sein sollte.

Erste Erfahrungen als Pastor

Leider war mein Einstieg in den Pastorendienst etwas chaotisch und durchaus ungewöhnlich. Die erste Gemeinde, die mir vorgeschlagen wurde, war damals fest in den prägenden Händen eines recht dominanten Pastors, dem vor allem ein spezielles Bibelverständnis und eine konkrete Endzeittheologie wichtig waren, die ich so nicht mittragen konnte und wollte.

Ich habe die erste Begegnung mit diesem Mann ausgesprochen frostig in Erinnerung. Eine seiner ersten Fragen an mich war, wie ich denn zu der Aussage von Jesus stünde, dass kein Jota am Wort Gottes verändert werden dürfe. Später fragte er mich über mein Endzeitverständnis und das Tausendjährige Reich aus – ob ich Jesus liebe, fragte man mich damals nicht. Nach vielen anstrengenden Beratungen und einigem Hin und Her wurde entschieden, dass ich dort nicht hingehen konnte, weil dies die Gemeinde gespaltet (und mich überfordert) hätte. Also musste ein neuer Einsatzort für mich her, der aber lange Zeit nicht gefunden wurde. Meine erste Stelle war daher eine Krankheitsvertretung.

Der Pastor der Freien evangelischen Gemeinde Oberursel lag

mit einer schweren Krebserkrankung in der Klinik und auf seinen eigenen Wunsch hin suchte die Gemeinde jemanden, der ihn vertreten konnte. Wie aber sollte ich damit umgehen? Schließlich wünschte ich mir eine feste Anstellung, und in Oberursel würde ich die, wenn überhaupt, nur bekommen, wenn mein Kollege amn Krebs starb. Konnte ich so ehrlichen Herzens für seine Heilung beten? Und falls er nicht geheilt werden sollte, wäre es dann nicht Leichenfledderei, mich auf seine Stelle zu bewerben? Claudia und ich waren hin- und hergerissen und wussten nicht, was wir tun sollten.

Erst durch ein persönliches Gespräch mit dem Pastor wurde uns klar: Wir werden hier wirklich gebraucht und was später daraus wird, können wir getrost Gott überlassen. Also gaben wir unsere Wohnung auf, stellten die Möbel in einem Lagerraum unter und machten uns auf den Weg nach Oberursel. Dort begann ich im Sommer 1993 als Krankheitsvertretung.

Wir wohnten im Haus eines äußerst gastfreundlichen Gemeindeleiters und seiner Familie. Etwas Besseres hätte uns nicht passieren können, denn seine bedingungslose Annahme bedeutete für mich bei den ersten holprigen Schritten als Pastor eine entscheidende Hilfe. Schon bald nach meinem Dienstantritt starb mein Kollege, und die Gemeinde beschloss nach einiger Zeit einmütig, mich offiziell als Pastor zu berufen. Das nahm ich gern an. Daher suchten wir uns eine eigene Wohnung, holten die Möbel und zogen in den Taunus.

Wir blieben dort zehn Jahre. In dieser Zeit wurden unsere beiden Jungs geboren. Der Ältere in Frankfurt am Main, der Jüngere bei uns zu Hause, da meine Frau den Zeitpunkt verpasste, an dem wir noch in die Klinik hätten fahren können. Ich war mit der Situation völlig überfordert, doch erfreulicherweise tauchte knapp zehn Minuten vor der Geburt die Hebamme auf, sodass ich nur begrenzt als Geburtshelfer tätig werden musste.

In der Anfangszeit meines Gemeindedienstes schlitterte ich gleich in einen fetten Konflikt hinein, den ich mir nun wirklich nicht ausgesucht hatte. Freie evangelische Gemeinden sind manchmal ein Sammelbecken für Christen aus anderen Kirchen und Gemeinschaften (nicht nur, aber eben auch): Da sind frustrierte Kirchgänger, die endlich mal wieder eine Predigt hören wollen, in der es um Jesus geht, ehemalige Landeskirchler, die in einer Baptistengemeinde nicht Mitglied werden können, weil sie als Säugling getauft wurden und sich nicht »noch einmal« taufen lassen wollen, enttäuschte Pfingstler, denen es in ihrer Gemeinde zu gesetzlich geworden ist, und viele mehr. Nun möchte jeder von ihnen seine persönliche Frömmigkeit in die neue Gemeinde einbringen und sie dementsprechend prägen. Auch in Oberursel war dies so, was zu einigen Spannungen führte.

Gleich zu Beginn meines Dienstes nahm mich ein recht einflussreiches Gemeindemitglied zur Seite, um mich vor jenem Gemeindeleiter zu warnen, bei dem wir damals wohnten und durch dessen Liebe und Annahme ich die ersten Tage überstanden hatte. Der sei viel zu charismatisch und wolle die Gemeinde in diese Richtung steuern. Darauf dürfe ich mich auf keinen Fall einlassen und ich müsse vor ihm auf der Hut sein.

Leider fehlte mir damals – wie in vielen späteren Situationen – der Mut, mich klar zu positionieren und mich zu meinem Freund zu stellen. Die ganze Situation machte mir wahnsinnige Angst.

Man brauchte nun wirklich nicht meine Sensibilität, um zu erkennen, dass sich da ein gewaltiges Gewitter zusammenbraute. Dieses kam viel schneller als erwartet, als die Wahl einer neuen Gemeindeleitung anstand. Neben einigen anderen Geschwistern kandidierten sowohl der bisherige Gemeindeleiter als auch jenes einflussreiche Gemeindemitglied für dieses Amt. Der bisherige Leiter wurde bestätigt, der kritische Kandidat jedoch verfehlte die erforderliche Mehrheit. Daraufhin wurde ich von dieser Person ein weiteres Mal eingeladen und befragt, wie ich denn zur »Chicago-Erklärung zur Irrtumslosigkeit der Bibel« stünde.

Ich sehe mich noch vor ihr sitzen, wie ich versuche, ihr klarzumachen, dass Glaube für mich Vertrauen bedeutet und dass es eine wasserdichte Absicherung des eigenen Glaubenssystems nun einmal nicht gibt. Auch der Bibel muss man letztlich vertrauen. Zwar sind ihre Schriften außerordentlich gut bezeugt und es gibt viele Indizien für ihre Zuverlässigkeit, aber stichhaltige Beweise gibt es nicht.

Als wir uns mit einem Handschlag verabschiedeten, spürte ich, dass sie von meinen Ausführungen ganz und gar nicht begeistert war. Doch was dann folgte, hätte ich mir in meinen kühnsten Träumen nicht ausmalen können. Mit einem Brief an alle Gemeindemitglieder trat sie aus der Gemeinde aus. Als Begründung nannte sie meine fehlende Bibeltreue. Die Geschwister wurden ausdrücklich vor mir gewarnt. Ich sei eine Gefahr für jede Gemeinde und als Pastor untragbar. Vergleichbares schrieb sie auch an die Leitung unseres Gemeindebundes, freilich ohne den erhofften Erfolg.

Aus heutiger Sicht würde ich sagen: Die betreffende Person hat damals einfach einen Grund gesucht, um nach der verlorenen Wahl ohne Gesichtsverlust aus der Gemeinde auszutreten. Da bot es sich an, mir den Schwarzen Peter zuzuschieben.

Diese ersten Jahre meines Gemeindedienstes waren für mich prägend. Sie bestätigten meine schlimmsten Befürchtungen und bestärkten mich in meiner Grundüberzeugung, möglichst keinem Menschen zu vertrauen. Heute weiß ich, dass gerade in christlichen Kreisen die Konflikte nicht dort ausgetragen werden, wo sie wirklich sind. Natürlich ist es sinnvoll, über theologische Fragen zu streiten, auch über Fragen des Schriftverständnisses. Manchmal jedoch sind diese Debatten nur ein Scheingefecht, während es unter der Oberfläche um ganz andere Themen geht, um Macht und Einfluss oder um Anerkennung.

Angesichts meiner Erfahrungen fragte ich mich damals oft: »Warum sind es ausgerechnet die Vertreter einer alternativlosen wortwörtlichen Bibelauslegung, die am stärksten um sich schlagen? Warum sind gerade sie so kalt und unbarmherzig? Lehrt nicht die Bibel im Alten und auch im Neuen Testament Barmherzigkeit?«

Heute kenne ich einen möglichen Grund dafür. Es hat mit dem Thema zu tun, dem auch dieses Buch gewidmet ist: mit der Angst vor einem Kontrollverlust.

Nach diesem Erlebnis erstellten wir ein Gemeindeprofil und legten schriftlich fest, was man in der FeG Oberursel erwarten konnte und was nicht. Auf dem freikirchlichen Markt der Möglichkeiten, der gerade im Rhein-Main-Gebiet sehr groß ist, positionierten wir uns und bezogen auch zu strittigen Themen Stellung, wie etwa zum Sprachengebet. So wusste jeder, der neu zu uns kam, worauf er sich mit dieser Gemeinde einlässt.

Dieses Profil bildete den äußeren Rahmen, in dem wir Gemeinde leben und bauen wollten. Und das haben wir dann auch getan: im Kinder- und Jugendbereich, in den zahlreichen Kleingruppen, in diakonischen und missionarischen Aktionen und in den ermutigenden Gottesdiensten, zu denen damals immer auch einige Patienten der psychiatrischen Klinik Hohe Mark kamen, die das Gemeindeleben sowohl herausforderten als auch bereicherten. Mit Menschen wie ihnen, die nicht mehr weiterwussten und voller Fragen und Zweifel waren, konnte ich gut umgehen, ebenso mit Drogenabhängigen und allen, die aus irgendeinem Grund am Rand der Gesellschaft standen.

Viel schwieriger war für mich die Begegnung und der Umgang mit Top-Managern, von denen es bei uns in der Gemeinde einige gab. Ihnen gegenüber fühlte ich mich meist besonders klein und wertlos. Und für manche von ihnen war ich vermutlich auch wirklich ein Niemand.

Aus den vielen Begegnungen und Gesprächen in dieser Zeit ist mir besonders eine Bemerkung der Witwe meines Vorgängers in Erinnerung geblieben. Sie sagte eines Tages zu mir: »Volker, wann willst du endlich herauskommen aus deiner Deckung und anfangen, Verantwortung zu übernehmen?«

Ich erinnere mich deshalb so genau an diesen Satz, weil er mich bis ins Mark getroffen hat. Lange Zeit duckte ich mich weg und suchte Schutz. Erst nach sieben oder acht Jahren kroch ich langsam aus meinem Schneckenhaus heraus. Auf einmal ertappte ich mich dabei, dass ich meine eigene Meinung äußerte und Leuten widersprach, selbst dann, wenn ich dabei innerlich (und manchmal auch äußerlich) zitterte. Bis dahin hatte man mir meine Fehler schon deshalb verziehen, weil ich immer darum bemüht war, allen alles recht zu machen. Jetzt aber wurde ich vom angepassten Kind zum trotzigen Kind, was einige Konflikte mit sich brachte.

Einer dieser Konflikte wurde mit der Zeit immer heftiger und unerträglicher. Zurückzurudern und erneut zu kuschen kam für mich nicht infrage. Aber ich konnte mir auch nicht vorstellen, diese Auseinandersetzung durchzustehen und bis zur letzten Konsequenz durchzuhalten. Dazu fehlte mir einfach die Kraft.

Und so dachte ich in dieser Zeit zum ersten Mal darüber nach, ob für uns der Wechsel in eine andere Gemeinde dran sein könnte – ein Gedanke, der mir früher nie in den Sinn gekommen wäre, konnte ich aus meiner Sicht doch froh sein, überhaupt als Pastor arbeiten zu dürfen.

Es verging dann noch ein mühevolles Jahr mit vielen Fragen, Kämpfen und Zweifeln, bis wir am Ende zu der Entscheidung kamen, die Gemeinde zu verlassen, um eine andere Stelle anzutreten. So zogen wir im Sommer 2003 von Oberursel nach Karlstadt, einer kleinen Stadt im Landkreis Main-Spessart, rund zwanzig Kilometer vor den Toren von Würzburg.

Endstation Karlstadt

Im Vorfeld hatte man mich darüber aufgeklärt, dass es in der Freien evangelischen Gemeinde Karlstadt heftige Spannungen und Konflikte gegeben habe. Diese seien nun aber weitestgehend bereinigt und die Geschwister dort wollten gemeinsam nach vorn schauen.

Schon wenige Wochen nach meinem Dienstantritt musste ich feststellen, dass diese Darstellung viel zu optimistisch gewesen war. In Wahrheit lag zwischen den Geschwistern ein tiefer Graben aus Misstrauen, Anfeindungen und Verletzungen. Ich führte etliche Gespräche mit dem Versuch, zu versöhnen und zu verbinden. Doch dieser Konflikt war wie ein Steppenbrand. Hatte man an einer Stelle die Flammen gelöscht, so loderten sie an anderer Stelle gleich wieder auf.

Ich machte damals einige Fehler, auch aufgrund meiner mangelnden Erfahrung mit solchen Krisen. In der Anfangszeit war ich bemüht, jeden Einzelnen zu verstehen und möglichst neutral zu bleiben. Erst nach und nach ging mir auf, dass ich dabei war, mich manipulieren zu lassen.

Da gab es eine Person, die unter dem Deckmantel der Seelsorge eine ganze Armee von Gefolgsleuten um sich geschart hatte. Diese konnte sie jederzeit losschicken, um an irgendeiner Stelle für Unruhe zu sorgen und unliebsame Geschwister in Verruf zu bringen – freilich alles nur aus christlicher Nächstenliebe und unter dem Siegel der Verschwiegenheit.

Als ich das endlich begriffen hatte, ging ich ihr gegenüber deutlich auf Distanz, was wiederum zur Folge hatte, dass es mit meiner Rolle als einfühlsamer Mediator ein für alle Mal vorbei war. Stattdessen geriet ich nun selbst mehr und mehr unter Beschuss. Eigentlich ist es traurig, dass ich diese militärische Sprache wählen muss, um darzustellen, wie es damals bei uns zugegangen ist, doch leider trifft sie es genau.

Auf einmal sah ich mich zahlreichen Anschuldigungen ausgesetzt, von denen manche sicher auch zutrafen, schließlich war ich mit der Dimension dieses Konfliktes hoffnungslos überfordert. Das machte mich völlig fertig und zog mich immer weiter runter.

Besonders in Erinnerung geblieben ist mir die Konfrontation

mit einer äußerst selbstbewussten und reichen Frau, die damals noch bei uns Mitglied war. Vermutlich erinnere ich mich deshalb so gut daran, weil sie zu jenen Typen gehört, bei denen mir der Arsch auf Grundeis geht und ich alles tue, um ihnen nicht in die Quere zu kommen. Doch ausgerechnet mit ihr legte ich mich an.

Aufgrund der Spannungen in unserer Gemeinde war es lange Zeit nicht möglich, eine Gemeindeleitung zu wählen. Keines der vorgeschlagenen Geschwister bekam die erforderliche Mehrheit, weil es jeweils diesem oder jenem Lager zugeordnet wurde. Deshalb musste ich die Gemeinde allein leiten. Als mir das zu viel wurde, beschloss ich, selbst eine kommissarische Gemeindeleitung einzusetzen und diese dann von den Geschwistern nachträglich bestätigen zu lassen.

Daraufhin rief mich die besagte Frau an und betonte, sie werde in der kommenden Mitgliederversammlung »kämpfen wie ein Löwe«, um dies zu verhindern. Das tat sie dann auch wirklich. Sie sprach sich vehement gegen mein Vorgehen aus. Ich brachte dennoch meine Argumente vor und erklärte, warum ich dringend Unterstützung brauchte. Nach einigen Diskussionen gab es eine Abstimmung, bei der sich die Mehrheit der anwesenden Mitglieder für meinen Antrag aussprach. Somit hatte ich endlich wieder eine Gemeindeleitung an meiner Seite.

Doch dieser Entschluss blieb nicht ohne Folgen, denn für meine Kritikerin war dies ein kaum zu ertragender Gesichtsverlust. Darum stand sie mitten in der Versammlung auf und fuhr nach Hause. Dort schrieb sie an alle Geschwister eine E-Mail und erklärte, wie viel sie bislang monatlich gespendet hatte. Aufgrund meines Vorgehens wollte sie ab sofort diese Spenden einstellen.

Das wiederum hatte weitere Turbulenzen und Gespräche zur Folge, die mich meine letzte Kraft kosteten. Vor jedem dieser Treffen konnte ich nachts nicht schlafen und zitterte vor Angst am ganzen Leib. Damals traten einige Mitglieder aus, was gut und richtig war. Allerdings traten manche von ihnen noch einmal heftig nach mir, bevor sie unsere Gemeinde verließen, was sicherlich nicht gut war.

Vielleicht verstehen Sie jetzt, warum ich als freikirchlicher Pastor gewiss nicht überheblich daherkomme. Ich halte unsere Gemeindeform für notwendig und identifiziere mich voll mit ihr, aber moralisch besser als andere Kirchen sind wir ganz bestimmt nicht. Auch unsere Freikirche ist letztlich nichts anderes als eine Gemeinschaft von erlösungsbedürftigen Sündern. Wir sind noch längst nicht am Ziel, sondern auf dem Weg. Und auf diesem Weg fallen wir immer wieder hin und werden schuldig: schuldig an uns selbst, schuldig an den Menschen in unserem Umfeld und schuldig an Gott.

Im ersten Johannesbrief heißt es: »Wenn wir sagen, wir seien ohne Schuld, betrügen wir uns selbst und die Wahrheit ist nicht in uns« (1. Johannes 1,8). Das gilt für jede christliche Gemeinschaft, egal, ob sie nun katholisch, landeskirchlich, freikirchlich oder ganz anders organisiert ist.

Natürlich bestanden die ersten Jahre in Karlstadt nicht nur aus Konflikten. Es geschah auch sehr viel Schönes und Ermutigendes, allem voran die Geburt unserer Tochter nur wenige Monate nach unserem Umzug.

In der Gemeinde gab es erfreuliche Aufbrüche, vor allem unter den Jugendlichen. Einige von ihnen ließen sich damals taufen und die meisten sind bis heute verbindlich mit Jesus unterwegs.

Mein Problem war, dass ich aus diesen schönen Seiten keine Kraft mehr ziehen konnte. Dafür hatte mich der verhängnisvolle Strudel aus Zwängen und Zweifeln, Sucht und Scham schon viel zu tief heruntergezogen. Ich konnte einfach nicht mehr. Endstation!

Bei meinem Lieblingsautor, Martin Walser, hatte ich den folgenden Satz gelesen: »Jedes Mal meint man, das Schlimmste sei vorbei. Das ist die Illusion, die das Leben verlängert! Das Schlimmste ist immer.«[6] Wenn das stimmte, warum sollte ich mein Leben dann noch verlängern? Wäre es nicht viel sinnvoller, dieser Illusion zu entfliehen und mein Leben zu beenden?

Ich begann, darüber nachzudenken, wie ich mich umbringen konnte, ohne dass dies als Suizid erkennbar sein würde. Während der Fahrt nach Würzburg zu meiner Supervisionsgruppe kam mir die Lösung: Es müsste ein tragischer Motorradunfall sein, bei dem niemand anderes mit hineingezogen wurde. Im nüchternen Zustand würde mir dazu sicherlich der Mut fehlen, aber zugedröhnt sollte das möglich sein. In meinem Kopf war ich schon verdammt nah am Abgrund, wie es in dem Song »On the Edge« von Spock's Beard heißt: »I'm out on the edge one more time. I'm out on the edge in my mind.« *(Ich bin mal wieder am Rande des Abgrunds. Ich bin am Rande des Abgrunds in meinem Verstand.)*[7]

Erschrocken über mich selbst ging ich in die Gruppe und wagte einen verschlüsselten Hilferuf. Und nun, nur wenige Monate später, saß ich in einem Zugabteil und fuhr in die Psychosomatische Klinik von Bad Herrenalb.

Kapitel 3:

Mehr als nur ein Brief – Wie ich Gott loswurde

Sieben Tage Wahnsinn

Ehrlich gesagt hatte ich keine Ahnung, was mich in dieser Klinik erwarten würde. Ich hatte einen Prospekt gelesen und ein paar Bilder gesehen – aber das war es dann auch schon. Mehr musste und wollte ich gar nicht wissen. Ich brauchte Hilfe, so viel war klar, und die sollte es dort geben.

Als ich in Bad Herrenalb aus der Bahn stieg und mit meinem Koffer etwas orientierungslos auf dem Bahnsteig stand, wurde ich sofort von einem jungen Mann angesprochen: »Entschuldigung, du willst doch bestimmt in die Klinik, oder? Also ich kann dir sagen, wo du lang musst.« »Na klasse«, dachte ich, »ich sehe also dermaßen scheiße aus, dass jeder x-beliebige Typ sofort erkennen kann, wo ich hingehöre.«

Bald darauf war ich bei der Anmeldung. Im Foyer hing folgender Spruch: »Hier bekommst du nicht, was du willst, sondern was du brauchst.« Klang irgendwie logisch. Das Problem war nur, dass ich absolut keine Ahnung hatte, was ich wohl brauchen könnte. Ich wusste nur, was ich loswerden wollte.

Gefilzt haben sie mich damals nicht (zumindest kann ich mich nicht daran erinnern), aber ich musste zu Beginn einer Fastenvereinbarung zustimmen: keinen Alkohol, keine Medikamente (außer den ärztlich verordneten), keinen Tabak, keine Zeitungen, kein Radio, keine sexuellen Beziehungen zu Mitpatientinnen oder -patienten und keinerlei sonstige Ersatzbeschäftigungen, die mich von der Therapie ablenken könnten. Als sei das nicht genug, wurde mir noch eine siebentägige Kontakt- und Ausgangssperre auferlegt. Ich durfte weder das Haus verlassen noch irgendeinen Kontakt mit der Außenwelt aufnehmen. Wollte ich frische Luft schnappen, so musste ich hoch auf die Dachterrasse – alle anderen Ablenkungsstrategien und Krücken wurden mir radikal entzogen.

Ich war gefangen in einem Irrenhaus – denn genau das war diese Klinik auf den ersten Blick für mich: eine Kommune voller durchgeknallter Freaks. So gab es hier an jedem Morgen den »Morgenspaziergang« (die einzige Ausnahme von der Ausgangssperre). Dann mussten wir uns vor der Klinik in einer Zweierreihe aufstellen und uns einen Partner wählen. Hand in Hand marschierten wir dann im Entenmarsch schweigend durch den Park und jeder Passant, der uns bei diesem seltsamen Spaziergang begegnete, wusste sofort: »Da sind wieder diese Zombies aus dem Irrenhaus.«

Bad Herrenalb war damals berühmt-berüchtigt für das sogenannte »Bad Herrenalber Modell«, ein recht außergewöhnliches (und auch umstrittenes) Therapiekonzept für Suchtkranke, welches in den 70er-Jahren von Walther H. Lechler in Zusammenarbeit mit Therapeuten und Patienten in eben dieser Klinik entwickelt wurde. Dr. Lechler leitete die Klinik Bad Herrenalb bis 1988 und war in den Folgejahren dort regelmäßig zu Gast. Auch ich erlebte ihn bei einem seiner Vorträge. Er war ein charismatischer Mann, äußerlich alt und gebrechlich, aber innerlich voller Überzeugung und Leidenschaft.

Das Bad Herrenalber Modell geht davon aus, dass Suchtkranke nicht nur an ihrer Gebundenheit leiden, sondern vor allem auch an der mangelnden Befriedigung kindlicher Grundbedürfnisse, allen voran dem Bedürfnis nach körperlicher Nähe und emotionaler Offenheit. Dementsprechend lag ein Schwerpunkt der therapeutischen Gemeinschaft darauf, diese Bedürfnisse zu befriedigen. So gab es im ersten Stock einen großen Gemeinschaftsraum, in dem man gemeinsam abhängen und kuscheln konnte. Kein Witz – da wurde gekuschelt, was das Zeug hält. Überall hingen Patienten zusammen, fassten sich an den Händen, umarmten sich, lagen gemeinsam auf einer Matte und genossen die körperliche Nähe. Für mich war das ein Albtraum. Schlimm genug, dass sich hier alle mit »Du« ansprachen und einem emotional auf die Pelle rückten – aber körperlich würde ich das auf keinen Fall zulassen, so viel stand für mich fest.

Gleich zu Beginn stellte man mir als persönlichen Guide eine Mitpatientin zur Seite, die auch zu meiner Therapiegruppe (der sogenannten Kerngruppe) gehörte. Céline* sollte so eine Art Patin für mich sein. Wie ich später erfuhr, war sie anfangs davon gar nicht begeistert. Schließlich stammte sie aus einer Pfarrerfamilie und hatte aufgrund ihrer dortigen Erfahrungen und Prägungen die Schnauze gestrichen voll von Geistlichen. Dennoch nahm sie mich armes Kerlchen an die Hand und erklärte mir alles, was ich wissen musste. Diese Frau beeindruckte mich sofort. Sie wirkte körperlich sehr verletzlich, aber in ihr brodelte ein Vulkan.

In den kommenden Wochen sollte ich ihr noch mehrfach gegenüber stehen und direkt in die Augen schauen – mir war dann jedes Mal, als kämen Blitze aus diesen Augen. Mein fester Vorsatz, niemanden an mich heranzulassen, bekam durch diese Powerfrau mit badischem Dialekt gleich zu Beginn die ersten Risse.

Am Tag nach meiner Aufnahme hatte ich zunächst einige ärztliche Untersuchungen sowie ein Gespräch mit Bernd, meinem Therapeuten – auch mit den Therapeuten war man hier per du. Bernd wirkte auf mich wie ein überemphatischer »Schön, dass wir mal drüber geredet haben«-Typ und ich wunderte mich, dass in seinem Besprechungszimmer nirgendwo ein Räucherstäbchen glomm. Später erfuhr ich, dass man ihm den Spitznamen »Wölkchen« verpasst hatte.

---

* Alle Namen von Personen aus der Klinik geändert.

Aber er schien andererseits irgendwie in Ordnung zu sein. Jedenfalls meinte er es ehrlich und war wirklich daran interessiert, mich zu verstehen und mir zu helfen. Also tat ich anfänglich das, was ich oft tat: Ich versuchte, ihn nicht zu enttäuschen, indem ich vorgab, mitzuspielen (in diesem Fall hieß das: mich zu öffnen). Hier und da ein paar Problemchen offenlegen, das würde schon in Ordnung sein – schließlich wusste Bernd ja auch, dass ich nicht ohne Grund hier in der Klinik gelandet war. Da war ein bisschen gespielte Kooperationsbereitschaft sicher angebracht.

Ich war hin- und hergerissen in dieser Zeit: Einerseits war ich ein einziger Schrei nach Hilfe, aber andererseits wollte ich unter gar keinen Umständen verletzt werden und darum auch niemanden wirklich an mich heranlassen. Und so war mein oberstes Ziel, auf jeden Fall die Kontrolle zu behalten, egal, was die in den nächsten Wochen mit mir anstellen würden. Es brauchte allerdings nur wenige Tage, bis mein Kontrollsystem ins Wanken geriet. Es schien, als würden sich in dieser Klinik alle meine Probleme verdichten und zu nie gekannter Hochform auflaufen. Zudem stiegen auf einmal Leichen aus dem Keller meiner Seele auf, die ich über Jahre erfolgreich weggesperrt hatte. Am liebsten wäre ich die Wände hochgestiegen oder hätte irgendetwas zertrümmert. Am gierigsten war ich darauf, mich zuzudröhnen, mit Tabletten, Alkohol oder irgendeinem anderen Zeug. Hauptsache raus aus diesem Wahnsinn und rein in einen angenehmen Rausch. Aber das ging ja aufgrund dieser verfluchten Ausgangssperre nicht.

Besonders schlimm waren die Nächte. Dann legten sich meine abgedrehten Gedanken und Grübeleien so richtig ins Zeug. Zum Einschlafen gab es hier weder Schlaftabletten noch Bier, sondern lediglich einen widerlichen Baldriantee. Um dennoch schlafen zu können, verstieß ich gleich zu Beginn gegen die Regeln. Ich schnappte mir meinen MP3-Player, steckte mir Knöpfe ins Ohr und dröhnte mich mit lauter Rockmusik zu. Doch nach ein paar Nächten war es auch damit vorbei. Der MP3-Player kam unter Verschluss und mir blieb nichts, wirklich nichts, um den Dämonen der Nacht auszuweichen.

Schließlich holte ich mir heimlich eines der Kuscheltiere, die man hier für die Patienten bereithielt. Auf diese Weise war ich nachts wenigstens nicht mehr allein. Außerdem fing ich wieder damit an, heftig mit dem Kopf hin- und herzuwackeln, wie ich das als Kind immer vor dem Einschlafen gemacht hatte. Diese Klinik hatte es irgendwie geschafft, mich in eine Zeit zurückzubeamen, in der ich mich ohnmächtig und hilflos fühlte. In meiner Kindheit hatte ich große Angst, völlig verrückt zu werden. In dieser seltsamen Atmosphäre und ohne jedes Mittel zur Flucht kamen all diese Gespenster wieder, als seien sie nie wirklich weg gewesen.

Als ich schon längst wieder zu Hause in Karlstadt war, versuchte ich, diesen siebentägigen Wahnsinn durch die folgenden Verse zu beschreiben:

Dämonen der Nacht, du hörst ihr Geschrei,
bloß nicht bewegen, ziehn sie diesmal vorbei?
Die Stimmen im Kopf mit Musik übertönen,
nicht schaun auf die Fratzen, die dich verhöhnen.

Nach Hoffnung graben – doch leer ausgehn.
Den Morgen ersehnen, dich selbst nicht verstehn.
Nach Atem ringen, das Leben verfluchen,
auf Blätter kritzeln, Zerstreuung suchen.

Das Fenster weit öffnen, ein Sprung würde reichen,
an die Familie denken, ins Bett zurückschleichen,
und endlich: weinen! – noch ein leises Gebet.
Die Augen schließen – »Verdammt, es ist spät!«

Das trifft es ganz gut. Einzig der Sprung aus dem Fenster scheint mir aus heutiger Sicht unlogisch, denn ich war im Erdgeschoss untergebracht. Aber was war damals schon logisch? In Bad Herrenalb passierten eine Menge verrückter Dinge, mit denen ich niemals gerechnet hätte.

Einfach weggebeamt

»Volker, kannst du mich hören? Schau mich an! Kannst du mich hören? Schau mir in die Augen, schau mich an, Volker!« So ging das immer wieder. Natürlich konnte ich die Ärztin hören. Sie stand ja nur ein paar Zentimeter vor mir, rüttelte an mir und sprach auf mich ein. Doch ich war irgendwie abgetaucht, wie unter Wasser, und hörte sie wie aus großer Entfernung.

An manches, was zu dieser Situation geführt hatte, kann ich mich nicht erinnern, ich habe es mir nachher erzählen lassen und mir allgemeine Informationen dazu geholt.

Zum therapeutischen Konzept des Bad Herrenalber Modells gehört das sogenannte »Bonding« nach Daniel Casriel. Der folgende Eintrag aus Wikipedia beschreibt dieses Verfahren treffend:

> *Casriel-Therapie wird meist in größeren Gruppen paarweise unter Anleitung und Unterstützung durch mehrere Therapeuten durchgeführt. Nach einer Einführung durch den Leiter und eventueller »Aufwärmphase« wählen sich die Partner. Ein Partner arbeitet, der andere begleitet. Der Arbeitende legt sich auf einer Matte auf den Rücken, der Begleiter legt sich auf ihn, sodass ein Maximum an Körperkontakt entsteht. Der unten Liegende umarmt den Begleiter und beginnt dann damit, seine Empfindungen und Gefühle wahrzunehmen. Er benennt aufsteigende Gefühle möglichst unzensiert (zum Beispiel: »Ich habe Angst«). Der Begleiter greift in diesen Prozess nicht ein, sondern ist lediglich »Zeuge«. Eventuell wird der Klient durch Fragen oder Vor-*

schläge des Therapeuten unterstützt, zum Beispiel durch den Vorschlag, das benannte Gefühl immer lauter auszusprechen. Der Klient drückt sein Gefühl immer lauter aus (zum Beispiel: »Ich habe Angst. – Ich habe Angst – Scheiß-Angst!«), bis er ganz von diesem Gefühl erfüllt ist und/oder das Gefühl verschwindet und einem anderen Gefühl Raum gibt. Der Therapeut könnte in dem beschriebenen Prozessausschnitt den Vorschlag machen, die im lauten Gefühlsausdruck »Scheiß-Angst!« entstandene wütende und kraftvolle Komponente zu verstärken, indem er beispielsweise den Klienten anregt, zu schreien: »Meine Angst ist meine Kraft!«[8]

Das Bonding schien etwas ganz Besonderes, Intensives zu sein – und daher wollte jeder Patient dorthin. Aber das ging erst, wenn sich die Therapeuten und Ärzte sicher sein konnten, dass man stabil genug war. Ich weiß nicht mehr, wie lange das bei mir dauerte, aber schließlich war auch ich so weit, dass ich daran teilnehmen konnte. Und wieder war ich hin- und hergerissen: Schon der Gedanke an körperliche Nähe löste bei mir Ängste aus. Aber vielleicht gab es einen Weg, sich seinen Partner auszuwählen? Dann würde das vielleicht gehen. Außerdem wurde diese Therapieform ja nicht ohne Grund eingesetzt. Durch sie war es möglich, an lange gebunkerte Gefühle heranzukommen, ihnen Ausdruck zu verleihen und sie zu kanalisieren. Warum es also nicht einmal versuchen?

Eigentlich sollte der Zufall bestimmen, mit wem man beim Bonding zusammenkam. Doch unter der Hand gab es da vorab einige Absprachen. Das konnte ich mir zunutze machen. Als potenziellen Partner wählte ich jemanden, der von vielen meiner Mitpatienten als Arschloch bezeichnet wurde und mit dem kaum jemand etwas zu tun haben wollte. Deshalb konnte ich mir ziemlich sicher sein, dass er nicht Nein sagen würde und ich selbst kam mit ihm gut zurecht. Und die Rechnung ging auf.

Die Bonding-Therapie verlief wie oben beschrieben. Nach

einer Einführung legte ich mich auf meinen Partner und dieser umarmte mich. Damit – so dachte ich – war die schlimmste Hürde schon genommen. Doch weit gefehlt! Mit der Zeit fingen die Leute im Raum an, ihren aufkommenden Gefühlen freien Lauf zu lassen. Da wurde gewimmert, geweint, gestöhnt und schließlich auch geschrien. Je lauter und intensiver dieses Geschrei wurde, umso größer wurde meine Panik. Dieses Experiment entwickelte sich mehr und mehr zu einem Albtraum, aus dem es kein Entrinnen gab.

Dass ich schließlich doch noch entkommen bin, habe ich einem Schutzmechanismus meiner Seele zu verdanken, den man »Dissoziation« nennt. Dabei handelt es sich um eine Trennung von Wahrnehmungs- und Gedächtnisinhalten, welche normalerweise verbunden, also assoziiert sind. Zu den verschiedenen Ausprägungen einer Dissoziation gehören Derealisationserscheinungen. Der Betroffene fühlt sich fremd, wie in Watte gepackt oder unter Wasser getaucht. Er hat zu bestimmten Sinnesreizen keinen Zugang mehr. Das Hören, Sehen und Fühlen kann sich ebenso verändern wie die Aufnahmefähigkeit, das Zeitgefühl und das Erinnern. Auf diese Weise driftet er ab in eine Welt, in der die Bedrohung nicht mehr wahrgenommen wird – ein Notausgang für die in die Enge getriebene traumatisierte Seele.

Erst Jahre später habe ich in der Therapie gelernt, was ich tun kann, wenn sich ein solches Abdriften ankündigt: mich kneifen, mich auf einen Text konzentrieren und ihn laut lesen, jemanden ansprechen oder auch etwas Intensives riechen. Damals aber, als dies zum ersten Mal passierte, hatte ich keine Ahnung, was geschah. Ich tauchte einfach ab und war irgendwie weg. Ich weiß noch, dass einer der Therapeuten mit mir nach draußen gegangen ist. Während wir irgendwo durch die Gegend marschierten, redete er ständig auf mich ein und stellte mir Fragen – auch das ist eine Möglichkeit, das Abdriften zu verhindern, wenn es die richtigen Fragen sind. Ein Zeitgefühl hatte ich nicht, das Ganze ging so lange, bis der Therapeut sicher sein konnte, dass ich wieder im Hier und Jetzt angekommen war.

Eine Zeit lang genoss ich dann die Ehre, unter besonderer Beobachtung zu stehen. Und das meine ich wortwörtlich, denn aufgrund meines geringen Selbstwertgefühls fand ich es irgendwie gut, zum Thema des Tages geworden zu sein. Auf einmal schauten mich die Mitpatienten an und tuschelten über mich, wenn ich den Raum betrat. Auf diese Weise begannen sie, mich wahrzunehmen. Und das war doch schon mal was!

Nur mit der Bonding-Therapie war es jetzt natürlich erst einmal vorbei. Es würde wohl andere Wege geben müssen, um an meine verdrängten Gefühle heranzukommen.

Wut gebunkert

Zu eben diesen verdrängten Gefühlen gehörte die Wut, die ich über viele Jahre gebunkert hatte. Bislang war es mir immer gelungen, mich einigermaßen zu beherrschen. Doch hier in der Klinik war das anders. Durch die Therapie war ich dabei, die Kontrolle zu verlieren. So gehörte zu meinem Therapieplan auch die »dynamische Meditation«, eine von dem hinduistischen Lehrer Bhagwan Shree Rajneesh entwickelte aktive Meditationsform, bei der die körperliche Arbeit eine wichtige Rolle spielt.

Im Wesentlichen bestand »die Dynamische«, wie wir sie nannten, aus fünf Elementen, die jeweils von einem Therapeuten angeleitet und begleitet wurden. Das Ganze lief ungefähr so ab:

1. Wildes, unregelmäßiges Atmen

Man atmet zehn Minuten möglichst schnell und heftig durch die Nase und steigert das dann noch. Dabei nutzt man die natürlichen Bewegungen des Körpers, »um mehr Energie zu bekommen«.

2. Sich ausdrücken
In den nächsten zehn Minuten geht es darum, alles rauszulassen, was raus will. Schreien, brüllen, weinen, hüpfen, sich schütteln, tanzen, singen, lachen, alles ist erlaubt. Der Körper soll in Bewegung bleiben. Wichtig ist, dass man das Gehirn ausschaltet und nur das Herz sprechen lässt.

3. Mit erhobenen Armen springen
Anschließend springt man zehn Minuten mit erhobenen Armen auf und ab und ruft dabei: »Huh! Huh! Huh!« Jedes Mal, wenn man auf den Füßen landet, soll man diesen Ton ins Sexzentrum hämmern lassen.

4. Still sein, nichts tun
In der vorletzten Phase erstarrt man und bleibt 15 Minuten in derselben Position. Dabei ist auch nicht die kleinste Bewegung erlaubt.

5. (Sich) feiern
Abschließend wird 15 Minuten »gefeiert«. Man geht oder tanzt zur Musik, drückt Dank an die Schöpfung aus und nimm (hoffentlich) ein Glücksgefühl mit in den Tag.

Das klingt vermutlich urkomisch, aber so lustig ist es nicht, vor allem nicht, wenn man bereit ist, sich darauf einzulassen. Am Anfang kam ich mir einfach nur dämlich vor. Was sollte es bitte schön bringen, herumzutanzen und zu schnaufen wie ein Stier? Aber drücken wollte ich mich auch nicht. Also machte ich einfach mal mit, wenn auch recht verkrampft und kopfgesteuert.

Schon nach wenigen Minuten geschah jedoch etwas: In mir stieg Wut hoch und wurde immer heftiger. Wut über Menschen, die meine Grenzen verletzt hatten und auf mir herumgetrampelt waren, Wut über meine beschissene Angst und die zahlreichen verpassten Chancen in meinem Leben, Wut über mein verrücktes Gehirn, das einfach nicht normal funktionieren konnte, Wut über die Geschwister in meiner Gemeinde, die mich in ihren bescheuerten Streit mit hineingezogen hatten, Wut über Gott, der das ja alles gesehen haben musste, aber nichts dagegen getan hatte, Wut, Wut, Wut.

Inzwischen schnaufte ich wirklich und dampfte wie ein Schnellkochtopf. Für solche Fälle gab es im Therapieraum eine »Wutmatte«, die man nutzen konnte, um unter Aufsicht etwas Dampf abzulassen. Zaghaft fing ich an, auf die Matte zu schlagen, einmal, zweimal, dann immer heftiger. Je mehr ich das tat, umso stärker drängte meine Wut nach außen, so stark, dass ich schließlich wie ein Verrückter auf dieses Teil eindrosch, und zwar so lange, bis ich mit meiner körperlichen Kraft am Ende war.

Erschöpft blieb ich vor der Matte liegen und fragte mich, was in aller Welt da mit mir abging. Vor allem meine Wut auf Gott machte mir große Sorgen. Mir kam das Volk Israel in den Sinn. Denen war ihr ständiges Murren gegen Jahwe ganz und gar nicht gut bekommen. Galt das auch für mich? Würde Gott mich für meine Wut gegen ihn bestrafen? Aber was war das denn für ein Gott, der es nötig hatte, mich so kleinzuhalten? Hatte es ein solcher Gott überhaupt verdient, geliebt und geehrt zu werden? War meine Wut nicht verständlich angesichts dessen, was dieser Gott aus meinem Leben gemacht hatte?

In mir war ein Damm gebrochen und meine Gefühle waren dabei, mich zu überfluten. Ein Zurück gab es jetzt nicht mehr. Was Gott betraf, so war ich zunächst noch recht vorsichtig und verhalten, schließlich wollte ich nicht vom Blitz erschlagen werden. Doch schon wenige Tage später war es mit dieser Vorsicht vorbei.

Von Gott befreit

»Hörst du mich, du da oben, oder wo auch immer du thronst? Du kannst mich am Arsch lecken, ich will dich nicht mehr! Verschwinde aus meinem Leben. Ich hasse dich, ich hasse dich, ich hasse dich!« Ich stand mit erhobenen Fäusten am Fenster unseres Gruppenraums und schrie, so laut ich konnte. Tränen der Wut liefen mir über das Gesicht. Inzwischen war mir alles egal. Sollte mich Gott doch zerquetschen in seinem Zorn. Das wäre besser, als unter seiner Schreckensherrschaft weiterzuleben.

In meiner Kerngruppe herrschte betroffenes Schweigen. Nach einer Weile meinte Bernd, unser Therapeut, er wisse nicht, ob es so eine gute Idee von mir sei, mich auf diese Weise mit dem Allerhöchsten anzulegen. Schließlich fehlte nicht mehr viel und ich hätte die Scheibe eingeschlagen und mich selbst verletzt. Stattdessen riet er mir, einen Brief an Gott zu schreiben, in dem ich ihm offen und ehrlich mitteilen könnte, wie es mir mit ihm geht und was ich von ihm halte. Daher ging ich nach unserer Kerngruppe völlig aufgewühlt auf mein Zimmer, schnappte mir einen Block und schrieb die folgenden Zeilen nieder:

Die 40 ist eine deiner Lieblingszahlen, ich weiß. Sie scheint von besonderer Bedeutung zu sein. Auch ich bin inzwischen 40. Und so lange habe ich gebraucht, um dich ohne Angst- und Schuldgefühle endlich abzuschütteln. Fast jedenfalls, denn die Schuldgefühle befallen mich manchmal noch. Aber Angst lasse ich mir von dir nicht mehr machen! 40 Jahre Ängste sind genug, sie haben mich krank gemacht. Deine Auserwählten hast du nach 40 Jahren ins Gelobte Land geführt oder zu höheren Aufgaben berufen. Ich aber sitze nach 40 Jahren nun hier in der Klinik: mit Angst, Depressionen, Alkoholmissbrauch und Bulimie. Ausgerechnet Bulimie, eine Frauenkrankheit. Das bestätigt mein Bild von mir selbst, der ich mich nie als richtiger Mann gefühlt habe. Der Alkohol wundert mich nicht, denn mir war jedes Mittel recht, um die Angst vor deiner Strafe zu betäuben.

Du hast mich kleingemacht, mir das Leben geraubt,

mir die Luft zum Atmen genommen. Ich erinnere mich an eine Kinderstunde zu »Achans Diebstahl«. Der arme Kerl hatte was mitgehen lassen, anstatt alles plattzumachen, wie du es angeordnet hattest. Nachdem er entlarvt war, hast du befohlen, dass die versammelte Mannschaft ihn steinigen soll, was sie auch willig getan hat. Die Moral von der Geschichte hieß damals: »Gott sieht alles!« Und zum Auswendiglernen gab es Psalm 139,5: »Von allen Seiten umgibst du mich« (LUT).

Ja, du bist wirklich ein Meister im Steinigen. Viele Jahre lang wirfst du schon deine Steine auf mich. Die ersten Treffer hast du gelandet, als ich noch ein kleiner Junge war. Wenn ich nachts in meinem Bett lag, habe ich verzweifelt versucht, nichts Böses über dich zu denken. Ohne Chance. »Gott ist scheiße«, schoss mir durch den Kopf. Also raus aus dem Bett, auf die Knie und um Vergebung bitten. Dann wieder: »Gott ist schwul«, was damals irgendwie noch schlimmer klang, als nur scheiße zu sein. Also wieder auf die Knie. So ging das stundenlang. Durch heftiges Kopfschütteln habe ich mich schließlich in eine Art Trance versetzt, dich abgeschüttelt.

Später kam mir die Rockmusik zu Hilfe. Ich habe sie nicht nur gehört, ich habe sie aufgesogen. So tief, dass alles andere schweigen musste. Noch heute sind mir die Texte von Wolfgang Niedecken vertrauter als die von Matthäus oder Johannes (»Wenn et Bedde sich lohne däät, wat meinste wohl, wat ich dann bedde däät ...«). Doch auch dort hast du mich wieder getroffen: »Zieht nicht an einem Strang mit den Gottlosen!« Waren das nicht gottlose Texte, die ich da hörte – und betete ich nicht einen Götzen an? So ging es immer weiter: Für die Flucht vor deinen Strafen hast du mich nachher umso mehr gestraft.

Mit der Entdeckung meiner Sexualität habe ich mich in die Selbstbefriedigung geflüchtet – und deine Strafe war grausam. Nicht nur das Gefühl, schmutzig und dreckig zu sein, sondern immer wieder die Angst. Diesmal die Angst, du würdest mich körperlich strafen, vielleicht meinen Penis schrumpfen lassen. Schmutzig und unwürdig saß ich dann am Sonntag beim Abendmahl. Es herrschte Totenstille im Saal, die Austeilenden waren schwarz gekleidet (das ist die Art der Frommen, ihre Freude am Evangelium auszudrücken ...). Von vorn wurden die warnenden Worte gelesen: »Wer aber unwürdig isst und trinkt ..., der tut dies sich selbst zum Gericht.« Und dann ging sie auch schon los, die Hinrichtung. Brot und Saft wurden durch die Reihen gereicht. Du hattest mich in der Falle. Was sollte ich tun? Nicht teilnehmen und aus der Reihe tanzen? Unmöglich! Teilnehmen und auf die Wirkung deines Giftes warten? Es war der Horror.

Über die Jahre kamen noch einige deiner Steine hinzu. Etwa die Angst, die fürchterliche »Sünde gegen den Heiligen Geist« begangen zu haben. Und komm mir jetzt nicht damit, ich armer Tropf hätte halt dein Evangelium nicht verstanden, nicht erkannt, was Gnade bedeutet. Was ist das denn für ein Evangelium, das den Menschen erst tödlich verwunden muss, um dann den Arztkoffer zu öffnen? Auch Unkenntnis kannst du mir nicht vorwerfen. Ich kenne deine Worte sehr gut. Doch leider hast du dich nie daran gehalten.

»Betrinkt euch nicht mit Wein, sondern werdet voll Heiligen Geistes.« Jahrelang hab ich um deinen Geist gebettelt mit allen erdenklichen Tricks: Ich habe gebeichtet, gefastet, für mich beten lassen und die charismatischen »Lourdes« besucht. Alles umsonst. Dein Geist blieb aus. Und so habe ich schließlich doch den Wein gewählt. Auf ihn ist immer Verlass, der wirkt wirklich!

Sag mir, wo sind deine Wunder, wo sind sie heute? »Ich habe meinen Engeln befohlen über dir, dass sie dich behüten.« Wo waren denn die Engel der kleinen Jasmin, als sie an einem verschluckten Spielzeugteil elendig erstickt ist? »Du gibst den Menschen ihre Speise zur rechten Zeit.« Gilt das auch für die Millionen Afrikaner, die jährlich verhungern?

Oh ja, ich kenne sie alle, die zahlreichen Argumente, mit denen man versuchen kann, dich zu verteidigen – ich habe sie ja selbst jahrelang aus meinem Glaubenskarteikasten gezogen. Auf jede Frage die passende Antwort, zu jedem Schicksal den verborgenen Sinn.

Ich bin mir so zuwider! Wie konnte ich dich all die Jahre auch noch verteidigen, statt gegen dich zu demonstrieren? Ja, ich fühlte mich sogar verpflichtet, dich anderen aufzudrängen. Eine Krankheit, die man als Medizin verkauft – was für ein Hohn!

Damit ist jetzt Schluss!

Nach 40 Jahren ist endlich Schluss. Ich habe mich nie getraut, ohne dich zu leben, ohne dich zu denken, ohne dich zu atmen (darum ist mir das Atmen auch so schwer geworden). Bis heute.

Weißt du was? Das Leben, mein Leben, fühlt sich verflixt gut an ohne dich. Zum ersten Mal ist es wirklich mein Leben – und nicht das, was du von mir verlangst. Welche Strafe wirst du mir dafür schicken? Noch mehr Ängste und Zwänge oder vielleicht Krebs? Wie wäre es mit AIDS? AIDS ist doch deine bevorzugte Geißel, wie ich oft höre. Aber was immer du auch auf mich herabschleuderst, es wird mich nicht zu dir zurückbringen, niemals!

Zum ersten Mal habe ich eine eigene Wahl getroffen. Ich habe dich ja nie gewählt, du warst ja einfach da in meinem Leben, immer schon. Du warst da und hast meine Grenzen verletzt, mein Leben besetzt, mich malträtiert mit deinen Forderungen und Drohungen. Und ohne dich zu leben, dafür fehlte mir der Mut. Denn außerhalb deiner Sphäre gab es ja nur das Verderben, den Fluch. Also bin ich geblieben, viel zu lange, wie ich heute weiß. Ich musste wohl erst 40 werden, um zu begreifen und um endlich auch zu handeln. Jeden verdammten Stein, den du geworfen hast, schicke ich dir nun zurück. Nein, ich schicke ihn nicht, ich schleudere ihn zurück. Dabei will ich dich gar nicht steinigen, will dich nicht leiden und sterben sehen. Nur für mich bist du gestorben; nicht mehr existent. Und falls du es je wagen solltest, durch die Hintertür wieder in meinem Kopf und in mein Herz zu schleichen (womit ich rechne), so werde ich dich mit Wucht hinauswerfen. Und das so lange, bis du endlich kapierst, dass du bei mir nicht mehr landen kannst.

Da, wo du nicht bist, da ist Freiheit, und
dich nicht zu kennen, das heißt leben.

Ich habe früher oft von »Bekehrung« und »Neugeburt« geredet. Heute erlebe ich sie, meine Bekehrung, heute fühle ich mich wie neu geboren. Bekehrt zu einem Leben ohne dich – neu geboren in das wunderbare Erleben, von dir befreit zu sein.

Jetzt kann es losgehen, mein Leben!

Rebellion ohne Folgen

Es tat unendlich gut, diesen Brief zu schreiben. Zugleich aber hatte ich auch wieder Ängste: Was, wenn Gott mich wirklich strafte oder – schlimmer noch – wenn er meiner Familie etwas antun würde? Dann wäre ich dafür verantwortlich, dass meine Frau oder meine Kinder leiden müssen. Zuzutrauen wäre es ihm, schließlich gab es da ja entsprechende Storys im Alten Testament. Aber war es nicht genau diese beschissene Angst, mit der Gott mich über die Jahre kleingekriegt hatte? Das durfte doch so nicht weitergehen, das musste endlich anders werden!

Also steckte ich meinen Brief an Gott in einen Umschlag, schrieb noch ein paar Zeilen dazu und schickte ihn an die Redaktion der Zeitschrift AUFATMEN mit der Bitte, ihn zu veröffentlichen. Ich weiß noch, dass ich minutenlang am Briefkasten stand und mit mir gerungen habe. Doch dann habe ich ihn schließlich eingeworfen und innerlich triumphiert. Wieder habe ich die Faust gegen Gott erhoben: »Siehst du, du machst mir keine Angst mehr und kriegst mich nicht mehr klein. Von mir aus können alle lesen, was ich von dir halte. Deine Strafandrohungen werden mich nicht davon abhalten, die Wahrheit zu sagen. Heute nicht, morgen nicht, nie mehr!« Der Brief wurde tatsächlich gedruckt, allerdings erst zwei Jahre später und mit den nötigen Erläuterungen zu meinem Hintergrund und zu meinem persönlichen Glaubensweg.[9] Trotz dieser Veröffentlichung blieb die befürchtete Strafe jedoch aus. Keine Pest, kein Krebs, kein AIDS. Nichts! Es schien, als hätte Gott Wichtigeres zu tun, als mich zu vernichten.

Dieser Brief war der erste und wichtigste Schritt in meiner Rebellion gegen den Gott, den ich bis dahin gekannt hatte. Er war aber nicht der einzige. Gerade die Geschichte von Achans Diebstahl brachte mich auf den Gedanken, was ich noch tun konnte, um Gottes Zorngericht zu trotzen: etwas stehlen! Da ich die Klinik inzwischen zeitweise verlassen durfte, fuhr ich bei der erstbesten Gelegenheit mit der Bahn nach Karlsruhe, um dort irgendetwas mitgehen zu lassen.

Das klingt vielleicht etwas albern und spätpubertär. Aber für mich ging es damals nicht um eine Mutprobe, die man eigentlich mit vierzehn Jahren macht. Für mich ging es darum, meine Ängste vor der Strafe Gottes zu überwinden, indem ich ganz bewusst etwas tat, was normalerweise seinen Zorn herausfordern musste. Es ging hier um einen Ausbruch aus dem Gefängnis meiner religiös begründeten Zwänge, um einen Ausbruch nach 40 Jahren Geiselhaft. Und dabei war die schwierigste Schwelle für mich nicht so sehr die äußerliche (die Ausgangstür der H&M-Filiale), sondern vielmehr die innere Schwelle meiner Angst, von Gott auf der Stelle zerquetscht zu werden, weil ich soeben ein Herrenlederarmband im Wert von 15 Euro geklaut hatte (ein Betrag, den ich der Firma »H&M« inzwischen bezahlt habe). Umso größer und berauschender war für mich das Gefühl der Befreiung, als ich nach dieser offensichtlichen Übertretung eines göttlichen Gebots in der Fußgängerzone stand, ohne liquidiert worden zu sein.

Endlich hatte ich es geschafft: Ich konnte ein für alle Mal ohne Gott leben. Zumindest dachte ich das damals. Das geklaute Armband hätte ich eigentlich sofort wieder zurückbringen können, denn nun hatte es ja seinen Zweck erfüllt. Doch ich behielt es und trug es noch lange Zeit als kleine Trophäe meiner persönlichen Rebellion gegen Gott am Handgelenk. Auch dafür strafte er mich nicht.

Vertrauen wagen

»Hier bekommst du nicht, was du willst, sondern was du brauchst.« – Nach einiger Zeit in der Klinik wurde mir immer klarer, was dieser Satz aus dem Foyer für meine Situation bedeutete. Meine vornehmlichste Aufgabe bestand darin, Vertrauen zu wagen, den Menschen in meinem Umfeld endlich zu vertrauen. Die wenigsten von ihnen wollten mir irgendetwas Böses. Vielen war ich schlicht egal, einige nahmen mich neutral zur Kenntnis und manche mochten mich sogar. Aber wirklich verletzen wollte mich hier niemand. Also konnte ich es wagen, die Kontrolle ein wenig zu lockern und in Beziehung zu treten.

Zu den Grundüberzeugungen des Bad Herrenalber Modells gehören auch die folgenden Sätze von Richard Beauvais aus dem Jahr 1964:

> *Wir sind hier, weil es letztlich kein Entrinnen vor uns selbst gibt. Solange der Mensch sich nicht selbst in den Augen und Herzen seiner Mitmenschen begegnet, ist er auf der Flucht. Solange er nicht zulässt, dass seine Mitmenschen an seinem Innersten teilhaben, gibt es für ihn keine Geborgenheit. Solange er sich fürchtet, durchschaut zu werden, kann er weder sich noch andere erkennen – er wird allein sein. Wo können wir solch einen Spiegel finden, wenn nicht in unseren Nächsten? Hier in der Gemeinschaft kann ein Mensch erst richtig klar über sich werden und sich nicht mehr als den Riesen seiner Träume oder den Zwerg seiner Ängste sehen, sondern als Mensch, der – Teil eines Ganzen – zu ihrem Wohl seinen Beitrag leistet. In solchem Boden können wir Wurzeln schlagen und wachsen; nicht mehr allein – wie im Tod –, sondern lebendig als Mensch unter Menschen.*[10]

Das traf es so ziemlich auf den Punkt. Meine größte Furcht war, durchschaut, beschämt und verlassen zu werden. Also hatte ich um mich herum eine unsichtbare Mauer errichtet und nur wenige Menschen an mich herangelassen. »No trust, no pain«, dachte ich. »Wenn ich niemandem vertraue, kann ich nicht verletzt werden.« Aber hinter dieser Mauer war es kalt und einsam und das machte mich nicht glücklich, sondern immer verzweifelter. Tief in mir gab es eine brennende Leidenschaft nach Gemeinschaft und Geborgenheit. Danach, einfach dazuzugehören und angenommen zu werden.

Hier in der Klinik gab es diese Gemeinschaft, denn hier war keiner besser als der andere. Wir waren einfach ein verrückter Haufen verwundeter Seelen, die einander brauchten. Bis heute hat dieses Erleben mein Bild von christlicher Gemeinschaft geprägt. Für mich ist die Kirche letztlich nichts anderes als eine riesige Selbsthilfegruppe von begnadigten Sündern, die einander helfen, auf Christus zu vertrauen und an seiner Hand ans Ziel zu gelangen. Auch in einer christlichen Gemeinde ist keiner besser als der andere: »Denn alle Menschen haben gesündigt und das Leben in der Herrlichkeit Gottes verloren« (Römer 3,23).

Inzwischen habe ich mich in meiner Gemeinde radikal geoutet. Ich vermittle in meinen Predigten nicht den Eindruck, als hätte ich es schon geschafft, sondern berichte immer wieder von meinen Ängsten, Zweifeln und Niederlagen. Geschadet hat mir das nicht. Ganz im Gegenteil. Durch meine Offenheit bin ich den Geschwistern sehr viel näher gekommen als jemals zuvor. So erlebe ich mich heute endlich als Teil dieser wunderbaren Gemeinschaft. Ich gehöre dazu und fühle mich geborgen. Hier kann ich endlich Wurzeln schlagen und wachsen. Hier bin ich nicht mehr der Riese meiner Träume oder der Zwerg meiner Ängste, sondern schlicht und einfach ein begnadigter Sünder, der – als Teil eines Ganzen – zu ihrem Wohl seinen Beitrag leistet. Eine Entwicklung, die ich 2007 nicht für möglich gehalten hätte.

Big Step

Je näher der Tag meiner Entlassung kam, umso mehr zweifelte ich daran, in meinem Alltag wieder zurechtzukommen. Diese Klinik war ein wohltemperiertes und bequem ausgestattetes Aquarium ohne Fressfeinde, während draußen die Haifischwelt auf mich wartete: Würde ich dort überhaupt bestehen können? War ich wirklich stark und selbstbewusst genug, um mich endlich von der Anerkennung anderer unabhängig zu machen? Und was war mit dem ätzenden Konflikt in meiner Gemeinde? Würde ich jetzt den Mut haben, die Geschwister, wenn nötig, zur Ordnung zu rufen und zu korrigieren?

Ich hatte in diesen Wochen so unendlich viel erlebt und erfahren: Wie sollte ich das nun alles Claudia erklären? Würde sie mich überhaupt verstehen? Was, wenn meine Zeit in der Klinik die Konflikte zwischen uns nur noch verstärken würde?

Fragen über Fragen tauchten in mir auf und die alte Panik wollte sich breitmachen. Ich selbst hatte eine Verlängerung meines Klinikaufenthaltes abgelehnt, weil ich empfand, dass ich mich lange genug auf die faule Haut gelegt hatte. Meine Familie und meine Gemeinde brauchten mich. Doch nun kamen mir leise Zweifel: War diese Sichtweise nicht genau jene falsche Abhängigkeit, die mich hierhin gebracht hatte? Waren diese Wochen am Ende vielleicht völlig umsonst gewesen? Konnte man jemanden wie mich überhaupt therapieren? Vielleicht war ich ja doch ein hoffnungsloser Fall!

In der Klinik wusste man um die Ängste und Nöte, die mit dem Übertritt in die »normale« Welt verbunden waren. Darum hatte man ein Ritual entwickelt, das den Abschied aus Bad Herrenalb erleichtern sollte, den »Big Step«. Der Big Step war fast so feierlich wie eine Konfirmation, nur machte man hier nicht seine Säuglingstaufe fest, sondern das, was man in den vergangenen Wochen gelernt hatte. Hier erhielt jeder, der die Klinik verlassen musste, die Möglichkeit, sich öffentlich zu verabschieden. Der Saal war an diesen Tagen gerammelt voll, da beim Big Step nicht nur die »therapeutische Gemeinschaft« anwesend war, sondern auch Freunde und Bekannte, ehemalige Patienten und einige Neugierige, die sich diesen verrückten Laden einfach mal ansehen wollten.

Zwar war ich es als Pastor gewohnt, vor vielen Leuten zu sprechen, aber das hier war etwas ganz anderes. Hier wurde ich herausgefordert, mein Innerstes nach außen zu kehren, und das vor Leuten, die ich zum größten Teil noch nie gesehen hatte. Schon Tage vorher zerbrach ich mir den Kopf darüber, was ich bei diesem öffentlichen Rauswurf sagen sollte. Schließlich entschied ich mich, mit dem folgenden Satz zu beginnen: »Hallo, mein Name ist Volker, und ich freue mich auf eine starke zweite Halbzeit, die jetzt vor mir liegt.« Dann erzählte ich davon, dass ich immer schon jemand war, der erst relativ spät aus dem Quark kommt. Aber wenn es gut liefe, dann würden ja noch weitere 40 Jahre vor mir liegen. Und in dieser zweiten Halbzeit meines Lebens wollte ich richtig Gas geben. Schließlich hatte ich durch die Zeit in der Klinik gelernt, dass ich mir mehr zutrauen darf und kann. Das wollte ich jetzt umsetzen und eine starke zweite Halbzeit abliefern.

Die Zeit meiner Ängste und der selbstgewählten Isolation sollte nun ein für alle Mal vorbei sein. Ich war bereit, die Mauer einzureißen, die ich mir über die Jahre Stein für Stein errichtet hatte. Meine bisherige Kernkompetenz war die Entfremdung, jetzt aber sollte an deren Stelle Vertrauen treten.

Doch schon auf der Heimfahrt kamen mir die ersten Zweifel und ich musste an eine Erfahrung denken, die Roger Waters schildert:

But it was only fantasy.
The wall was too high, as you can see.
No matter how he tried,
he could not break free.
And the worms ate into his brain.

Aber das war nur Fantasie.
Die Mauer war zu hoch, wie du sehen kannst.
Egal, wie sehr er es versuchte,
er konnte sich nicht befreien.
Und die Würmer fraßen sich in sein Gehirn.[11]

Die Würmer, die mich fertigmachten, hatten schon vor rund dreißig Jahren damit begonnen, sich in mein Hirn zu fressen. Warum also sollten sie ausgerechnet jetzt für immer verschwinden?

Kapitel 4:

Ein Befund mit Folgen – Der Ausstieg aus dem Job

Fremd in der eigenen Gemeinde

Eine »starke zweite Halbzeit« wollte ich spielen. Nur leider hatte ich mir in der Klinik überhaupt keine Gedanken darüber gemacht, wie dies konkret aussehen sollte. Wollte ich nur meine Technik verbessern oder musste ich vielleicht auch die Position wechseln? Konnte ich wirklich einfach so weitermachen wie bisher? Das wäre wohl ziemlich verrückt, denn »die Definition von Wahnsinn ist, immer wieder das Gleiche zu tun und andere Ergebnisse zu erwarten[12]«. Das Ergebnis meiner ersten Lebenshalbzeit war ein kompletter Zusammenbruch. Wenn ich es diesmal besser machen wollte, so musste einiges anders werden. Aber was genau?

In der Klinik hatte ich viel darüber gelernt, dass es wichtig ist, an mir selbst etwas zu verändern, um neu in meinen Alltag hineinzugehen. »I exist, I need, I am entitled«, so lauteten die Einstellsätze, die wir dort wieder und wieder behandelt hatten. Mit diesen Überzeugungen wollte ich in meine Ehe und Familie sowie in den Gemeindedienst zurückgehen:

I exist! Ich bin! Ich muss mich nicht verschämt zurückziehen oder verstecken. Ich muss auch nicht perfekt sein, um mir eine Daseinsberechtigung zu erarbeiten. Ich darf der sein, der ich bin: unvollkommen und mit einem Sprung in der Schüssel. Dennoch bin ich. Und das ist gut so!

I need! Ich brauche! Ich habe Bedürfnisse. Und diese Bedürfnisse sind keine Schwäche, sondern gehören ganz einfach zum Menschsein dazu. Ich muss sie also nicht länger als störend oder unpassend unterdrücken, sondern darf sie wahrnehmen und zulassen.

I am entitled! Ich bin berechtigt! Ich bin berechtigt, zu nehmen. Ich darf dafür Sorge tragen, dass meine Bedürfnisse befriedigt werden. Das ist weder egoistisch noch moralisch verwerflich. Ich bin aufgefordert, mich um mich selbst zu kümmern. Tue ich das nicht, werde ich auch anderen bald nichts mehr zu geben haben.

In Bad Herrenalb gab es einmal in der Woche eine Vollversammlung, in der wir lernen sollten, dies in die Praxis umzusetzen. In diesem Plenum durfte sich jeder öffentlich äußern, der sich aus irgendeinem Grund missverstanden oder angepisst fühlte. Vor der versammelten Mannschaft konnte man dort einen Mitpatienten mit seinem vermeintlichen Fehlverhalten konfrontieren, möglichst in der Sprache der gewaltfreien Kommunikation: »Ich fühle mich sehr verletzt, weil Andreas sich beim Morgenspaziergang geweigert hat, neben mir zu gehen.« Dann musste der Betreffende aufstehen und erklären, wie er die Situation erlebt hatte und warum er sich so oder so verhalten hatte. Das Ganze ging so lange hin und her, bis es zu einer gegenseitigen Annäherung kam, mit der beide leben konnten.

Auch ich wurde in einer dieser Versammlungen mit meinem Fehlverhalten konfrontiert, denn ich hatte mich von einem spielsüchtigen Mitpatienten bequatschen lassen, ihm dreißig Euro zu leihen, die er dann natürlich sofort im nächstbesten Wettbüro verzockt hatte. Durch meine Unachtsamkeit war ich somit mitverantwortlich für seinen Rückfall – zumindest sahen das einige andere so, die diesen Vorfall mitbekommen hatten und mich nun dafür zur Rechenschaft zogen. Also stand ich auf und erklärte öffentlich, dass ich einen Fehler begangen hatte, womit die Sache relativ schnell vom Tisch war.

Diese Vollversammlungen waren zum Teil recht heftig, doch

sie waren nichts gegenüber dem, was mich in meiner freikirchlichen Gemeinde erwartete. Denn dort hatte sich der Konflikt zwischen den Geschwistern immer weiter zugespitzt. Auch hier wurde ich mit meinem vermeintlichen Fehlverhalten konfrontiert. So warf man mir vor, ich hätte in einem konkreten Fall gelogen, um meine Haut zu retten. Andere wiederum spielten auf meine psychische Erkrankung an und meinten, es sei sowieso fraglich, ob ich aufgrund meiner Medikamente noch im Vollbesitz meiner geistigen Kräfte sei. Auf unseren Versammlungen ging es damals schlimmer zu als beim FC Schalke 04, dagegen war das Plenum von Bad Herrenalb ein harmloser Diskutierclub.

Angesichts dieser öffentlichen Unterstellungen war es mit meinen neu gewonnenen Einstellsätzen relativ schnell vorbei. Auf einmal war ich doch wieder der kleine, hilflose Volker, der sich wegbeamen musste, um zu überleben. Warum in aller Welt sollte ich mir das weiter antun? Was hielt mich denn noch in diesem Job? Und wie konnte ich weiter Pastor sein, nachdem ich meinem bisherigen Gott gerade einen kräftigen Arschtritt verpasst hatte? Wie wollte ich die Geschwister im Glauben stärken, wenn ich selbst mehr Fragen als Antworten hatte? Wollte ich das überhaupt? Wollte ich wirklich weiter in meiner Freikirche bleiben? Wäre es nicht sehr viel ehrlicher und konsequenter, meinen Job zu kündigen und auszutreten? In dieser Zeit schrieb ich in einem Brief an Céline:

> *Ich habe auch Probleme mit meinem Job, weil ich mich mit meinem evangelikalen Umfeld – also der Kirchenfrömmigkeit, in der ich lebe – nicht mehr so identifizieren kann. Unausgesprochen haben die Freikirchen doch manchmal den Anspruch, was Besseres zu sein. Aber das stimmt nun mal nicht. Auch in unseren Reihen gibt es nichts, was es nicht gibt: Streitereien, Neid, Unversöhnlichkeit, üble Nachrede, Süchte und, und, und. Allerdings trägt man bei uns eher eine fromme Maske, weil es so was ja nicht geben darf.*

Diese Spannung zwischen Anspruch und Wirklichkeit war aber längst nicht mein einziges Problem. Mehr und mehr wurde es mir in meiner eigenen Gemeinde zu eng. Nach meiner damaligen Einschätzung wäre es unmöglich gewesen, meine vielen Fragen dort öffentlich zu stellen. Das hätte einfach nicht ins Schema gepasst. Einige Monate zuvor hatte ich zu der Frage gepredigt: »Warum lässt Gott so viel Leid zu?« Und meine erste Antwort lautete wortwörtlich: »Ich weiß es nicht!« Das war natürlich längst nicht alles, was ich zu diesem Thema zu sagen hatte. Aber es war mir zunächst einmal wichtig, zu betonen, dass wir als Christen nicht auf alles eine Antwort haben müssen. So gibt es nun einmal Leiderfahrungen, die sich nicht erklären lassen, weder durch ein »Warum« noch durch ein »Wozu«.

Leider hatte diese Predigt bei einzelnen Geschwistern sehr heftige Reaktionen hervorgerufen: Um sich so etwas anzuhören, würden sie nicht in einen Gottesdienst gehen. Das könnten sie an jeder Straßenecke haben. Meine Art, zu denken und zu fragen, schien einige in ihrer Frömmigkeit zu verunsichern, ganz besonders jene, deren perfekt zusammengestecktes Glaubenssystem keine Fragen und Zweifel zuließ. Je mehr ich diese Fragen stellen würde, umso mehr würden sie sich bedroht fühlen. Wie also sollte das in Zukunft funktionieren? Musste ich nicht endlich raus aus alledem, um wirklich eine starke zweite Halbzeit spielen zu können?

Probleme in der Ehe

Auch in meiner Ehe sah es nicht besonders gut aus. Zwischen Claudia und mir war ein unsichtbarer Graben entstanden und ich sah mich außerstande, diesen zu überwinden. Bei Harriet Lerner hatte ich den folgenden Satz gelesen: »Unsere Angst, anderen klarzumachen, was wir wirklich denken und fühlen, ist sicher in unseren engsten und damit wichtigsten Beziehungen am stärksten.«[13]

Genau so war es: Mit Céline und anderen Freunden aus der Klinik hatte ich regen Kontakt, schrieb Briefe oder führte lange Telefonate, doch meiner Frau gegenüber verharrte ich in eisigem Schweigen. Und wenn sie behutsam versuchte, an mich heranzukommen, wich ich ihr geschickt aus. Mir ging es, wie David Gilmour es in einem lyrischen Dialog beschreibt:

I think, I should speak now. – Why won't you talk to me?
I can't seem to speak now. – You never talk to me!
My words won't come out right. –
What are you thinking? ...
I can't show my weakness.

Ich denke, ich sollte jetzt reden. – Warum redest du nicht mit mir?
Ich kann jetzt nicht mehr sprechen. – Du redest nie mit mir!
Meine Worte werden nicht richtig rauskommen. –
Was denkst du gerade? ...
Ich kann meine Schwäche nicht zeigen.[14]

Aus heutiger Sicht gab es damals mindestens drei Gründe für mein Schweigen. Zunächst einmal rechnete ich nicht damit, dass meine Frau und ich einander verstehen würden. Dafür war das, was ich in Bad Herrenalb erlebt hatte, einfach zu abgefahren. Wie in aller Welt sollte ich ihr erklären, was dort mit mir passiert war?

Außerdem musste ich befürchten, dass unser Gespräch mit einem riesigen Krach enden würde, denn Claudia würde mit Sicherheit zahlreiche Rückfragen haben. Und da ich in dieser Zeit extrem dünnhäutig und reizbar war, verstand ich jede dieser Fragen sofort als einen persönlichen Angriff und wurde entsprechend giftig. Da war es doch besser, gar nichts zu sagen.

Ein weiterer Grund war meine Scham. Hätten wir damit begonnen, über die vergangenen Wochen und Monate zu sprechen, dann hätten wir mit Sicherheit auch über meine vielen Lügen und einige Abstürze reden müssen. Das wolle ich nicht, denn für solche dunklen Momente schämte ich mich nach wie vor abgrundtief. Auf gar keinen Fall durfte ich mit diesem Teil meiner Vergangenheit konfrontiert werden.

Der letzte Grund für mein Schweigen war meine Wut. Nicht irgendeine Wut, sondern die Wut auf meine Frau. Aus meiner Sicht hatte ich mich über viele Jahre von ihr dominieren und kontrollieren lassen, und damit sollte nun endlich Schluss sein. Ich wollte nicht länger das vierte Kind in unserer Familie sein, um das sie sich kümmerte. Ich wollte verdammt noch mal endlich ihr Partner sein, ein eigenständiges Gegenüber. Ich wollte ernst genommen werden und ihr auf Augenhöhe begegnen können.

Ich hatte den Eindruck, mir dieses Ernstgenommen-Werden erkämpfen zu müssen. In jeder noch so kleinen Frage oder Äußerung von ihr witterte ich einen Angriff auf mein neu gewonnenes Selbstbewusstsein. Claudia spürte dies und war sorgsam darauf bedacht, mir entgegenzukommen und nicht missverstanden zu werden. Aber das war unmöglich. Schon die simple Frage, ob ich daran gedacht hätte, die Mülltonne an die Straße zu stellen, löste in mir die heftigsten Reaktionen aus. Ich schrie sie an und überzog sie mit etlichen Vorwürfen: Sie sei ein Kontrollfreak und solle endlich damit aufhören, mich ständig zu bemuttern. Irgendwann war es dann auch mit ihrer Geduld vorbei, sodass sie mir zynisch entgegnete: »Entschuldige, dass ich gefragt habe. Ich konnte ja nicht ahnen, dass du gerade wieder auf deinem Selbstfindungstrip bist.«

Am Tiefpunkt dieser Entwicklung haute ich dann einfach für ein paar Tage ab. Ohne dies zuvor mit Claudia abzusprechen, fuhr ich zu Céline, denn von ihr fühlte ich mich akzeptiert und verstanden. Ich bildete mir ein, wir zwei seien enge Seelenverwandte, während meine Ehefrau irgendwo in einem anderen Universum zu Hause war.

Ein einziger Konjunktiv

Wie die Familie insgesamt so ist auch die Ehe ein kompliziertes und anfälliges System, in dem jeder Einzelne eine bestimmte Rolle übernimmt. Das funktioniert so lange, wie sich die einzelnen Rollen gegenseitig ergänzen und bestärken. Probleme gibt es immer dann, wenn ein Partner aus seiner Rolle aussteigt, weil sie ihm – zu recht oder zu unrecht – nicht mehr passend erscheint. Dann kommt das gesamte System ins Wanken und die Ehe droht, zu zerreißen.[15]

Auch bei uns kam es nun zu einer solchen Zerreißprobe. Da ich hauptsächlich mit mir selbst beschäftigt war, hatte Claudia über Jahre unser Familienschiff gesteuert und vor dem Kentern bewahrt. In vielen Dingen, wie etwa der Kindererziehung, hatte sie die Verantwortung übernommen, vor der ich mich gedrückt hatte. Jetzt aber, nach meiner Zeit in Bad Herrenalb, war es eben diese Stärke und Dominanz meiner Frau, die mich so aggressiv machte. Wie wollte ich damit umgehen? Aus meiner Ehe aussteigen? Das kam für mich nicht infrage. Also musste ich etwas ändern. Aber wie sollte das funktionieren? Sollte es tatsächlich möglich sein, diesen ganzen Mist gemeinsam aufzuarbeiten? War das nicht völlig aussichtslos?

So vergingen mehrere Wochen, in denen meine Hoffnung auf eine starke zweite Halbzeit mehr und mehr verblasste, bis sie schließlich ganz verschwand. Mein Leben war ein einziger Konjunktiv aus »hätte, könnte, sollte, müsste«:

Man könnte glücklich sein.
Mit dir, Hand in Hand,
durch den Herbstwald wandern.

Deinem Blick begegnen.
Das Braun deiner Augen ist zeitenlos,
tief und unergründlich.
Dich dann, in einem beherzten Augenblick
zur Seite nehmen.
Und kindlich, übermütig werden.
Hemmungslose Laubschlacht.
Lachen.
Schwitzen.
Taumeln vor Glück.
Man könnte so glücklich sein.
Wenn nur die Sucht nicht wäre:
pausenlos, gnadenlos,
gaffend und geifernd und gierend.

Man könnte Frieden finden.
Mit dir, Herz an Herz,
durch das Leben wandern.
Deinem Wort begegnen.
Die Kraft deiner Wahrheit ist zeitenlos,
tief und unergründlich.
Dich dann, in einem heiligen Augenblick
erkennen.
In der Tiefe der Seele lachen.
Grenzenlose Offenbarung.
Staunen.
Niederknien.
Weinen vor Freude.
Man könnte wirklich Frieden finden.
Wenn nur die Zweifel nicht wären:
pausenlos, gnadenlos,
fragend und nagend und klagend.

Die bittere Realität

Jesus hat einmal gesagt:

> *Wenn ein böser Geist einen Menschen verlässt, geht er in die Wüste und sucht Ruhe. Wenn er sie jedoch nicht findet, sagt er sich: ›Ich will zu dem Menschen zurückkehren, aus dem ich ausgefahren bin.‹ Und so kommt der Geist zurück und stellt fest, dass seine frühere Wohnung sorgfältig gefegt und gesäubert wurde. Dann holt er sieben andere Geister, die noch schlimmer sind als er selbst, und sie alle ziehen dort ein. Dann ergeht es diesem Menschen noch schlimmer als zuvor.*
>
> Lukas 11,24-26

So ist es wirklich – und darauf war ich nicht vorbereitet. Als ich aus der Klinik kam, war ich der Meinung, das Wesentliche verstanden und gelernt zu haben. Trotz aller Zweifel und Fragen fühlte ich mich gut trainiert und ausreichend vorbereitet, um eine starke zweite Halbzeit zu spielen. Allerdings hatte ich nicht die geringste Ahnung, dass mir die eigentliche Arbeit noch bevorstand. Zwar lebte ich in dieser Zeit ohne Suchtmittel, ich war also sozusagen »gefegt und gesäubert«. Doch die bittere Realität war, dass ich absolut keinen Plan hatte, womit ich das leere Haus meiner Seele füllen konnte. Daher war es nur eine Frage der Zeit, bis die alten Geister zu mir zurückkamen und gleich noch ein paar Kumpels mitbrachten.

Für das Sommerfest unserer Musikschule hatte ich mich als Freiwilliger gemeldet – und wurde für den Getränkestand eingeteilt. Bereits an dieser Stelle hätte ich mich um mich selbst kümmern müssen, denn wer naschhaft ist, der sollte sich keinen Honigtopf um den Hals binden. Doch ich wehrte mich nicht. Stattdessen stellte ich mich brav hinter den Stand und verkaufte Bierflaschen. Als unser Vorrat zu Ende ging, wurde ich in den

Keller geschickt, um Nachschub zu holen. Und das war es dann. Hier unten war ich unbeobachtet und konnte tun, was ich wollte. Ohne über die Folgen nachzudenken, schnappte ich mir die erste Flasche Bier und leerte sie in wenigen Sekunden. Und da man ja bekanntlich auf einem Bein nicht stehen kann, trank ich auch gleich noch eine zweite hinterher, bevor ich zurückging. Im Verlauf dieses Festes schlich ich mich dann noch mehrfach in den Keller, um für Nachschub zu sorgen, allerdings nicht für den Verkauf, sondern für meinen nach Alkohol gierenden Körper.

Als ich am nächsten Morgen aufwachte, war meine Verzweiflung grenzenlos. Die alten Geister der Scham und des Selbsthasses stürzten auf mich ein – und das schlimmer als je zuvor. Nichts hatte sich geändert, gar nichts! Ich war nach wie vor ein kleines, mieses, narzisstisches Arschloch, das die Menschen um sich herum mit in den Abgrund zog. Schon wenige Wochen nach dem euphorischen Start in meine zweite Lebenshalbzeit hatte ich komplett versagt. Wie konnte ich da erwarten, dass es in Zukunft besser laufen würde? Woher sollte ich jetzt noch meine Hoffnung nehmen?

An diesem Tag erhielt ich einen Anruf von einem Freund aus Bad Herrenalb, der mich ein wenig erdete. Er forderte mich auf, endlich mit meiner elenden Selbstanklage aufzuhören und mich stattdessen auf das zu konzentrieren, was jetzt für mich dran war. Schließlich sei es keine Schande, hinzufallen, aber es sei wohl eine Schande, einfach liegen zu bleiben. Ein Ausrutscher sei noch kein Rückfall. Hier und heute hätte ich die Chance, das nächste Glas einfach stehen zu lassen. Und diese Chance sollte ich verflucht nochmal nutzen – wenn schon nicht um meiner selbst willen, dann wenigstens um meiner Familie willen.

Das saß! In den nächsten Tagen und Wochen rührte ich tatsächlich keinen Tropfen Alkohol mehr an. Doch meine grundsätzlichen Zweifel blieben bestehen. Würde ich wirklich einfach so weiterleben können wie bisher? War es nicht Wahnsinn, so zu tun, als sei alles in bester Ordnung?

Mit solchen Fragen im Gepäck fuhr ich einige Zeit später in die Uniklinik Würzburg zu meiner Supervisionsgruppe. Dort war es erneut mein Supervisor, der mir einen entscheidenden Impuls gab. Aus seiner Sicht befand ich mich in einem Hamsterrad und versuchte verzweifelt, schneller und schneller zu treten. Seine Worte gingen mir durch und durch: »Herr Halfmann, wer die Welt aus ihren Angeln heben will, der braucht einen Platz außerhalb der Welt! Haben Sie jemals ernsthaft darüber nachgedacht, aus ihrer jetzigen Berufswelt auszusteigen, um etwas ganz Neues zu beginnen? Sie sind doch ein begabter junger Mann, Sie könnten an vielen Stellen arbeiten.«

Und ob ich darüber nachgedacht hatte, wieder und wieder. Doch war solch ein Ausstieg stets ein Gedankenspiel gewesen, einer meiner zahlreichen Konjunktive. Aber das musste ja nicht so bleiben. Ich beschloss, es wenigstens zu versuchen.

Wie eine alte Schrottkarre

Als Erstes brach ich endlich mein Schweigen und führte ein langes Gespräch mit Claudia. Ich schilderte ihr, wie ich mich in den letzten Wochen gefühlt hatte, und verschwieg ihr auch nicht meinen Alkoholkonsum auf dem Musikschulfest. Meine Arbeit als Pastor war dabei, mich immer tiefer runterzuziehen. Wenn kein Wunder geschah (wofür Claudia betete), würde ich über kurz oder lang wieder in einer Suchtklinik landen. Also musste ich raus aus meinem Job. Ich musste zur Arbeitsagentur, um dort eine Umschulung zu beantragen. Motiviert machte ich noch am selben Tag einen Termin aus.

Mein erstes Gespräch mit der zuständigen Sachbearbeiterin war jedoch relativ ernüchternd. Sie stellte viele kritische Fragen und betonte mehrfach, dass die Agentur vermutlich gar nicht für mich zuständig sei, sondern stattdessen die Rentenversicherung, da für sie eine Berufsunfähigkeit im Raum stand. Erst nach einigem Hin und Her war klar, dass ich bei ihr doch an der richtigen Adresse war. Als Nächstes folgte ein langer und anstrengender Antragsprozess, an dessen Ende eine halbtägige psychologische Untersuchung sowie der Besuch bei einem Amtsarzt anstanden.

Die psychologische Untersuchung verlief recht erfreulich, vor allem das anschließende Gespräch mit dem Psychologen der Arbeitsagentur Würzburg habe ich in sehr guter Erinnerung. Fast zwei Stunden nahm er sich für mich Zeit. Er hörte wirklich zu und stellte kluge Fragen. Dann meinte er: »Entscheidend ist, dass Sie auf Ihre Psychohygiene achten und sich um sich selbst sorgen. Sie brauchen einen Kreis von Menschen, bei denen Sie zu Hause sind und sich wohlfühlen. Wenn das gegeben ist, dann sollte jemand mit Ihrer Sensibilität und Empathie unbedingt mit Menschen arbeiten.« Am Ende unseres Gesprächs nahm er mich in den Arm und wünschte mir alles Gute.

Der Amtsarzt hingegen ging da wesentlich nüchterner vor: Er musterte mich, als ginge es um meine Tauglichkeit zum Wehrdienst, blätterte immer wieder in meiner Krankenakte und grummelte irgendetwas vor sich hin. Am Ende entließ er mich, ohne durchblicken zu lassen, zu welchem Ergebnis er gekommen war. Sein Gutachten wurde mir in den nächsten Tagen auf dem Postweg übermittelt.

Am 8. November 2007, knapp vier Monate nach meinem ersten Gang zur Arbeitsagentur, erhielt ich die schriftliche Bewilligung einer Umschulungsmaßnahme. Eigentlich hätte ich mich freuen müssen, denn schließlich war ich jetzt am Ziel: Mir wurde die Möglichkeit gegeben, aus meinem Beruf als Pastor auszusteigen und etwas ganz Neues zu beginnen. Stattdessen aber war ich zunächst einmal geschockt. Dass ich einen gewaltigen Sprung in der Schüssel hatte, war mir längst klar – und ich hätte dies auch jederzeit zugegeben. In diesem Befund aber wurden die Risse in meiner Psyche schonungslos beim Namen genannt und aufgelistet. Das zu lesen, tat verdammt weh.

Außerdem kam der Amtsarzt leider zu ganz anderen Schlussfolgerungen als der Psychologe. Aus seiner Sicht sollte ich eben gerade nicht mit Menschen arbeiten, sondern eher mit Zahlen. Und es war seine Stellungnahme, an der sich die Arbeitsagentur orientieren würde, sodass ich mir jetzt wohl einen Bürojob suchen musste. Der Text dieses sozialmedizinischen Gutachtens lautete im Einzelnen wie folgt:

Vermittlungs- und beratungsrelevante Gesundheitsstörungen:
Kombinierte Persönlichkeitsstörung,
Depressive Reaktion,
Alkoholkrankheit

Sozialmedizinische Beurteilung:
Die Persönlichkeitsstruktur bewirkt eine psychische Minderbelastbarkeit. Die Belastungen durch eine seelsorgerliche Tätigkeit haben ja zu einer depressiven Reaktion und zu Alkoholmissbrauch geführt. Diesbezüglich ist Herr Halfmann zurzeit symptomfrei, jedoch ist vorauszusehen, dass bei erneuter Belastung durch die zuletzt ausgeübte berufliche Tätigkeit ein Rückfall in den Alkoholismus droht. Eine berufliche Neuorientierung ist daher erforderlich. Tätigkeiten mit großer Eigenverantwortung, also auch Tätigkeiten im sozialen, medizinischen, pflegerischen und seelsorgerischen Bereich, sind nicht möglich. Alle anderen Tätigkeiten können uneingeschränkt ausgeübt werden, Verwaltungs- und Büroarbeiten, Lagerarbeiten und auch körperliche Tätigkeiten ohne große Eigenverantwortung.

Beantwortung der Zielfragen:
Die zuletzt ausgeübte Tätigkeit kann nicht weiter verrichtet werden.

Für die Anforderungen der vorgesehenen Tätigkeiten ist Herr Halfmann ausreichend belastbar.

Es bestehen dauerhafte Leistungseinschränkungen. Zwar liegt im Augenblick kein Alkoholmissbrauch vor, es droht jedoch bei ungünstigen Voraussetzungen ein Rückfall in die Alkoholkrankheit.

Im Augenblick lassen sich keine körperlichen oder geistigen bzw. neurologischen Folgeerkrankungen feststellen.

Es liegen keine schwerwiegenden Leistungseinschränkungen vor, die die Aussichten, am Arbeitsleben teilzuhaben, nicht nur vorübergehend wesentlich mindern.

Medizinische Reha-Maßnahmen sind nicht vorrangig.

Es bestehen aus sozialmedizinischer Sicht wichtige gesundheitliche Gründe zur Beendigung des letzten Beschäftigungsverhältnisses.

Vermutlich war das eine zutreffende Beschreibung und dennoch liest sie sich für mich wie der TÜV-Bericht einer Schrottkarre, an der es zahlreiche schwere Mängel gibt. Eigentlich ist es eine Zumutung, diese Rostlaube überhaupt noch für den Straßenverkehr zuzulassen. Sollte das gnädigerweise doch noch geschehen, dann nur mit einigen Einschränkungen.

Dieses Gutachten war äußerst schmerzhaft, aber es war auch hilfreich. Denn es brachte mich dazu, mich noch einmal tiefer mit den eigentlichen Ursachen für meine seelischen Risse auseinanderzusetzen.

Teil 2

Die Ursachen

Kapitel 5:

Sprung in der Schüssel – Zwänge, Ängste, Grübeleien

Über dreißig Jahre lang hatte ich keine Ahnung, was eigentlich mit mir los war. Erst durch meinen Aufenthalt in Bad Herrenalb konnte ich den Würmern in meinem Hirn endlich einen Namen geben: Ich litt unter einer Zwangsstörung – F42.2 lautet die Bezeichnung dafür –, die sich sowohl durch Zwangsgedanken und Grübeleien als auch durch Zwangshandlungen äußerte.

In Bad Herrenalb hatten wir auch einen passenden Ausdruck dafür: »In's Gehirn gefickt!« Das mag obszön und abstoßend klingen, aber eben darum passt es so gut, denn viele der Gedanken, die mich über Jahre gequält haben, waren genau das: obszön und abstoßend. Darum habe ich es auch lange Zeit nicht fertiggebracht, mit jemandem darüber zu sprechen. Das Ganze war einfach viel zu beschämend.

Zwangsgedanken

Matthias Wentland schreibt:

> *Zwangsgedanken sind Ideen, Vorstellungen oder Impulse, die den Patienten immer wieder stereotyp beschäftigen. Sie sind fast immer quälend, weil sie gewalttätigen Inhalts oder obszön sind oder weil sie einfach als sinnlos erlebt werden. Die Personen haben scheinbar keine Möglichkeit, gegen diese Gedanken oder Handlungen anzugehen.*[16]

Stellen Sie sich vor, Sie werden an einen Stuhl gefesselt und jemand beginnt damit, Sie zu foltern, indem er Sie wieder und wieder mit einer brennenden Zigarette verletzt. Sie schreien vor Schmerzen und betteln um Gnade. Doch mit jedem verzweifelten Schrei beginnt die Quälerei erneut, und zwar noch heftiger als vorher. So ungefähr können Sie sich Zwangsgedanken vorstellen, nur dass die Folter nicht auf der Haut stattfindet, sondern im Kopf. Sie erleben sich als völlig machtlos und werden gequält von Gedanken, die sich auf alles stürzen, was irgendwie angst- oder schambesetzt ist.

Wann diese Tortur begonnen hat, kann ich nicht mehr genau sagen. Ich schätze, ich war so zehn oder elf Jahre alt. Wie in dem Brief an Gott beschrieben, schossen mir gotteslästerliche Gedanken durch den Kopf, wenn ich eigentlich längst hätte schlafen sollen. Dann ging ich auf die Knie und bat um Vergebung. Wieder im Bett versuchte ich tapfer, gegen diese Gedanken anzukämpfen. Doch je mehr ich dies versuchte, umso heftiger wurden sie. »Gott ist schwul, Gott fickt seinen Sohn!« Also wieder auf die Knie und erneut um Vergebung flehen. So ging das viele Stunden, bis zur totalen Erschöpfung.

Manchmal stand ich weinend am Bett meiner Mutter. Von meinen kranken Gedanken erzählte ich ihr nichts, aber ich gab ihr zu verstehen, dass ich nicht einschlafen konnte aus Angst, irgendeine schlimme Sünde begangen zu haben. Sie tat ihr Bestes, um mich zu beruhigen und mich davon zu überzeugen, dass Gott mich lieb hat und mir gern vergibt. Schließlich schickte sie mich wieder ins Bett mit dem Hinweis, ich solle mir nicht so viele Gedanken machen. Doch leider stand das nicht in meiner Macht, denn diese Gedanken machte ich mir ja nicht, sie wurden gemacht. Und je mehr ich mich darauf konzentrierte, sie nicht zu denken, umso häufiger kamen sie.

Wahrscheinlich kennen Sie diese Story: Wenn Sie jemanden so richtig fertigmachen wollen, dann versprechen Sie ihm, er werde sich bestimmt prima entwickeln, es gäbe da allerdings eine winzige Bedingung: Er dürfe in der nächsten Zeit an alles denken, nur nicht an rosa Elefanten. Folglich wird der Betreffende rumlaufen und denken: »Ich darf nicht an rosa Elefanten denken, ich darf nicht an rosa Elefanten denken ...« Indem er also ständig versucht, nicht an rosa Elefanten zu denken, tut er genau das, was er um jeden Preis vermeiden will. Ein Teufelskreis.

Meine Gedanken waren nicht nur sinnlos und obszön, sie waren vor allem auch gotteslästerlich. Das traf mich besonders hart, denn zu meiner Scham kam die Angst vor einer göttlichen Strafe. Ich war der festen Überzeugung: »Wenn Jesus jetzt wiederkommt, dann bin ich verloren und lande in der Hölle.«

Was Gott mit jenen macht, die ihn lästern und beleidigen, das konnte ich an vielen Stellen in der Bibel nachlesen. Ich war verloren, so viel stand fest: ausgestoßen, geächtet und verloren. Vermutlich hörte Gott darum auch nicht auf meine verzweifelten Hilfeschreie: Wieso sollte er jemandem helfen, der ihn wieder und wieder in den Schmutz zog? Vielleicht waren meine immer wiederkehrenden Gedanken ja schon ein Vorgeschmack seines Zorns? Vielleicht hatte er mich längst »dahin gegeben« (vgl. Römer 1,24) und wollte mich damit quälen, dass ich nicht mehr mit diesen Gedanken aufhören konnte?

Neben meiner abgrundtiefen Scham und dem verzweifelten Erleben meiner Hilflosigkeit war es vor allem die entsetzliche Angst vor dem Strafgericht Gottes, die mich als Kind quälte: »Pass auf, kleine Stirn, was du denkst. Pass auf, kleine Stirn, was du denkst. Denn der Vater im Himmel sieht herab auf dich, drum pass auf, kleine Stirn, was du denkst!«[17]

Solche Zwangsgedanken waren aber nicht die einzigen Würmer, die sich über die Jahre durch mein Hirn gefressen haben.

Irrationale Ängste

Irgendwo hatte ich Bilder von Kindern gesehen, deren Geschlechtsteile nicht richtig ausgebildet waren, und sofort war mir klar: »Das wird mir auch passieren, mein Penis wird sich verändern!« Also schaute ich wieder und wieder nach, ob bei mir untenrum noch alles so war, wie es sein sollte.

In meiner Kindheit war alles, was in den Bereich der Sexualität gehörte, schambesetzt und somit tabu. Vermutlich stürzten sich meine irrationalen Ängste gerade deshalb darauf. Doch nicht alle meine kranken Vorstellungen hatten mit Sex zu tun. Als Jugendlicher entwickelte ich die Angst, meine Augen könnten sich mehr und mehr verschlechtern, bis hin zur vollkommenen Erblindung. Ich war so besessen von diesem Gedanken, dass ich pausenlos testen musste, was ich noch erkennen konnte und was nicht. Aufgrund des ständigen Vergleichens zwischen dem linken und dem rechten Auge und dem damit verbundenen Zwinkern entwickelte ich eine weitere Angst: »Das wird ein Tic werden – etwas, was du nie mehr abstellen kannst!« Von da an war das kurze Zwinkern mit den Augen für mich kein unbewusster Vorgang mehr, sondern einer, den ich steuern musste, nach dem Motto: »So wenig wie möglich, damit daraus kein Tic wird.« Der Effekt war derselbe wie bei meinen kranken Gedanken: Je mehr ich versuchte, nicht zu zwinkern, umso mehr tat ich es. Zwischendurch gab es auch Zeiten, in denen ich abgelenkt war und mich voll und ganz auf etwas anderes konzentrieren konnte. Doch dann sah ich jemanden nervös mit den Augen zucken und schon ging die Folter in meinem Kopf wieder los.

Besonders während meines Studiums wurde die Angst um meine Augen immer schlimmer, denn ich sagte mir: »Volker, wenn du wirklich so einen Tic bekommst, dann kannst du deinen Job vergessen. Wer will schon einen Pastor haben, der ständig wie bekloppt mit dem Gesicht zuckt?« Ich hatte im wahrsten

Sinne des Wortes eine panische Angst, mein Gesicht zu verlieren und damit meine Zukunft zu zerstören.

Als ich dann schließlich doch Pastor wurde, kam noch eine weitere Angst hinzu: die Angst, einen epileptischen Anfall zu bekommen. Damals leitete ich eine Gesprächsgruppe in der psychiatrischen Klinik Hohe Mark und während einer solchen Zeit erlitt einer der Teilnehmer bedingt durch seinen Alkoholentzug einen Krampfanfall. Ich hatte so etwas noch nie erlebt und war geschockt. Auf dem Weg nach Hause ging es dann los: »Das wird dir bald auch passieren. Du bekommst einen Krampfanfall!«

Inzwischen hatte ich vom Phänomen der »Selffulfilling Pprophecy« gelesen. Eine selbsterfüllende Prophezeiung ist eine Aussage über die Zukunft, die sich erfüllt, weil der Betreffende an sie glaubt und sich daher bewusst oder unbewusst entsprechend verhält. Wenn man einem Kind einredet, dass es zu dumm fürs Gymnasium ist, wird es das Gymnasium vermutlich tatsächlich nicht schaffen. Ebenso kann man so sehr von einer Befürchtung durchdrungen sein, dass sie sich am Ende wirklich einstellt, und zwar gerade darum, weil man ständig an sie gedacht hat.

Das Wissen um diesen Zusammenhang verstärkte meine zwanghaften Ängste noch, denn mir war klar: Je mehr ich an einen Krampfanfall dachte, umso höher war die Wahrscheinlichkeit, ihn am Ende auch tatsächlich zu erleiden. Von daher musste es mir gelingen, auf gar keinen Fall an die Gefahr eines epileptischen Anfalls zu denken – und damit tat ich es ständig. Ein weiterer Teufelskreis, aus dem es scheinbar kein Entrinnen gab.

Von Zeit zu Zeit spukten noch weitere Gedanken durch meinen Kopf, die völlig irrational waren. Etwa die Angst, etwas wegwerfen zu müssen, was für mich von großer Bedeutung war, oder die Angst, durch meine Gedanken eine Katastrophe auszulösen. Und dann gab es da noch die Angst vor der Angst. Ich befürchtete, mein Gehirn könne irgendwann einmal so überhitzen, dass die entscheidenden Sicherungen rausfliegen: »Volker, es fehlt nicht mehr viel, dann wirst du komplett wahnsinnig!« Ich sah mich bereits in der Irrenanstalt sabbernd und völlig abgedreht mit dem Kopf gegen eine Wand schlagen wie in dem Film »Einer flog über das Kuckucksnest«. Ich hatte eine panische und verzweifelte Angst, völlig verrückt zu werden!

In meinem Hirn war die Hölle los – aber über viele Jahre wusste niemand etwas davon: meine Lehrer nicht, meine Eltern nicht, selbst Claudia nicht, mit der ich sonst über alles reden konnte.

Als Teenie hatte ich einige körperliche Probleme: Ich aß wenig, mich plagten ständig Magenschmerzen und mir wurde oft schwindelig. In der Schule fiel ich ein paarmal in Ohnmacht und keiner wusste so recht, warum. Daraufhin wurde ich gründlich untersucht, mir wurde Blut abgenommen und sogar eine erste Magenspiegelung gemacht. Ohne Befund.

Eigentlich komisch, aber damals kam niemand auf die Idee, dass vielleicht mit meiner Psyche etwas nicht stimmen könnte. Zumindest kann ich mich nicht daran erinnern, daraufhin untersucht worden zu sein. Nach außen hin wirkte ich über viele Jahre wie ein ganz normaler Junge. Und genau das wollte ich ja auch sein, ich wollte bitte, bitte einfach normal sein!

Matthias Wentland erklärt dies:

Patienten erleben ihr eigenes zwanghaftes Verhalten fast immer mit Schamgefühlen. Gerade weil sie Einsicht in die Aussichtslosigkeit und Sinnlosigkeit ihres eigenen Handelns haben und wissen, wie sehr ihr eigenes Verhalten von dem der anderen Menschen abweicht, versuchen sie alles, um ihre Störung vor der Umwelt zu verheimlichen.[18]

Zwangshandlungen

Der erste Mensch, dem ich mich andeutungsweise anvertraute, war ein Dozent und Seelsorger am Theologischen Seminar in Ewersbach. Es war der hohe Leidensdruck, der mich dazu brachte. Während des Studiums kamen zu meinen kranken Gedanken auch noch Zwangshandlungen hinzu, wie etwa das zwanghafte Unterstreichen von Büchern. Alles fing damit an, dass ich einen Satz unterstrich, um ihn besonders hervorzuheben. Doch kaum hatte ich das getan, dachte ich, dass ich den nächsten Satz doch eigentlich auch noch unterstreichen müsse, sonst würde das Ganze irgendwie nicht stimmig aussehen. So ging das dann immer weiter. Obwohl ich wusste, dass hier irgendetwas ganz gewaltig schieflief, sah ich mich außerstande, dagegen anzugehen – und hatte am Ende das komplette Buch unterstrichen. Ab und zu finde ich auch heute noch ein solches Buch in meiner theologischen Bibliothek, die meisten aber habe ich bereits verkauft oder verschenkt, denn es fällt mir schwer, sie frei und unbeschwert zu lesen.

Eine weitere Falle wurde für mich das Schreiben von Vokabelkarten. Sobald ich eine Karte geschrieben hatte, schien sie mir nicht schön oder korrekt genug zu sein. Also riss ich sie durch und schrieb dieselbe Vokabel erneut. Oft genug erschien mir auch die zweite Karte ungenügend, also schrieb ich eine dritte. Keine Ahnung, wie viele Karten ich auf diese Weise geschrieben und weggeworfen habe – aber es werden wohl Hunderte gewesen sein. Über Stunden hockte ich in meinem Zimmer. Schreiben, prüfen, zerreißen, neu schreiben – immer und immer wieder.

Natürlich gab es da eine Stimme in mir, die mir sagte: »Volker, was du da machst, ist komplett verrückt. Du musst sofort damit aufhören!« Aber ich habe es einfach nicht geschafft, damit aufzuhören. Das Ganze wurde zu einem Zwang, aus dem ich mich nicht befreien konnte. Es ist erstaunlich, dass ich trotz alledem noch genügend Zeit hatte, um zu lernen und mein Studium ordentlich abzuschließen.

Grübeleien

Neben den völlig abgedrehten Gedanken und irrationalen Ängsten sowie den Zwangshandlungen gab es noch ein weiteres Symptom der Zwangsstörung, das mich über sehr viele Jahre verfolgte: zwanghafte Grübeleien. Solche Grübeleien »bestehen aus langen und unproduktiven Gedankenketten, die sich zwar um eine spezifische Frage drehen, aber inhaltlich sehr variabel und ohne Ende sind«[19].

Bereits in meiner Kindheit drehten sich viele meiner Grübeleien um die Frage, ob ich so, wie ich bin, wohl vor Gott bestehen kann. Als Teenie war ich mir sicher, die »Sünde gegen den Heiligen Geist« begangen zu haben, und im Studium kreisten meine endlosen Gedankenschleifen immer wieder um die Frage der Theodizee: »Wenn Gott ein Gott der Liebe ist, warum gibt es dann so viel Leid auf dieser Welt?«

Über so etwas nachzudenken, ist sicher gut und richtig. Mein Problem war aber, dass ich dieses Denken nicht steuern konnte. Es gab in meinem Gehirn keine Pausentaste. Ich musste darüber grübeln, wieder und wieder und wieder. Auch wenig hilfreiche Fragen, wie das Allmachtsparadoxon machten mir schwer zu schaffen: »Wenn Gott wirklich allmächtig ist, ist er dann in der Lage einen Stein zu schaffen, der so schwer ist, dass er ihn selbst nicht tragen kann?« Für viele meiner Kommilitonen war diese Fragestellung eher ein Witz, etwas, was man schnell wieder vergessen konnte. Mich aber hat sie viele Stunden verzweifelter Grübeleien gekostet, ohne dass ich dabei zu irgendeinem sinnvollen Ergebnis gekommen wäre.

Die meisten meiner Gedankenschleifen waren nicht irrational, sondern durchaus logisch und verständlich. Aber sie waren ein ewiger Kreislauf, ohne Anfang und ohne Ende. Zu solchen Schleifen gehörte auch das ständige Grübeln darüber, ob ich in dieser oder jener Situation alles richtig gemacht hatte. »Richtig« war für mich ein Verhalten, mit dem ich nirgendwo auffiel oder aneckte. Es konnte und durfte mir auf gar keinen Fall passieren, meinem Gegenüber einen Anlass zu geben, über mich verärgert oder belustigt zu sein. Also lief mein Gehirn ständig auf Hochtouren, da ich jede einzelne Begegnung des Tages noch einmal durchging und prüfte, ob ich vielleicht nicht doch einen Fehler gemacht hatte, den ich korrigieren musste: Ein falscher Blick, eine unpassende Geste, ein verhängnisvoller Nebensatz oder ein Schweigen an einer Stelle, wo ich etwas hätte sagen sollen. Alles konnte von Bedeutung sein und musste auf den Prüfstand.

Auf diese Weise war mein Denken ständig woanders als mein Körper, denn während ich mit Herrn X sprach, ging ich im Geiste das Gespräch mit Frau Y noch einmal durch. Das führte dann zu weiteren Fehlern und Versäumnissen im Gespräch mit Herrn X, die mich dann in den nächsten Stunden blockierten. Noch heute habe ich Situationen aus meiner Kindheit gespeichert, die eigentlich total belanglos und lächerlich sind. Da hatte ich bei Tisch irgendeine unpassende Bemerkung gemacht, weil ich das Gespräch der Erwachsenen nicht richtig verstand, und alle mussten lachen. Niemand der damals Anwesenden wird sich nach über dreißig Jahren noch an diese Szene erinnern können. Ich schon, denn für mich waren solche Alltäglichkeiten jedes Mal wie eine kleine Hinrichtung und ich dachte: »Wer heute über dich lacht, der tritt dich morgen vielleicht schon mit Füßen.«

Solche Peinlichkeiten hatten das Potenzial, mich zum Außenseiter zu machen, darum waren sie um jeden Preis zu vermeiden. Und indem ich mehr und mehr versuchte, mein komplettes Auftreten zu kontrollieren, um sie zu vermeiden, wurde ich genau das – ein Sonderling und Außenseiter.

So zogen mich meine Grübeleien immer tiefer hinein in einen Strudel aus Befürchtungen, Sorgen, Vorwürfen und Verzweiflung: Warum in aller Welt konnte mein durchgeknalltes Hirn nicht einfach mal die Fresse halten? Und wo war Gott bei alledem? Hatte ich nicht immer wieder um Heilung gebetet? Was war da los, warum antwortete er mir nicht?

Stelzen-Laufen

Aus heutiger Sicht staune ich darüber, wie lange ich mich mit dieser psychischen Erkrankung auf den Beinen gehalten habe. Sind Sie schon einmal auf Stelzen gelaufen oder haben Sie jemandem zugeschaut, der dies versucht? Selbst wenn man dabei mehr und mehr das Gleichgewicht verliert, gelingt es einem meist noch, einige weitere verzweifelte Schritte zu torkeln, bevor man schließlich abspringen muss.

Genau so war es bei mir: Ich habe es doch tatsächlich über dreißig Jahre lang geschafft, einigermaßen aufrecht zu gehen und zu funktionieren. Gegen Ende meiner ersten Pastorenstelle kam ich ins Wanken und fing an, zu torkeln. Doch schaffte ich selbst da noch einige verzweifelte Schritte wie den Wechsel in eine andere Gemeinde. Erst dort, in meiner zweiten Stelle, verlor ich dann mehr und mehr das Gleichgewicht. Drei wackelige Jahre lang hielt ich noch durch, dann war wirklich Schluss. Ich musste abspringen und brach zusammen.

Kapitel 6:

Kernkompetenz Entfremdung – Gestörte Persönlichkeit

Als ich noch Pastor in Oberursel war, hatte ich eine äußerst unerfreuliche Begegnung, die für mich später zu einem Schlüsselerlebnis wurde:

Ich stehe mit meinem Junior an der Supermarktkasse. Das heißt: Nur ich stehe. Der Kleine sitzt im Einkaufswagen und grabbelt an den Verpackungen herum. Mit einer Hand versuche ich, meine Einkäufe auf das Band zu befördern, und mit der anderen, meinen Sohn daran zu hindern, kleine Löcher in die Deckel der Joghurtbecher zu stoßen.

Da fährt mir von hinten jemand in die Hacken. Irritiert schaue ich mich um und sehe einen kleinen, etwas buckeligen Opi, dessen Augen mich böse anfunkeln. Aber er sagt nichts, keinen Ton. Also kümmere ich mich weiter um meine Einkäufe. Da passiert es ein zweites Mal. Schon wieder spüre ich seinen Wagen in meinen Fersen, dieses Mal aber etwas heftiger. Erneut drehe ich mich um, und er faucht mich an: »Geht's noch etwas langsamer, oder was?«

Nun begreife ich, dass mir der Alte absichtlich in die Hacken fährt. Sofort steigt eine grenzenlose Wut in mir hoch. »Hör mal zu, du kleiner alter Scheißer: Wenn du mich noch ein einziges Mal berührst, dann quetsche ich deinen faltigen Hintern in den Kindersitz deines Einkaufswagens und fahre mit dir zum nächstbesten Baggersee, um dich samt deinen Corega-Tabs dort zu versenken!« So ungefähr stelle ich mir meine Antwort vor. Doch die kommt nicht. Stattdessen schlucke ich meine Wut herunter und höre mich sa-

gen: »Entschuldigung, ich mach ja schon so schnell, wie's geht.«

Ist das zu fassen? Warum habe ich mich nicht wenigstens ansatzweise gewehrt? Wo kommt so etwas her?

Abhängige Persönlichkeitsstruktur

Inzwischen weiß ich, wo so etwas herkommt, und habe mich intensiv damit auseinandergesetzt. Dies ist das typische Verhalten eines Menschen mit einer abhängigen Persönlichkeitsstruktur. Nach DSM, einem anerkannten Klassifikationssystem für psychische Störungen, haben die Betroffenen »ein tief greifendes und überstarkes Bedürfnis, versorgt zu werden, das zu unterwürfigem Verhalten und Trennungsängsten führt«[20].

Bei Menschen mit einer abhängigen Persönlichkeitsstruktur müssen mindestens fünf der folgenden Kriterien erfüllt sein:

- Schwierigkeiten, alltägliche Entscheidungen zu treffen, ohne ausgiebig den Rat und die Bestätigung anderer einzuholen
- Abhängigkeit von Personen, die Verantwortung für die wichtigsten Lebensbereiche übernehmen
- Schwierigkeiten, anderen gegenüber die eigene Meinung zu vertreten aus Angst, deren Unterstützung und Zustimmung zu verlieren
- Schwierigkeiten, Unternehmungen selbst zu beginnen oder Dinge unabhängig durchzuführen aufgrund von mangelndem Vertrauen in die eigene Urteilskraft oder in die eigenen Fähigkeiten
- Übermäßiges Bemühen, sich die Versorgung und Zuwendung anderer zu erhalten, bis hin zur freiwilligen Übernahme unangenehmer Tätigkeiten
- Alleinsein ist mit Unwohlsein oder einem Gefühl der Hilflosigkeit verbunden; Angst, nicht für sich selbst sorgen zu können

- Bei Beendigung einer engen Beziehung: Suche einer anderen Beziehung als Quelle der Fürsorge und Unterstützung
- Unrealistische Angst, verlassen zu werden und für sich selbst sorgen zu müssen
- Nach einer Trennung: Gefühl, »am Leben vorbeizulaufen«
- Gefühl von innerer Leere[21]

Was mich betrifft, so erfülle ich locker sieben davon (und die anderen wohl nur deshalb nicht, weil ich noch keine Trennung erleben musste). Über viele Jahre hinweg habe ich anderen Menschen gestattet, meine Grenzen zu verletzen und mir auf die Füße zu treten, ohne mich dagegen zu wehren oder wenigstens einmal »Autsch« zu rufen. Mir fehlte die Stärke, um mich abzugrenzen und ein eigenständiges Ich zu entwickeln. Stattdessen war ich mit aller Kraft darum bemüht, die Harmonie zu wahren und nirgends anzuecken. Konfliktsituationen waren für mich der Super-GAU, bargen sie doch die Gefahr, abgelehnt und verlassen zu werden.

Anhand des Märchens »Die Gänsemagd« beschreibt der Psychotherapeut Heinz-Peter Röhr diese Persönlichkeitsstörung sehr treffend:

> *Das Abhängigkeits-Syndrom wirkt sich auf alle Lebensbereiche aus, sie sind von Abhängigkeit bestimmt und sind zunächst anders nicht vorstellbar. Vor allem ist ein Mangel an Ich-Stärke zu beobachten. Dies ist die Energie, mit der sich jemand selbst zum Ausdruck bringt, wie er sich im Lebenskampf behauptet, welche Ziele er mit welcher Energie verfolgt, z.B. auch, wie er sich gegen Ungerechtigkeiten zur Wehr setzt. Das Gänsemagd-Syndrom lässt nicht zu, dass sich die Persönlichkeit entfaltet, Betroffene bleiben abhängig, fühlen sich oft klein und wertlos. Wie bei unserer Prinzessin im Märchen zeichnet sich eine gewisse Lebensuntüchtigkeit ab.*[22]

Frühe Kindheitserfahrungen

In der psychoanalytischen Theorie geht man davon aus, dass solche Störungen durch Faktoren in der frühesten Kindheit entstehen. Meine Biografie scheint dies zu bestätigen:

Als ich geboren wurde, war meine Mutter vollkommen überfordert und mit ihren körperlichen und seelischen Kräften am Ende. Sie hatte drei Kinder und einen kriegsversehrten Mann zu versorgen, die Folgen eines Umzugs zu meistern und zudem noch den Ansprüchen ihrer eigenen Mutter gerecht zu werden, die nun mit uns im selben Reihenhaus wohnte. Schon kurz nach meiner Geburt musste sie aufgrund einer starken depressiven Reaktion in eine psychiatrische Klinik. Nach mehreren Wochen kam sie zurück und versuchte tapfer, ihren zahlreichen Aufgaben nachzukommen. Doch immer wieder stieß sie dabei an ihre Grenzen. Sie schaffte es einfach nicht, sich um alles und alle zu kümmern.

Auch ich bekam das zu spüren. Als wir uns nach vielen Jahren über diese Zeit unterhalten konnten, meinte meine Mutter: »Der Kinderarzt hat mir gesagt, ich soll dich einfach schreien lassen. Das Schreien würde die Lungen stärken. Damals habe ich es wirklich nicht besser gewusst. Ich war halt auch völlig überfordert.«

Also habe ich als Baby nächtelang geschrien, ohne dass sich jemand um mich gekümmert hätte. Gleichzeitig bin ich sehr sensibel. Beide Faktoren zusammen haben wohl dafür gesorgt, dass in mir eine abgrundtiefe Angst entstand, verlassen zu werden.

Schon als Kleinkind entwickelte ich meine ganz eigene Strategie, um mit diesem traumatischen Gefühl der Hilflosigkeit fertigzuwerden: Ich wackelte nachts in meinem Bett heftig mit dem Kopf hin und her. Dadurch konnte ich mich in eine Art Trance versetzen und so meinen Ängsten entfliehen. Dieses heftige Kopfschütteln (man nennt es »Jaktation«, eine Form des Hospitalismus) begleitete mich über viele Jahre und wurde später besonders peinlich auf Klassenfahrten, denn dort schlief ich mit anderen Jungen in einem Zimmer, die sich über mein seltsames »Headbangen« lustig machten.

Wobei sie damit gar nicht so falsch lagen. Denn als Grundschüler entdeckte ich noch einen weiteren effektiven Weg, um mein Gehirn zu überlisten und mich aus meiner beängstigenden Umwelt zu verabschieden.

Comfortably Numb

Daheim hatte ich einen Kassettenrekorder im Bett stehen und hörte regelmäßig laute Musik. Für viele mag das seltsam klingen, aber gerade die Lautstärke half mir dabei, ruhig zu werden. Wenn ich mich zur Musik hin und her wiegte, gelang es mir schließlich, darüber einzuschlafen.

Zunächst hörte ich die üblichen Kinderlieder und belanglose Popsongs. Doch dann entdeckte ich für mich die faszinierende Welt der Rockmusik. Von da an waren es die Keyboardklänge von Saga und Barclay James Harvest, die mir halfen, mich wegzubeamen. Je mehr mich die Musik des sogenannten Neo-Prog in ihren Bann zog, umso mehr suchte ich nach weiteren Bands dieser Stilrichtung. So landete ich schließlich bei den mystischen Klängen von Marillion, dessen Sänger sehr stark an Genesis in ihrer Anfangszeit erinnert.

Die Rockmusik wurde weit mehr für mich als eine Einschlafhilfe, sie war mein neues Zuhause, meine Fluchtburg, in der ich mich auskannte und geborgen fühlte. Wenn ich aus der Schule nach Hause kam, ging ich sofort in mein Zimmer, machte die Vorhänge zu und drehte meine Anlage auf. Und schon driftete ich ab in eine Welt, in der mir niemand mehr etwas anhaben konnte.

Es ist nicht so einfach, die anästhesierende Wirkung der Rockmusik mit Worten zu beschreiben. Sie sägte sich unmittelbar in meine Synapsen und tat dabei schrecklich schön weh. Zudem war sie für mich eine perfekte Projektionsfläche, in die ich alles hineinlegen konnte, was es in meinem eigenen Leben bis dahin nicht gab: den unverkrampften Umgang mit Sex, den Ausbruch aus einer als Korsett empfundenen Bürgerlichkeit und nicht zuletzt die schonungslose Kritik an vereinfachenden religiösen Phrasen. Das alles löste eine nie gekannte Leidenschaft in mir aus.

Und dann kam »The Wall«! Mit Sicherheit nicht das beste Album von Pink Floyd, für mich jedoch der Soundtrack meines Lebens. Denn in »The Wall« beschreibt Roger Waters, wie er aufgrund seiner schmerzvollen Kindheitserfahrungen damit beginnt, eine unsichtbare Mauer um sich zu bauen, um von niemandem verletzt zu werden. Als gefeierter Rockstar hat er alles, was man sich wünschen kann – und bleibt dennoch allein. Seine wenigen tragfähigen Beziehungen zerstört er durch seinen ätzenden Narzissmus. Völlig verzweifelt und voller Aggressionen dröhnt er sich schließlich mit Drogen zu, um seinen Alltag ertragen zu können.

Die in »The Wall« beschriebene Entfremdung verbunden mit dem genialen und unverwechselbaren Gitarrensound von David Gilmour zog mich auf der Stelle in ihren Bann und flashte mich völlig. Ich hörte dieses Album nicht einfach nur, ich zog es mir rein, wieder und wieder und wieder. Ich bastelte mir ein eigenes Booklet und notierte darauf meine Übersetzungen und Deutungen.

Selbstverständlich schaute ich mir »Pink Floyd – The Wall« von Alan Parker gleich mehrere Male an, ein Film, der damals viele Leute verstörte, mich jedoch faszinierte. Genau das war meine Welt: ein Leben hinter einer unsichtbaren Mauer – voll von Ängsten, Selbstzweifeln und unterdrückten Gefühlen. Auch meine Kernkompetenz war die Entfremdung. Besser als durch dieses einzigartige Werk kann man eine solche Isolation nicht beschreiben.

Je lauter ich diese Musik hörte, umso mehr bewirkte sie in mir das, was in ihren Texten beschrieben ist:

When I was a child, I had a fever.
My hands felt just like two balloons.
Now I've got that feeling once again,
I can't explain, you would not understand,
this is not, how I am.
I have become comfortably numb.

Als ich ein Kind war, hatte ich Fieber.
Meine Hände fühlten sich an wie zwei Ballons.
Jetzt habe ich dieses Gefühl wieder.
Ich kann es nicht erklären, du würdest es nicht verstehen.
Das ist nicht, wie ich eigentlich bin.
Ich bin wohltuend erstarrt.[23]

Durch die Klänge von Pink Floyd konnte ich mich in einen Zustand wohltuender Erstarrung versetzen und die kranken Gedanken in meinem Kopf übertönen. Bis heute ist für mich das Gitarrensolo in »Comfortably Numb« das genialste, was die Rockmusik je hervorgebracht hat. Der einzige Makel an diesem Solo ist, dass es irgendwann endet.

Aus heutiger Sicht kann man sicherlich sagen, dass ich von der Wirkung dieser Musik abhängig geworden bin. Mit der Erfindung des Walkmans hatte ich sie in ständiger Griffnähe. So kennen mich manche meiner Kollegen wohl am ehesten: als den Pastor, der ständig mit Kopfhörern herumläuft. Wann immer es ging, verabschiedete ich mich von meiner Außenwelt, um mein durchgeknalltes Gehirn mit den Klängen von »Marillion«, »Porcupine Tree« und anderen Prog-Bands zu überlisten. Für einige war das sicher befremdlich. Ich war ein komischer Kauz mit einem ziemlichen Sprung in der Schüssel.

Wie ein Chamäleon

Menschen mit einer abhängigen Persönlichkeitsstruktur tun alles Erdenkliche, um sich die Versorgung und Zuwendung anderer zu erhalten. Auch ich wollte um jeden Preis vermeiden, beschämt, verletzt oder verlassen zu werden. Und ich meine wirklich »um jeden Preis«! Denn um dieses Ziel zu erreichen, gab ich meine Individualität auf, warf meine eigenen Wünsche und Vorstellungen über Bord und passte mich stattdessen gnadenlos an. Mit viel Geschick baute ich mir über die Jahre mein persönliches Verletzungsabwehrsystem auf.

Ich bin ein überaus sensibler Mensch mit einem sehr feinen Gespür für meine Umgebung. Betrete ich einen Raum mit mehreren Personen, dann reichen mir in der Regel wenige Minuten, um die dortige Stimmung zu erfassen. Gerade in meinen zahlreichen Begegnungen als Pastor habe ich mir dieses seismografische Gespür immer wieder zunutze gemacht.

Bei Gruppentreffen checkte ich zunächst einmal ab, wer von den Leuten das Sagen hat, wer mit wem gut kann und wo es Spannungen gibt. Wenn das klar war, wusste ich, wie ich mich zu verhalten hatte, um nicht anzuecken oder in irgendein Fettnäpfchen zu treten. Das Gleiche galt natürlich erst recht für Begegnungen mit einzelnen Menschen. Es brauchte nur kurze Zeit, dann wusste ich, wie mein Gegenüber tickt. Darauf habe ich mich dann eingestellt und im selben Rhythmus mitgetickt. War mein Gesprächspartner ein bibeltreuer Evangelikaler, so wusste ich genau, was ich zu sagen hatte, um einen rechtgläubigen Eindruck zu hinterlassen. Dann sprach ich beispielsweise nicht einfach von der Bibel, sondern vom »Wort Gottes«. Handelte es sich um einen erfolgsorientierten Manager, so hatte ich auch für diesen Fall die passenden Stichworte aus den Zeitschriften der Gemeindeaufbau-Bewegung parat. Drohte trotz alledem doch mal ein Konflikt mit jemandem, der mir Angst gemacht hatte, so half mir meistens die »Ich ergebe mich«-Masche: Wie ein Hund sich auf den Boden wirft und alle viere von sich streckt, so ergab auch ich mich frühzeitig, um bloß nicht verletzt zu werden.

Bis auf wenige Unfälle, die sich meiner Kontrolle entzogen, überstand ich auf diese Weise die ersten Jahre meines Pastorendaseins. Allerdings wusste ich am Ende selbst nicht mehr, wer ich eigentlich bin und wofür ich stehe. Ich war wie ein Chamäleon, das ständig die Farbe wechselt.

Äußerlich verschaffte mir diese Strategie die gewünschte Ruhe und Harmonie, doch innerlich bewirkte sie eine starke Disharmonie: Ich wurde immer wütender.

Irgendetwas stimmt nicht

Erst durch einen missglückten Kinobesuch wurde mir bewusst, dass ich unter der angepassten Oberfläche voller Aggressionen steckte. Gemeinsam mit vielen anderen stand ich im Main-Taunus-Zentrum in der langen Schlange vor dem Kinopolis, um mir irgendeinen Blockbuster anzuschauen. Geduldig stapfte ich von einem Bein auf das andere und freute mich auf einen spannenden Kinoabend.

Doch kurz bevor ich an der Kasse war, kam der Hinweis, der Film sei ausverkauft. So etwas ist ohne jeden Zweifel ärgerlich. Insofern ist es auch völlig normal, sich aufzuregen. Doch was ich durch diesen Vorfall erlebte, war längst nicht mehr normal. Für mich war das so eine Art Sinnbild meines Lebens: War ich nicht ständig der, der vertröstet und abgespeist wurde? Eine grenzenlose Wut stieg in mir auf. Wie ein Irrer rannte ich durch die leeren Gänge der Shoppingmall und schrie meinen Frust raus. Dann schnappte ich mir einen Einkaufswagen und dachte daran, ihn in das nächstbeste Schaufenster zu schleudern.

Doch als ich mein Spiegelbild im Schaufenster sah, verpuffte meine Wut. Stattdessen hockte ich mich in eine Ecke und heulte, denn mir war klar, dass irgendetwas mit mir absolut nicht stimmte. Was gerade in mir abgegangen war, war beängstigend.

Wenn das Maß voll ist

Als Folge dieses Erlebnisses bemühte ich mich zum ersten Mal um eine Psychotherapie, die mir von der Krankenkasse auch genehmigt wurde. Doch schon nach knapp drei Monaten endeten die regelmäßigen Treffen in einer Sackgasse: Ich kam mit meinem Therapeuten nicht klar (und er vermutlich auch nicht mit mir). Dennoch habe ich durch ihn Entscheidendes gelernt – vor allem durch ein Buch, das er mir nach unseren ersten Sitzungen empfohlen hatte. Eigentlich wollte ich es erst gar nicht bestellen, denn es trägt den Titel: »Wohin mit meiner Wut? – Neue Beziehungsmuster für Frauen«. Ich war irritiert. Warum empfahl mir dieser Typ einen Ratgeber für Frauen? Glücklicherweise las ich das Buch trotzdem, denn durch die Ausführungen von Harriet Lerner wurde mir letztlich klar, warum mich ein gescheiterter Kinobesuch dermaßen aus der Bahn werfen konnte.

Was sie in ihrem Buch beschreibt, gilt längst nicht nur für die Partnerschaft, sondern ebenso für alle anderen Beziehungen – und in den meisten dieser Beziehungen hatte ich mich selbst aufgegeben:

> *Selbstaufgabe bedeutet, dass zu viel von der eigenen Persönlichkeit (die eigenen Gedanken, Gefühle, Bedürfnisse, Überzeugungen und Ziele eingeschlossen) unter dem Druck der in der Beziehung herrschenden Regeln »veräußerbar« wird. Selbst wenn der sich unterordnende Partner sich seiner Zugeständnisse gar nicht bewusst ist, fordert die Selbstaufgabe ihren Tribut. Der Partner, der am meisten von sich selbst aufgibt, staut auch das größte Maß von unterdrückter*

Wut an und wird dadurch besonders anfällig für Depressionen und andere psychische Störungen.[24]

Genau das habe ich erlebt. In meinem Blog[25] habe ich diese Zusammenhänge so formuliert:

Aufgrund mangelnder Selbstannahme war ich ständig von der Annahme und Anerkennung anderer Menschen abhängig. Darum musste ich – wenn irgend möglich – jegliche Form eines Konfliktes vermeiden. Nun birgt die jahrelange Ansammlung von Erniedrigungen allerdings ein großes Problem: Das Selbstwertgefühl tendiert gegen null (als Puls wäre es nicht mehr messbar) und zugleich steigt der Pegel angestauter Aggressionen bedrohlich an. Wenn das Maß dann schließlich voll ist, gibt es zwei Möglichkeiten: Entweder du explodierst und rastest völlig aus oder du implodierst und richtest deine Aggressionen gegen dich selbst. Typen wie ich wählen wohl eher den zweiten Weg. Und so wurde ich mit der Zeit immer depressiver und litt unter Ängsten und Panikattacken.

Kapitel 7:

Fromme Geiselhaft – Ein krank machendes Gottesbild

Verstörend und betörend

In meinem Brief an Gott, den ich in Bad Herrenalb geschrieben hatte, lag so viel Verachtung und Wut, dass ich selbst überrascht war. Damals brach in mir ein Damm, dessen erste Risse schon viele Jahre früher entstanden waren. Bereits im Studium ahnte ich, dass meine Gottesbeziehung nicht von Liebe und Vertrauen geprägt war, sondern vielmehr von Angst und Abhängigkeit. Ein Ewersbacher Dozent hatte uns das Buch »Gottesvergiftung« von Tilman Moser empfohlen.

Was ich dort las, war für mich verstörend und betörend: verstörend, weil Moser sich direkt an Gott wandte und schonungslos mit ihm abrechnete. Er verstand seine Zeilen als eine Art Therapie, durch die er sich vom Gottesgift in seiner Seele befreien wollte. Aber durfte man so mit dem heiligen und allmächtigen Gott reden? War das nicht Blasphemie? Diese Zeilen machten mir eine solche Angst, dass ich beim Lesen zitterte. Zugleich betörten sie mich so sehr, dass ich nicht von ihnen loskam. Denn was Moser dort beschrieb, war eben längst nicht nur seine Geschichte, sondern auch meine. Der Mann schrieb mir aus der Seele, und das faszinierte mich. Wieder und wieder las ich mir einzelne Passagen durch und verglich sie mit den Erinnerungen aus meiner Kindheit und Jugend.

Am Ende hockte ich in meinem Studierzimmer und wusste nicht mehr weiter: Wenn mir dieses Buch so sehr aus der Seele sprach, warum in aller Welt ließ ich mich dann gerade zum Pastor ausbilden? Welchen Gott wollte ich denn verkündigen? Einen Gott voller Liebe und Barmherzigkeit oder den grausamen Tyrannen aus meiner Kindheit? Müsste ich nicht konsequenterweise aussteigen aus alledem – mein Studium abbrechen und etwas ganz anderes machen? Mehr noch: Müsste nicht auch ich mich aus dem Würgegriff Gottes befreien, anstatt ihm vollzeitlich zu dienen?

Ich war völlig durcheinander und reagierte mit heftigen Ängsten und Zwängen. Also verdrängte ich diese Fragen, so gut es ging, und beschloss stattdessen, mich umso mehr auf mein Studium zu konzentrieren. Damals fehlte mir einfach die nötige Kraft, um in die Abgründe meiner Seele zu blicken. Auch Moser hat Jahre gebraucht, um sich ernsthaft mit seiner Wut auseinanderzusetzen:

> *Als ich zu spüren begann, daß ich jahrelang einer Fata Morgana nachgelaufen bin, einem Gerücht, einer Geborgenheitsfiktion, die doch so sehr mit Angst und Drohung vermischt war, versuchte ich lange Zeit krampfhaft, die Augen vor der demütigenden Entdeckung zu verschließen. Ich intensivierte die Glaubensanstrengungen, um nicht völlig ins Wanken zu geraten, und weil sich kein diesem erhofften Glauben ähnlicher Halt bot. Vielleicht kann ich überhaupt erst heute anfangen zu ertragen, daß es dich nicht gibt, ich meine, nicht nur mit dem Verstand, sondern auch mit dem Seelenleben, den erhalten gebliebenen Kindergefühlen, und mußte das Thema unberührt lassen, solange ich für die große Wut und die große Trauer nicht stark genug war.*[26]

Der Kindheitsglaube lässt sich nicht einfach ablegen wie zu klein gewordene Kleidung. Er begleitet einen ins Erwachsenenleben.

Ein unberechenbarer Himmelsdespot

Ich habe mir Gott nicht ausgesucht. Er war einfach da, immer schon. Die Verkündigung dieses Gottes gehörte zu den Grundnahrungsmitteln meiner frühkindlichen Seele, ich habe ihn gleichsam mit der Muttermilch aufgesogen. Schon Petrus betont, dass wir nach dem Wort Gottes verlangen sollen wie ein kleines Kind nach seiner Milch: »So wie ein Säugling nach Milch schreit, sollt ihr nach der reinen Milch – dem Wort Gottes – verlangen, die ihr benötigt, um im Glauben zu wachsen« (1. Petrus 2,2). Nur leider ließ mich diese Milch nicht im Glauben wachsen, sondern in der Angst und in der Verzweiflung.

Dabei möchte ich hier eines klarstellen: Ich bin meinen Eltern wirklich dankbar dafür, dass sie mir den Glauben vermittelt und vorgelebt haben. Durch ihre Liebe und ihre Gebete kann ich heute endlich jene Geborgenheit und Freude in Gott erfahren, die sie sich wohl immer für mich gewünscht haben. Ich freue mich schon darauf, sie im Himmel wiederzusehen, denn dann werden wir gemeinsam ein (Brause-)Fass aufmachen.

Auch bin ich weit davon entfernt, meine Heimatgemeinde in Lennep für die Gottesvergiftung in meiner Seele verantwortlich zu machen, denn das wäre viel zu kurz gedacht. Meine Brüder haben – wie zahlreiche andere Kinder auch – in ihrer Kindheit dieselben Geschichten gehört, dieselben Lieder gesungen und dieselbe Atmosphäre geatmet. Geschadet hat es ihnen nicht, im Gegenteil: Sie haben ein Urvertrauen zu Gott entwickelt, das sie bis heute durchträgt. Nein, an meinem Umfeld allein lag es nicht, dass ich das Evangelium vornehmlich als Drohbotschaft aufgenommen habe statt als Frohbotschaft.

Sicherlich gab es in meiner Gemeinde auch gesetzliche und Angst machende Verkündigungen, wie etwa die von mir beschriebene Kinderstunde zu »Achans Diebstahl«. Aber das war ja längst nicht das volle Programm, sondern nur ein kleiner Ausschnitt. Daneben gab es eine ganze Fülle von Lebens bejahenden und frohen »Kinderstunden«, in denen die Liebe und Barmherzigkeit Gottes übermittelt wurde. Nur leider war ich dafür nicht empfänglich. Stattdessen sog meine traumatisierte Kinderseele immer nur das auf, was meine schlimmsten Befürchtungen bestätigte: »Diesem Gott kannst du nicht vertrauen. Zwar scheint es zunächst so, als meine er es gut mit dir, doch am Ende wird er dich fallen lassen. Ach was, er wird dich nicht fallen lassen, sondern er wird dich zwischen seinen göttlichen Fingern zerquetschen!«

Natürlich formulierte ich das damals nicht so präzise, aber ich spürte es. Mein Grundgefühl diesem Gott gegenüber war eben nicht das Vertrauen, sondern die Angst, eine verzweifelte und panische Angst. Für mich war er ein unberechenbarer Himmelsdespot, der alles hört und alles sieht und vor dem selbst die geheimsten Gedanken nicht verborgen sind. Sollte ich mich also an irgendeiner Stelle zu einer Verfehlung hinreißen lassen, so hatte ich mit Sicherheit seine Strafe zu erwarten. Umgekehrt sah ich auch in jeder negativen Erfahrung ein Strafgericht Gottes. Wenn mir ein Missgeschick passierte oder ich mich beim Sport verletzte, prüfte ich sofort, an welcher meiner Sünden dies wohl gelegen haben könnte.

Moser beschreibt diese Angst vor einem Big-Brother-Gott treffend:

> *Weißt du, was das Schlimmste ist, das sie mir über dich erzählt haben? Es ist die tückisch ausgestreute Überzeugung, daß du alles hörst und alles siehst und auch die geheimen Gedanken erkennen kannst. Hier hakte es sehr früh aus mit der Menschenwürde; doch dies ist ein Begriff der Erwachsenenwelt. In der Kinderwelt sieht das dann so aus, daß man sich elend fühlt, weil du einem lauernd und ohne Pausen des Erbarmens zusiehst und zuhörst und mit Gedankenlesen beschäftigt bist.*[27]

Genau so empfand ich es: Ich fürchtete mich vor diesem Gott, und weil dieser all meine Gedanken und Handlungen die ganze Zeit über beobachtete, kam ich niemals zur Ruhe.

An der Kette des schlechten Gewissens

Als Kind und später als Teenie habe ich mich gleich mehrfach bekehrt. Mindestens drei dieser Bekehrungen fallen mir auf Anhieb ein: in einer Silvester-Veranstaltung des CVJM, bei einer Evangelisation mit dem Astronauten James Irwin und während einer Wochenendfreizeit unseres Jugendkreises. Bei jeder Verkündigung, in der zur Umkehr aufgerufen wurde, fühlte ich mich angesprochen, denn schließlich war ich ja ein sicherer Höllenkandidat. Ich fühlte mich schmutzig und war darauf angewiesen, dass Gott mich in seiner Gnade von all meinem Dreck reinwusch. Auch für meine Flucht in die Rockmusik bezahlte ich mit schrecklichen Schuldgefühlen.

Damals ging ich ab und zu in eine christliche Teestube, die von der Gefährdetenhilfe SCHEIDEWEG geleitet wurde. Da meine Jeansjacke über und über mit den Buttons meiner Idole bestückt war (David Bowie, Pink Floyd, Marillion, Madness, BAP, Extrabreit und viele andere), gab es dort immer auch einige eifrige Mitarbeiter, die mir zu verstehen gaben, dass ich auf dem sicheren Weg ins Verderben sei. Was ich hörte sei Teufelszeug. Tatsächlich warf ich damals einige meiner Platten weg oder verschenkte sie – nur um sie mir einige Wochen später erneut zu kaufen.

In meiner Seele waberte ständig der stinkende Nebel eines schlechten Gewissens. Tilman Moser hat dieses Gefühl gut auf den Punkt gebracht:

> *Die Kummerverwaltung machte den größten Teil deiner Existenz aus. ... Dabei war doch der Hauptkummer der, den*

du selbst in mir angerichtet hast, durch die Allgegenwart von Sünde, Schuld und Abhängigkeit von deiner Gnade. Ich traute mich manchmal ja kaum auf die Straße vor Scham über mich, und nicht unter die Leute vor lauter Schuldgefühl. An die Kette des schlechten Gewissens hast du mich gelegt, der ewigen Unzufriedenheit mit mir selbst, des ewigen Ungenügens vor deinen Forderungen.[28]

Bis zu meinem vierzigsten Lebensjahr hing auch ich an dieser Kette, wobei meine Gottesbeziehung nicht nur negative Seiten hatte. Der christliche Glaube war mein Zuhause – und dieses Zuhause gab meinem Leben Sinn und Halt. Worunter ich jedoch entsetzlich litt, war der viktorianische Erziehungsstil, den ich aufgrund meines kranken Gottesbildes empfand. Für mich ging es im christlichen Glauben vornehmlich um Pflicht, Gehorsam und Disziplin. Und wenn ich mich einer Pflichtverletzung schuldig machte oder gar in Ungehorsam lebte, dann hatte ich mit schwersten Maßregelungen und Strafen zu rechnen. Ich lebte in göttlicher Geiselhaft und es war für mich lange Zeit undenkbar, einen Ausbruch zu wagen. Einen solchen Ausbruchsversuch hätte ich vermutlich mit dem Tode bezahlt – zumindest stellte ich mir das so vor.

Der dritte verlorene Sohn

Das Lukasevangelium berichtet vom sogenannten »Gleichnis vom verlorenen Sohn«. In Wirklichkeit erzählt Jesus hier jedoch nicht nur von einem, sondern von zwei verlorenen Söhnen. Der, den die meisten kennen, ist der jüngere Sohn. Getrieben von einem tiefen Misstrauen gegenüber seinem Vater sowie dem sehnlichen Wunsch, das Leben voll auszukosten, lässt er sich eines Tages sein Erbe auszahlen und haut ab. Sein Vater müsste seinem Willen nicht nachkommen, schließlich lebt er noch, doch zur Liebe gehört immer die Freiheit. Und da der Vater spürt, dass er das Herz seines jüngeren Sohnes verloren hat, gibt er ihm das Geld und lässt ihn ziehen.

Der ältere Sohn bleibt zu Hause, zumindest äußerlich. Doch innerlich, in seinem Herzen, ist auch er längst ausgezogen. Das Leben am elterlichen Hof besteht für ihn vornehmlich aus Schufterei und Pflichterfüllung. Die einst so liebevolle Beziehung zu seinem Vater hat er längst verloren und damit auch jegliche Identifikation mit seiner Arbeit. Ohne Leidenschaft arbeitet er Tag für Tag sein (frommes) Programm ab und wird darüber immer verbitterter. Als dann sein jüngerer Bruder eines Tages reumütig zurückkehrt und sein Vater ihm zu Ehren ein fettes Freudenfest ausrichtet, eskaliert die Situation. Der ältere Sohn macht seinem Vater schwere Vorwürfe:

> *»All die Jahre habe ich schwer für dich gearbeitet und dir nicht ein einziges Mal widersprochen, wenn du mir etwas aufgetragen hast. Und in dieser ganzen Zeit hast du mir nicht einmal eine junge Ziege gegeben, um mit meinen Freunden ein Fest zu feiern. Doch jetzt, wenn dein Sohn daherkommt, nachdem er dein Geld mit Huren durchgebracht hat, feierst du und schlachtest unser bestes Kalb.«*
>
> Lukas 15,29-30

Sicherlich geht es Jesus bei diesem Gleichnis auch um diesen älteren Sohn. Da er sich über die Jahre mehr und mehr vom Herzen seines Vaters entfernt hat, ist er innerlich bitter und unbarmherzig geworden, so wie die Pharisäer und Schriftgelehrten, denen dieses Gleichnis gilt (vgl. Lukas 15,2).

Ich befürchte, dass es in unseren Gemeinden einige solcher älteren Söhne und Töchter gibt: Über viele Jahre erledigen sie treu ihren frommen Dienst, doch in ihrem Herzen haben sie sich immer weiter von der Liebe des Vaters entfernt. Je länger sie sich abmühen, umso unbarmherziger werden sie gegenüber denen, die mit ihrer vorbildlichen Pflichterfüllung nicht mithalten können.

Wenn ich mir meine Jugendzeit anschaue, dann würde ich sagen, dass es sogar noch eine dritte Variante gibt: einen Sohn, der ebenso verloren ist wie seine beiden Brüder, nur dass er weder den radikalen Auszug des Jüngeren wählt noch die trotzige Pflichterfüllung des Älteren. In seinem Herzen drängt es ihn raus aus dem Vaterhaus, doch würde er sich niemals trauen, ganz wegzubleiben. Deshalb beginnt er damit, ein Doppelleben zu führen: Nach getaner Arbeit schleicht er sich heimlich fort, um Party zu machen. Am frühen Morgen kehrt er (scheinbar) unbemerkt zurück, krabbelt wieder in sein Bett und tut, als wäre nichts gewesen. So jedenfalls habe ich es gemacht.

Ich wollte zu meiner Clique gehören, wollte gemeinsam mit meinen Kumpels abfeiern und Grenzen austesten. Zugleich aber war ich ebenso darum bemüht, den erwarteten Zorn Gottes zu besänftigen, indem ich treu an seinen Veranstaltungen teilnahm und wieder und wieder um Vergebung bat. Ich entfärbte meine Jeanshosen mit »Domestos« und zog mir eine Sicherheitsnadel durchs Ohr, ich trank, rauchte, dröhnte mich zu und machte Party, doch immer mit einem Rucksack voller Schuldgefühle. Daheim zog ich mich dann um und war wieder der brave, angepasste Junge.

Der Jugendkreis unserer Gemeinde war für mich oft nur ein Sprungbrett für einen ausgedehnten Abend. Von dort aus fuhren wir nach Remscheid, Wuppertal oder Düsseldorf, um etwas zu erleben. Am Sonntag saß ich jedoch treu in meiner Gemeinde und lauschte dem Wort Gottes. Wobei ich mich an einen Sonntag erinnere, an dem ich nicht lauschte, sondern in einer der vordersten Reihen einschlief, ein Vorfall, der mir noch heute die Schamröte ins Gesicht treibt.

Ein erster Zusammenbruch

In Remscheid gab es damals eine Kult-Disco, in der nicht das übliche Popper-Gedudel gespielt wurde, sondern die Songs von David Bowie, Mothers Finest und den Rolling Stones. In dieser Disco erlebte ich mit 17 Jahren meinen ersten ernsthaften Zusammenbruch. Ich weiß nicht mehr, ob es ausschließlich am Alkohol lag oder ob ich auch ein paar der Pillen intus hatte, die damals dort erhältlich waren – auf jeden Fall erwischte ich einen ziemlichen Bad Trip. Mitten auf der Tanzfläche überfiel mich eine abgrundtiefe Angst und Verzweiflung. Zugleich wurde mir dermaßen übel, dass ich sofort vor die Tür rennen musste. Dort brach ich auf dem Bürgersteig zusammen, kotzte in die Straßenrinne und erlitt einen fürchterlichen Weinkrampf. Ich konnte einfach nicht mehr aufhören zu heulen.

Zunächst kamen irgendwelche Leute zu mir und fragten, was denn los sei und ob sie mir helfen könnten. Doch außer einem heftigen Schluchzen brachte ich kein Wort raus. Einige Zeit später tauchten dann endlich meine Kumpels auf, schleiften mich in unser Auto und fuhren mit mir zu meinem Bruder in die Gefährdetenhilfe SCHEIDEWEG. Als ich schließlich bei ihm war, stammelte ich irgendetwas von »schmutzig« und »schuldig«, doch einen zusammenhängenden Satz brachte ich auch dort nicht zustande. Zum einen, weil ich viel zu benebelt war, zum anderen aber auch, weil ich voller Schuldgefühle steckte und mich dermaßen schämte, dass ich nicht in der Lage war zu sprechen. Ich fühlte mich so, wie Tilman Moser es ausdrückt – als Aussätziger:

> *Du hast mir ... kaum noch Chancen gelassen, mit mir selbst ein auskömmliches Leben zu führen. Weißt du, welches Wort mich mit einer abenteuerlich tiefen Angst erfüllt hat? Aussätzigkeit. Dir ist es doch tatsächlich gelungen, dass ich mich wegen meiner kleinen Durchschnittssünden jahrelang aussätzig fühlte.*[29]

Die nächsten zwei Tage verbrachte ich daheim im Bett. Ich sprach damals mit niemandem über diesen Vorfall, weder mit meinen Eltern noch mit meinem Bruder. Das Ganze war für mich viel zu angstbesetzt, um mit irgendjemandem darüber zu reden. Stattdessen verkroch ich mich weiter hinter meiner unsichtbaren Mauer und lebte in meiner eigenen Welt.

Heilige Momente

Weitere zwanzig Jahre vergingen, bis ich mich endlich aus der Geiselhaft meines krank machenden Gottesbildes befreien konnte. In dieser Zeit studierte ich Theologie und wurde Pastor. Ich predigte leidenschaftlich von der Barmherzigkeit Gottes und war doch zutiefst unbarmherzig mit mir selbst. Den Ansprüchen eines geistlichen Lebens wurde ich nie gerecht. Weder war ich besonders scharf darauf, in der Bibel zu lesen, noch war mir danach, diesem Gott in der Stille der Kontemplation zu begegnen.

Erstaunlicherweise gab es dennoch immer wieder Geschwister, die betonten, sie würden durch meine Predigten angesprochen und persönlich berührt. Vielleicht lag dies daran, dass ich mich vornehmlich auf die Evangelien konzentrierte. Wenn ich über biblische Texte predigte, dann ließ ich das Alte Testament mit all seinen Grausamkeiten meistens aus. Stattdessen hielt ich mich an Jesus, besonders daran, wie er mit denen umging, die damals am Rande der Gesellschaft standen: mit den Prostituierten, Aussätzigen, Zöllnern und Sündern. Diese Menschen wurden von vielen Zeitgenossen verachtet und gemieden, doch der Sohn Gottes begegnete ihnen ohne Scheu und ohne irgendeine Spur von Ablehnung. Stattdessen betonte er immer wieder: »Nicht die Gesunden brauchen den Arzt, sondern die Kranken« (Lukas 5,31). Dieser Jesus faszinierte mich und weckte in mir eine tiefe Leidenschaft. Ihn konnte ich auch dann verkündigen, wenn in mir ein Sturm aus Fragen und Zweifeln tobte.

Aus heutiger Sicht ist es recht schwer, angemessen zu beschreiben, was damals in mir abgelaufen ist. Meine Predigthörer aus Oberursel werden sich sicher fragen, ob denn nichts von dem, was ich damals verkündigte, wirklich ernst gemeint war. Ihnen möchte ich sagen: Doch, es war ernst gemeint! Ich will versuchen, das an einem Beispiel zu erklären.

In den Neunzigerjahren tauchten zum ersten Mal 3-D-Bilderbücher auf, die man sich ohne eine spezielle 3-D-Brille anschauen konnte. Betrachtete man eines der Bilder, dann sah man zunächst nur ein belangloses Durcheinander aus Farben und Formen. Doch wenn es einem gelang, sich von den Motiven an der Oberfläche zu lösen und stattdessen irgendwie hindurchzustarren, dann tauchten auf einmal dreidimensionale Figuren auf. Plötzlich stand da ein Ufo mitten im Kornfeld, und zwar so, als könnte man nach ihm greifen.

So ungefähr erging es mir in meinen ersten Jahren als Pastor. Das vorherrschende Bild, das ich von Gott hatte, war ein verzerrtes, entsetzliches Bild. Und obwohl ich unter diesem Gott schrecklich litt, kam ich aufgrund meiner abhängigen Persönlichkeitsstruktur nicht von ihm los. Er hatte mich an der Kette. Doch das war nicht alles. Schon damals gab es für mich immer wieder heilige Momente, in denen aus meinen Bildern des Schreckens auf einmal ein ganz anderer Gott auftauchte. Ein Gott voller Barmherzigkeit, der die Ausgestoßenen umarmt und ihre verletzten Seelen heilt. Ein Gott, der befreit.

Doch wie bei den 3-D-Bildern war es mir nicht möglich, dieses neue, faszinierende Motiv festzuhalten. Es verschwand immer wieder. Stattdessen sah ich dann erneut jene Fratze Gottes, die mich bis zu meinem vierzigsten Geburtstag quälte.

Kapitel 8:

Verzweifelte Fluchtversuche – Im Gefängnis der Sucht

Wenn das Verlangen die Vernunft besiegt

Sucht ist keine Sünde, sondern eine Krankheit. Sie ist nicht der Ausdruck eines moralischen Verfalls, sondern die Folge einer Veränderung im Gehirn. Sucht ist eine Hirnkrankheit.[30]

Im unteren Vorderhirn sitzt ein kleiner Knubbel von Nervenzellen, der es in sich hat: der »Nucleus accumbens«, auch Belohnungszentrum oder Lustzentrum genannt. Wenn Sie Sport treiben, Schokolade essen, Alkohol trinken, Sex haben oder ein Computerspiel zocken, dann wird Ihr Belohnungszentrum mit einem Botenstoff namens Dopamin versorgt und ein berauschendes Glücksgefühl tritt ein. Alles kein Problem – solange Sie den Rest Ihres Vorderhirns, der für das vorausschauende Denken und Planen verantwortlich ist, nicht abschalten, denn dann wird Ihnen die Vernunft sagen, wann Sie mit dem Trinken oder Zocken aufhören sollten. Bei Menschen, die unter einer Suchtkrankheit leiden, ist das jedoch nicht der Fall. Bei ihnen ordnet sich der Rest des Gehirns dem immer stärker stimulierten Belohnungszentrum unter, das Verlangen siegt über die Vernunft. Der Süchtige ist nicht mehr in der Lage, seinen Konsum zu kontrollieren, sondern nur noch damit beschäftigt, sich die nächste Dosis seiner Droge zu beschaffen.

Nach ICD-10, der internationalen statistischen Klassifikation von Krankheiten und verwandten Gesundheitsproblemen, müssen bei einer Suchterkrankung mindestens drei der folgenden Kriterien erfüllt sein[31]:

1. *Starker Wunsch oder Zwang:* Suchtkranke empfinden einen ausgeprägten Wunsch oder Zwang, eine Droge zu konsumieren oder eine Handlung ständig zu wiederholen. Der Drogenabhängige braucht den nächsten Joint, die Spielerin das nächste Casino.
2. *Kontrollverlust:* Suchtkranke haben keine Kontrolle über ihr Verhalten. Der Raucher kann seinen Zigarettenkonsum nur schwer einschränken oder mit dem Rauchen aufhören, die Internetsüchtige muss ständig online sein.
3. *Abstinenzverlust:* Suchtkranke schaffen es auch dann nicht, auf ihre Droge zu verzichten, wenn bereits schwere gesundheitliche oder soziale Folgen vorhanden sind. Die alkoholkranke Lehrerin trinkt in der großen Pause im Lehrerzimmer, obwohl sie bereits als Säuferin gilt. Der Internetsüchtige verwendet das Handy auch dann, wenn er mit Kollegen im Café sitzt, obwohl er kaum noch Freunde hat. Der Nikotinsüchtige raucht trotz drohender Amputation weiter.
4. *Toleranzbildung:* Suchtkranke benötigen immer größere Mengen ihrer Droge. Der Körper oder die Psyche gewöhnen sich daran und schreien nach mehr. Der Pornografiesüchtige beginnt mit einem Mal pro Woche und endet bei mehrmals täglich. Die Alkoholsüchtige trinkt anfangs nur ein paar Bier und am Ende eine Flasche Wodka.
5. *Entzugserscheinungen (Entzugssyndrom):* Wenn der Suchtkranke auf seine Droge verzichten muss, bekommt er Entzugserscheinungen wie Schwitzen, Frieren, Zittern, starke Gliederschmerzen, Schlafstörungen, Halluzinationen, Kreislaufzusammenbrüche, er wird nervös oder aggressiv. Das Verlangen nach der Droge ist dabei so stark, dass man einen Entzug nur sehr schwer ohne Hilfe von außen schafft.
6. *Rückzug aus dem Sozialleben:* Suchtkranke haben kaum Interesse an anderen Beschäftigungen und vernachlässigen

Hobbys, soziale Kontakte, Familie und Beruf. Alles dreht sich um die Droge oder das Suchtverhalten.

Ein längerer Prozess

Die Sucht ist ein prozesshaftes Geschehen. Sie entsteht nicht von einem Tag auf den anderen, sondern über einen längeren Zeitraum hinweg. Am Anfang steht der Genuss, dann kommt es vermehrt zu einem riskanten Konsum, später zu einer Gewöhnung und zum Missbrauch, der schließlich in einer Abhängigkeit endet. Auch bei mir war das so.

In unserer Clique veranstalteten wir von Zeit zu Zeit diese sinnlosen Trinkspiele, mit denen man als Jugendlicher seine Männlichkeit unter Beweis stellen will (»Alter, was war ich gestern wieder besoffen«). Wir würfelten beispielsweise reihum, und wer eine Sechs hatte, der musste einen Schnaps trinken. Das Ganze sorgte für allgemeine Heiterkeit – zumindest so lange, bis der Erste aufs Klo rannte, um sich zu übergeben. Schon damals fand ich Schnaps widerlich und schüttelte mich beim Runterkippen heftig.

Doch so eklig dieses Zeug auch war: Es hatte eine vermeintlich positive Wirkung. Denn durch den Alkoholrausch konnte ich endlich mein krankes Gehirn ausschalten. Ich musste nicht mehr nachdenken, sondern konnte umso mehr in die betäubende Welt der Rockmusik abtauchen. In den Achtzigerjahren besuchte ich zahlreiche Rockkonzerte. Ich war bei vielen BAP-Konzerten, bei Marillion, David Bowie, auf dem Schüttdorf-Open-Air oder in der Essener Rockpalast-Nacht. Zum Rausch dieser Musik gehörte für mich ganz selbstverständlich die verstärkende Wirkung des Alkohols.

Auch während meines Studiums half mir der Alkohol. Damals trank ich vor allem Rotwein, und wenn der mal ausging, konnte ich mich im Keller unseres Wohnheims immer noch an den Biervorräten meiner Kommilitonen vergreifen. Ich dachte, dass sie das schon nicht merken würden, was sie wohl auch nicht taten. Zumindest verdächtigten sie mich nicht. Es mag paradox klingen, aber der Alkoholrausch verschaffte mir zunächst einmal Freiheit: Freiheit von meinen zahlreichen Ängsten und Zwängen. Auch soziale Ängste konnte ich mithilfe des Alkohols überwinden. So war ich mit einem gewissen Alkoholspiegel im Blut viel eher in der Lage, offen und ungezwungen auf Menschen zuzugehen.

Über lange Zeit gelang es mir tatsächlich, nur so viel zu trinken, dass man mir meinen Alkoholkonsum nicht anmerkte. Problematisch wurde es erst während meiner letzten Jahre in Oberursel. Zumindest finden sich in meinen Tagebüchern aus dieser Zeit immer wieder Einträge wie der folgende: »Ab sofort werde ich weniger Alkohol trinken. Ich trinke nur noch bei den Mahlzeiten, und dann auch nicht mehr als ein Glas Wein oder zwei Gläser Bier.« Einige Wochen später schrieb ich: »Ich muss unbedingt mit der Sauferei aufhören. Ab sofort werde ich Alkohol nur noch am Wochenende trinken.«

Zu einem totalen Kontrollverlust kam es schließlich in meiner Zeit als Pastor in Karlstadt. Als dort die vielen Probleme über mich hereinbrachen und mich völlig überforderten, griff ich zum altbewährten Hilfsmittel: der Flasche. An Claudia vorbei schmuggelte ich schon morgens einige Flaschen Wein und Bier in mein Büro – und entsorgte diese dann ebenso heimlich wieder.

Mehr und mehr drehte sich in meinem Kopf alles um die Beschaffung von Alkohol. Wenn ich unterwegs war, konnte ich trinken, so viel ich wollte (auch während meiner Autofahrten). Das Problem waren die Zeiten, in denen ich zu Hause war und auffliegen konnte. Hier musste ich mir einige Verstecke anlegen, um unbemerkt trinken zu können. Manchmal behauptete ich auch, ich müsse noch mal eben kurz weg, um »was Wichtiges« zu besorgen. Auf diese Weise wurde ich mehr und mehr zum Betrüger und verachtete mich selbst dafür.

Wenn ich morgens aufwachte, zitterten meine Hände und mich überfiel das schlechte Gewissen. »Volker, du musst aufhören, auf der Stelle aufhören!« Dennoch trank ich weiter, denn mein Verlangen nach der Rauschwirkung war so unbeschreiblich stark, dass ich alle verheerenden Folgen einfach ausblendete. Ich war nicht mehr in der Lage, aufzuhören. Stattdessen musste ich meine Dosis mit der Zeit erhöhen, um eine anständige Wirkung zu erzielen. So trank ich neben dem vielen Wein kein normales Bier mehr, sondern nur noch Starkbier mit einem Alkoholgehalt von zehn Prozent. Um nicht aufzufallen, besorgte ich mir meinen Stoff an verschiedenen Orten. Meist legte ich neben meine Flaschen noch irgendetwas anderes mit aufs Band in der Hoffnung, nicht als Alkoholkranker erkannt und enttarnt zu werden.

Je tiefer ich in diesen Strudel der Sucht gezogen wurde, umso geringer wurde meine Selbstachtung. Ich hasste mich aus tiefstem Herzen.

Am Ende dieser traurigen Entwicklung ging ich vom Wein zum Wodka über. Ich hatte den Eindruck, in meinem Leben nie irgendetwas richtig gemacht zu haben, da wollte ich wenigstens richtig saufen. Außerdem sorgten der Wein und das Bier dafür, dass ich zunahm, und das war etwas, was ich auf gar keinen Fall zulassen wollte.

Eine typische Frauenkrankheit

Als Teenie war ich ziemlich schlank. Das lag nicht zuletzt daran, dass ich ständig Magenprobleme hatte und aufgrund meiner Ängste nur wenig aß. Doch mit 16 oder 17 Jahren änderte sich das. In dieser Zeit fing ich an, mich mit Süßspeisen zu beruhigen. So machte ich mir abends oft einen Vanillepudding, den ich dann genüsslich vor dem Fernseher löffelte. Nach und nach machten sich die ersten Fettpolster bemerkbar, aber ich sah weg und trug Kleidung, bei der das nicht so auffiel. Doch dann kam eine Sportstunde, die mir bis heute in Erinnerung geblieben ist. Vor versammelter Mannschaft machte sich ein Mitschüler über mich lustig: »Mensch Halfmann, was bist du fett geworden. Du bist ja ne richtige Schwabbelbacke!«

Diese öffentliche Demütigung und Beschämung traf mich damals so tief, dass ich noch auf der Heimfahrt beschloss, mich in Zukunft völlig anders zu ernähren. Doch dann saß ich wieder da und stopfte irgendetwas Süßes in mich rein. Angeekelt von mir selbst lief ich auf die Toilette, steckte mir den Finger in den Hals und kotzte einfach alles wieder raus. Ein Gefühl der Euphorie stellte sich ein. Das war ein grandioser Sieg. Ab sofort würde ich in der Lage sein, die Kontrolle über mein Körpergewicht zu behalten, ohne meinen Süßigkeitenkonsum einzuschränken. Nichts und niemand konnte mich davon abhalten, mein Essen einfach wieder rückwärts zu schicken. Von da an tat ich dies wieder und wieder, wobei ich mir später gar nicht mehr den Finger in den Hals stecken musste, sondern das Essen auch so in Sekundenschnelle wieder auswürgen konnte. Dieser Sieg hatte allerdings seinen Preis: Mit der Zeit bekam ich verstärkt Magenprobleme und durch den Mangel an Mineralien immer häufiger Muskelkrämpfe.

Die Ess-Brech-Sucht (»Bulimia nervosa«) ist eine Erkrankung, von der überwiegend Frauen betroffen sind, Männer machen nur zwischen fünf und zehn Prozent der Erkrankten aus. Dass nun ausgerechnet ich eine solche Sucht entwickelt hatte, bestätigte mich lange Zeit in dem Glauben, gar kein richtiger Mann zu sein. Überhaupt war in meinem Kopf einiges schräg. So betrachtete ich jedes Essen, egal ob gesund oder ungesund, als einen feindlichen Angriff auf mein Körpergewicht. Daher hatte ich immer wieder mal Phasen, in denen ich versuchte, Diät zu machen oder gar nichts mehr zu essen. Doch schon nach kurzer Zeit überfielen mich wieder Fressattacken, vor allem, wenn ich getrunken hatte. Dann stopfte ich alles Mögliche in mich hinein, nur um es nachher wieder retour zu schicken. Je länger dies dauerte, umso mehr verabscheute ich mich selbst. Und je stärker mein Selbsthass und meine Scham wurden, umso mehr versuchte ich, diese Gefühle durch Alkohol und Schokolade zu betäuben. Ein Teufelskreis.

Bulimie ist eine schambesetzte und heimliche Essstörung, die über lange Zeit unbemerkt bleibt. So war es auch bei mir. Selbst gegenüber meiner Therapeutin, der ich sonst alles erzählen konnte, sprach ich dieses Thema nicht an. Es war für mich viel zu eklig, zu peinlich und zu unmännlich. Erst in der Klinik von Bad Herrenalb setzte ich mich ernsthaft mit meinem gestörten Essverhalten und den kranken Bildern in meinem Kopf auseinander.

Inzwischen ernähre ich mich regelmäßig, ausgewogen und angemessen, auch dank der Hilfe meiner Frau. Aber völlig losgeworden bin ich die Ablehnung meines Körpers bis heute nicht. Mit sechzig wäre ich gern so schlank wie Iggy Pop (Bilder von ihm finden sich im Internet).

Vom Alkohol lebe ich seit vielen Jahren völlig abstinent, aber essen muss ich nun mal. Darum bleibt für mich der unverkrampfte Umgang mit Nahrungsmitteln, vor allem mit Süßwaren, eine ständige Herausforderung. Das Gleiche gilt für die überzogenen Idealbilder in meinem Kopf. Auch sie bekommen durch den heutigen Schlankheitswahn ständig neue Nahrung, sodass ich immer noch herausgefordert werde, mich davon nicht runterziehen zu lassen.

Medikamentenmissbrauch

Über viele Jahre hatte ich aufgrund eines Bandscheibenvorfalls in der Lendenwirbelsäule heftigste Schmerzen. In regelmäßigen Abständen musste ich zum Arzt, um mir eine Spritze geben zu lassen. Oft genug konnte ich vor Schmerzen nur noch auf allen vieren krabbeln. Als ich die Schmerzen wieder einmal nicht aushielt, verschrieb mir ein Arzt Tramadol-Tropfen, ein synthetisches Opioid. Ich war hin und weg und dachte: »Was für ein geiles Zeug!« Diese Tropfen linderten nicht nur meine Schmerzen, sondern es stellte sich auch eine leichte Euphorie ein. Um diese Wirkung zu verstärken, nahm ich gleich die zwei- bis dreifache Menge im Sinne von: Viel hilft viel!

Daher musste ich bald wieder in die Praxis, um mir dieses Schmerzmittel verschreiben zu lassen. Manche Ärzte kommen gar nicht auf den Gedanken, dass ihr Patient Medikamente missbrauchen könnte, andere sind sensibler und durchaus auf der Hut. Mit ihnen fing ich dann ein Katz-und-Maus-Spiel an. Wenn mich der Arzt fragte: »Welches Mittel habe ich Ihnen noch mal verschrieben?«, war mir klar, dass er lediglich testen wollte, ob ich auf die Einnahme eines ganz bestimmten Medikamentes fixiert war. Deshalb tat ich so, als wüsste ich es nicht: »Das war irgendwas mit M, kann aber auch mit T gewesen sein.« Aufgrund meiner hohen Sensibilität und Anpassungsfähigkeit bekam ich am Ende meist, was ich haben wollte.

Der Missbrauch von Schmerzmitteln hatte allerdings nicht nur positive Auswirkungen auf meine Stimmung. Wenn ich gleichzeitig Alkohol trank, ging das Ganze nach hinten los: Dann brach mein Kreislauf zusammen oder ich hatte massive Atemprobleme. Manchmal dachte ich: »Okay, Volker, jetzt hast du es zu weit getrieben. Jetzt ist es vorbei mit dir.« Außerdem bekam ich mit der Zeit nervöse Zuckungen, was wiederum meine irrationalen Ängste vor solchen Veränderungen verstärkte.

Auch die Einnahme von Medikamenten, die sich nun mal nicht immer vermeiden lässt, ist für mich bis heute eine besondere Anfechtung. Vor Kurzem habe ich ein Schmerzmittel eingenommen, das sich an die THC-Rezeptoren des Gehirns andockt. Mit anderen Worten: Wenn ich diese Tabletten nahm (am besten etwas mehr, als vom Arzt verschrieben), dann brachte mir das ein Musikerlebnis, als hätte ich einen Joint geraucht.

Meine erste Reaktion war, sobald wie möglich wieder zum Arzt zu rennen, um mir das Zeug erneut verschreiben zu lassen. Doch als ich es dann hatte, wurde mir klar, dass ich gerade dabei war, mich erneut gefangen nehmen zu lassen. Also brachte ich die Packung schleunigst zur Entsorgung in eine Apotheke und sagte, ich bräuchte das Medikament nicht mehr.

Die Zähmung der Bestie

Für Suchtkranke ist es möglich, frei zu werden und ohne Suchtmittel zu leben. Was aber bleibt, ist diese Stelle im Gehirn, die sich danach sehnt und danach giert, sich zu berauschen. Man spricht in diesem Zusammenhang von einem »Suchtgedächtnis«. Da sitzt eine Bestie im Kopf, die man mit den Jahren aushungern kann, sodass sie immer schwächer und kleiner wird, aber völlig verschwinden wird sie nie. Sobald man dieser Bestie neue Nahrung bietet, bläht sie sich wieder auf und wird zu einem lebensbedrohenden Ungeheuer, das alles um sich herum zu verschlingen sucht. Dabei ist es völlig unerheblich, ob man diese Bestie zwei Jahre oder zwanzig Jahre ausgehungert hat. Sobald man sie füttert, ist sie wieder da, und das oft stärker als je zuvor. Deshalb spricht man auch nicht von einem »geheilten«, sondern von einem »trockenen Alkoholiker«.

In den Selbsthilfegruppen, die ich besuchte, gab es immer wieder Teilnehmer, die betonten, sie hätten seit ihrem Entzug nicht den geringsten Druck verspürt, sich zu berauschen. Das sei für sie einfach kein Thema mehr. Das erlebe ich anders. Bei mir gibt es in unregelmäßigen Abständen Momente, in denen mich eine unbändige Gier nach dem ultimativen Kick packen will. In solchen Zeiten fühle ich mich, wie Daniel Gildenlöw es in einem Song beschreibt:

Es sind der Hunger und die Unruhe, die mich rufen.
Ein süßer Schwindel der Lust, der mich verführt, mich fallen zu lassen.
Also sperr mich ein, fessle mich einfach und bau eine Mauer.
Zerstör den Wolf und brich seine Krone,
feil einfach seine Krallen und zieh seine Zähne.
Denn wenn ich erst einmal frei bin,
werde ich alles ausprobieren.[32]

Ich muss mich selbst einsperren, mich selbst daran erinnern, dass ich nicht mehr in der Sucht leben will.

Jesus hat gesagt: »Bleibt wach und betet. Sonst wird euch die Versuchung überwältigen. Denn der Geist ist zwar willig, aber der Körper ist schwach!« (Matthäus 26,41). Daran halte ich mich und bete sehr bewusst auch jene Zeilen im Vaterunser, in denen es heißt: »Und führe uns nicht in Versuchung, sondern erlöse uns von dem Bösen. Denn dein ist das Reich und die Kraft und die Herrlichkeit in Ewigkeit. Amen.«

Sucht und Sehnsucht

Vermutlich kennen Sie den Satz: »Hinter jeder Sucht steckt eine Sehnsucht.« Das Wort »Sucht« kommt zwar nicht von »suchen«, sondern von »siechen«, was so viel bedeutet wie »krank sein« (darum gibt es Krankheitsbezeichnungen wie »Gelbsucht« oder »Nesselsucht«). Dennoch besteht oft ein Zusammenhang zwischen der Sucht und einer Suche. Wer mittels eines Suchtmittels das Belohnungssystem seines Gehirns manipuliert, der tut das in der Regel nicht grundlos, sondern verfolgt damit ein Ziel. Wer sich betäubt oder aufputscht, den treibt eine Sehnsucht: Das kann die Sehnsucht sein, etwas zu verdrängen und loszuwerden (Ängste, Zwänge, Schüchternheit), die Sehnsucht, ein angenehmes Gefühl zu erleben oder neue Erfahrungen zu machen (Entspannung, Bewusstseinserweiterung, Ekstase) oder auch die Sehnsucht, zu einer Gruppe dazuzugehören (Schutz, Geborgenheit, Annahme).

Wenn Sie einem suchtkranken Menschen begegnen, dann sollten Sie ihn deshalb nicht mit Ihren moralischen Wertungen und Forderungen überziehen, sondern stattdessen tiefer schauen und Fragen stellen. Nur so können Sie ihn erreichen.

Du sagst,
ich sei distanziert,
fern der Welt
und immer so
erschreckend kontrolliert.

Du sagst,
ich sei bedrückt,
verliebt in den Schmerz
und ständig so
verflucht melancholisch.

Du sagst
und ich höre.

Du sagst
und ich warte.

Warte,
dass du
aufhörst
zu sagen
und endlich
anfängst
zu fragen.

Teil 3

Die Scherben

Kapitel 9:

Vom Regen in die Traufe – Umzug und Umschulung

Kein Zurück mehr

Nachdem ich von der Arbeitsagentur die Zusage für eine Umschulungsmaßnahme erhalten hatte, stand mir ein schwerer Schritt bevor: Ich musste mit meiner Gemeindeleitung sprechen und sie darüber informieren, dass ich beabsichtigte, aus meinem Beruf auszusteigen. Ich musste kündigen.

An dem Abend, an dem ich mich bei uns daheim mit der Gemeindeleitung traf, saß meine Frau zwei Stockwerke höher in unserem Schlafzimmer und betete: »Vater, wenn du willst, dann kannst du das immer noch verhindern.« Doch Gott wollte nicht. Oder ich wollte nicht. Zumindest konnte mich die Gemeindeleitung nicht davon abbringen, den eingeschlagenen Weg weiterzugehen. Für mich gab es kein Zurück mehr: Ich musste raus aus alledem. Am Ende eines langen und intensiven Gesprächs vereinbarten wir, dass ich noch bis zum Sommer weiter als Pastor arbeiten würde. Auf diese Weise blieben der Gemeinde noch ein paar Monate, um sich nach einem geeigneten Nachfolger umzusehen. Auch ich konnte diese Zeit nutzen, um meine Zukunft zu planen, denn zum Zeitpunkt meiner Kündigung hatte ich noch keinen blassen Schimmer, was aus mir werden sollte.

Die Vorgaben der Arbeitsagentur waren eindeutig. Ich hatte einen Bildungsgutschein für zwei Jahre erhalten. In dieser Zeit bekam ich Arbeitslosengeld, um eine duale Ausbildung zu machen. Verboten war mir eine Tätigkeit im sozialen, medizinischen, pflegerischen und seelsorgerlichen Bereich, sonst stand mir die Arbeitswelt offen. Ich konnte lernen, was ich wollte und wo ich es wollte – vorausgesetzt natürlich, dass ich einen Arbeitgeber fand, der bereit war, mich auszubilden.

Also schnappte ich mir eine Broschüre mit möglichen dualen Ausbildungen und ging sie Seite für Seite durch, vom Änderungsschneider bis zum Zweiradmechatroniker. Am interessantesten fand ich den »Medienkaufmann Digital und Print«. Wenn ich schon einen reinen Bürojob machen musste, dann sollte der zumindest ein wenig Abwechslung mit sich bringen und dies schien mir hier der Fall zu sein. Laut der Broschüre bot mir diese Ausbildung die Chance, »bei der Entwicklung, Gestaltung und Vermarktung von Zeitschriften mitzuwirken«. Das klang vielseitig und interessant. Außerdem kam mir sofort ein Zeitschriftenverlag in den Sinn, bei dem ich mich bewerben konnte. Der SCM Bundes-Verlag stand unserer Kirche besonders nah. Somit saßen dort Leute im Vorstand, die mich zwar nicht persönlich kannten, die aber sicherlich mit meiner Situation mitfühlen konnten. Und vielleicht wären sie dann auch eher bereit, mich auszubilden.

So schrieb ich eine Bewerbung und schickte sie nach Witten an der Ruhr. Zunächst erhielt ich die irritierte Rückfrage, ob dies tatsächlich mein Ernst sei. Daraufhin folgten einige aufreibende E-Mails und Telefonate. Doch am Ende dieses Klärungsprozesses wurde ich tatsächlich zu einem Vorstellungsgespräch eingeladen.

Nach meiner Erinnerung verlief dieses Gespräch nicht gerade berauschend. Ich steckte damals voller Schamgefühle und strahlte dies auch aus. Ich war ja alles andere als ein selbstbewusster und aufgeweckter Typ, der einfach mal was Neues probieren will. Aus meiner Sicht war ich ein müder, gescheiterter Pastor, der darauf hoffen musste, dass man ihm eine zweite Chance gab. Dementsprechend träge und traurig präsentierte ich mich. Ein dynamischer Mitarbeiter sieht mit Sicherheit anders aus und dennoch wurde ich genommen. Ich erhielt einen zweijährigen Ausbildungsvertrag und sollte zum 1. August 2008 beginnen.

Als die Mitglieder unserer Gemeinde davon erfuhren, fielen sie aus allen Wolken. Aus ihrer Sicht war ein solch radikaler Schnitt nicht nachvollziehbar, zumal sich der ätzende Konflikt in unserer Gemeinde mehr und mehr aufzulösen schien.

»Ich dachte, du hättest als Pastor deinen Traumberuf längst gefunden«, meinte jemand. Es fiel mir schwer, darauf angemessen zu antworten. Wie hätte ich erklären sollen, was mit mir los war, ohne die Geschwister extrem zu verunsichern? Also erzählte ich nur sehr wenig und ließ einige Fragen offen.

Das hielt die Gemeinde aber nicht davon ab, meine Familie und mich überaus herzlich zu verabschieden. So flossen während unserer offiziellen Verabschiedung einige Tränen – nicht nur bei uns.

Mein freiwillig gottloses Jahr

Als meine Kinder von unserem bevorstehenden Umzug erfuhren, beteten sie für ein Wunder: »Bitte, lieber Gott, schenke uns in der neuen Stadt ein Haus mit Garten, in dem wir wohnen und spielen können.« Nun wollte ich ihnen nicht die Hoffnung rauben, doch da wir nur wenig Geld zur Verfügung hatten, erschien mir dies völlig unmöglich. Und einen besonderen Segen hatte ich wohl kaum zu erwarten, nachdem ich mich von Gott abgewandt hatte.

Auf einer Reise nach Witten, wo wir einiges abklären wollten, kamen wir durch Velbert-Nierenhof. Dort fiel uns das riesige Plakat einer Kirchengemeinde auf, die zu ihren Gottesdiensten einlud. Daher machten wir kurz halt und fragten die Frau des Pfarrers, ob wir bei ihnen eine Anzeige zwecks Wohnungssuche an das schwarze Brett heften dürften. Wir durften – und nur wenige Tage später, als wir wieder in Karlstadt waren, erhielt ich einen Anruf. Jemand, der sonst eigentlich gar nicht in diese Kirche ging, hatte nach dem Gottesdienst unseren Aushang gelesen und bot uns an, ein kleines ehemaliges Bergarbeiterhaus in Hattingen-Welper zu mieten – mit einem schönen Garten und zu einem kleinen Preis. Ich sagte noch am Telefon zu.

Als wir das Haus dann später zu Gesicht bekamen, waren wir begeistert und dankbar. Zumindest für meine Familie stand es außer Frage, dass dieses Haus eine fette Gebetserhörung war. Ich selbst machte mir so meine Gedanken, denn schließlich hatte ich eher damit gerechnet, dass Gott mich bestrafen würde. Falls dieses Haus tatsächlich sein Werk war, dann bedeutete dies, dass er uns stattdessen etwas Gutes getan hatte. Konnte das sein?

Diese Vorstellung verunsicherte mich, denn mit meinem letzten Arbeitstag als Pastor hatte für mich eine Phase begonnen, in der ich mich konsequent von Gott abnabeln wollte. Später nannte ich diese Zeit mein FGJ, mein »Freiwillig gottloses Jahr«.

Zu Beginn dieses FGJ stellte ich sämtliche Gebete und alle fromme Lektüre ein. Ich wollte endlich lernen, auf eigenen Beinen zu stehen, wollte selbstständig und unabhängig sein. Unabhängig von der Meinung anderer Menschen, aber eben auch unabhängig von Gott. Dabei fiel mir auf, wie viele meiner früheren Gebete nichts anderes waren als ein Versuch, mich aus meiner Verantwortung zu stehlen. So wie unmündige (kleine und große) Kinder zu Mama oder Papa laufen, damit sie es richten, so hatte auch ich immer wieder versucht, Gott die Aufgaben aufzudrängen, vor denen ich mich drücken wollte. Nun sagt Jesus ja auch, dass wir werden sollen wie die Kinder (Matthäus 18,3), doch bezieht sich das wohl eher auf unsere Herzenshaltung und nicht auf ein Verharren in frühkindlicher Hilflosigkeit.

Heute bin ich mir sicher: Gott freut sich über mündige und selbstbewusste Kinder. Er ist stolz auf uns, wenn wir gelernt haben, eigene Entscheidungen zu treffen, unseren Weg zu gehen und anzupacken. »Befiehl dem Herrn deine Wege«, heißt es in den Psalmen (37,5; LUT). Aber um dies zu tun, musste ich erst einmal meinen eigenen Weg finden und diesen dann auch mutig gehen.

Manchmal, in besonders brenzligen Situationen, ertappte ich mich dabei, wie ich ein Stoßgebet zum Himmel schickte: »Herr, hilf mir, hol mich da raus, tu was für mich!« Doch dann unterbrach ich mich bewusst: »Nichts da! Jetzt wird nicht wieder Gott angefleht. Jetzt pack ich es selbst an und werde sehen, wie ich da rauskomme.« Das Sprichwort »Hilf dir selbst, dann hilft dir Gott« wurde mir zum persönlichen Motto. Und das war in dieser Phase gut so.

In vielen Bereichen des Glaubens fing ich zu Beginn meines FGJ bei null an. So hörte ich konsequent damit auf, Gottes Anwalt zu spielen. Zwar war ich schon als Pastor kein Freund von vorschnellen Antworten gewesen, doch hatte auch ich meine Standardsprüche drauf, die man halt so sagt, um etwa das Leiden von Menschen zu erklären. Ich kannte sie wirklich alle, diese Sprüche, aber ich brachte sie nicht mehr über die Lippen, denn sie kamen mir abgestanden und hohl vor. Als ein sensibler Typ hatte ich die Fragen und Zweifel von Nichtchristen schon früher sehr ernst genommen und mich bemüht, sie zu verstehen. Jetzt aber, in meinem FGJ, wurden sie zu meinen eigenen Fragen – sie berührten mich existenziell. Auf einmal war für mich die Entscheidung gegen Gott genauso real wie die Entscheidung für ihn. Ich musste diesen Gott nicht anbeten, ihm nicht dienen und nicht an ihn glauben. Warum also sollte ich es tun? Ich lebte in einer neuen Freiheit meines Herzens und genoss dies in vollen Zügen.

Die Unabhängigkeit von Gott tat mir gut, sie fühlte sich erfrischend an. In Psalm 31 betet König David: »*Du* stellst meine Füße auf weiten Raum« (Vers 9; LUT). Für mich aber begann dieser freie und weite Raum zunächst gerade außerhalb des Glaubens, befreit vom bisherigen Gottesbild.

Doch auf der anderen Seite war da dieser Jesus von Nazareth, der die Leprakranken berührte und mit den übelsten Sündern zu Mittag aß. Von diesem Jesus kam ich einfach nicht los. So habe ich mir bereits während meiner Zeit in Bad Herrenalb ein silbernes Kreuz gekauft, das ich bis heute trage. Auch nach meinem Austritt aus unserem Gemeindebund ging ich mit meiner Familie weiter in den Gottesdienst. Allerdings bestand ich darauf, nicht in eine Freikirche zu gehen. Stattdessen besuchten wir recht regelmäßig die Gottesdienste der Evangelischen Kirchengemeinde Velbert-Nierenhof, in der wir den Zettel mit unserer Wohnungssuche ausgehängt hatten.

In dieser Zeit herrschte in mir ein einziges Chaos. Einerseits fand ich einiges logisch und ansprechend, was dort gepredigt wurde. Auf der anderen Seite fielen mir tausend Gründe ein, um eben gerade nicht an einen Gott zu glauben, der *für* mich ist und es gut mit mir meint.

Alle paar Wochen gab es in Nierenhof einen besonderen Gästegottesdienst, bei dem man als Predigthörer seine Fragen auf kleine Karteikärtchen schreiben konnte. Diese Kärtchen wurden dann noch während des Gottesdienstes eingesammelt und der Prediger musste versuchen, einige von ihnen in jeweils einer Minute zu beantworten.

Meist reichten mir dann weder die Zeit noch die angebotenen Kärtchen, um alle meine Fragen loszuwerden. Viele von ihnen stellte ich bewusst provokativ. Auch jene Frage, mit der ich mich aufgrund meiner zwanghaften Grübeleien immer wieder gequält hatte: »Wenn Gott allmächtig ist, kann er dann einen Stein schaffen, der so schwer ist, dass er ihn selbst nicht tragen kann?« Leider weiß ich nicht mehr, was der Gefragte darauf geantwortet hat, aber eine wirkliche Lösung scheint es nicht gewesen zu sein.[33]

Manchmal fuhr ich sonntags frustriert nach Hause. Zugleich

aber gab es in dieser Kirche etwas, wonach ich mich sehnte, nur hätte ich damals nicht sagen können, was es war, denn mein Herz war völlig vergiftet und vernebelt. Ich musste wohl erst noch einmal ganz unten landen, bevor ich meine zahlreichen Widerstände loslassen und mich stattdessen an die helfende Hand Gottes klammern konnte, die mir in Jesus begegnete.

Anzeigenakquise

Meine vornehmliche Aufgabe beim Bundes-Verlag war die Anzeigenakquise, also der Verkauf von Anzeigenplatz in den unterschiedlichen Zeitschriften. Konkret bedeutete dies, dass ich potenzielle Kunden ausfindig machte, diese per E-Mail oder Brief anschrieb und sie später anrief, um ihnen mein Angebot schmackhaft zu machen und zu einem Vertragsabschluss zu kommen. Von den Mitarbeitern des Anzeigenteams wurde ich herzlich aufgenommen und mein Chef nahm sich die Zeit, mich sehr gut in meine neue Tätigkeit einzuführen. Da ich ganz gut zurechtkam, übertrug man mir schon nach wenigen Wochen die volle Verantwortung für zwei kleinere Zeitschriften unseres Verlages.

Alles schien gut zu laufen und auch die äußeren Bedingungen waren perfekt. So konnte ich in der Regel auf einem wunderschönen Radweg entlang der Ruhr mit dem Fahrrad zur Arbeit fahren.

Eigentlich hätte ich froh und dankbar sein müssen. Doch das war ich nicht. Im Gegenteil: Mit der Zeit wurde ich immer angespannter und unglücklicher. In den ersten Monaten ignorierte ich das einfach. Schließlich war dieses Projekt hier meine allerletzte Chance, um auf dem Arbeitsmarkt unterzukommen und für meine Familie zu sorgen. Ein zweites Scheitern konnte ich mir unmöglich leisten. Meiner Frau und den Kindern hatte ich durch unseren Umzug bereits sehr viel zugemutet. Meine Gedanken sahen in etwa so aus: Weil ich gescheitert war, mussten sie ihr vertrautes Umfeld und ihre Freunde verlassen. Das hatte meiner Familie einiges abverlangt – und dafür war einzig und allein ich verantwortlich. Also hatte ich mich jetzt gefälligst zusammenzureißen und verdammt noch mal einfach meine Arbeit zu machen.

Aber so einfach war dies leider nicht. Wenn man einen hochsensiblen Typen mit einer abhängigen Persönlichkeitsstruktur in den Verkauf steckt, dann ist das so, als würde man jemanden mit einer Sprachstörung zum Radiomoderator umschulen. Es bedeutet eine permanente Überforderung! Schon bei dem Gedanken an die vielen Telefonate, die ich zu führen hatte, wurde mir schlecht. Wie wollte ich diese Gespräche beginnen? Etwa mit: »Hallo, Herr Meier, wie geht es Ihnen?« Das kam mir sehr verlogen vor, denn schließlich war es mir völlig egal, wie es Herrn Meier ging. Ich war vielmehr daran interessiert, ihm einen Anzeigenplatz zu verkaufen und meine Umsatzvorgaben zu erfüllen.

Auch musste ich damit rechnen, dass die meisten meiner Gesprächspartner mein Angebot mehr oder weniger freundlich ablehnen würden. Besonders krass war diese Ablehnung bei der sogenannten Kaltakquise, denn dort hatte ich es nicht mit Bestandskunden zu tun, sondern mit Leuten, die unseren Verlag und unser Portfolio noch gar nicht kannten. Auch sie hatte ich davon zu überzeugen, dass es für ihr Unternehmen nichts Besseres gab, als in unseren Zeitschriften regelmäßig Anzeigen zu schalten. In den meisten Fällen stimmte das ja auch. Mein Angebot war wirklich gut! Und doch schämte ich mich jedes Mal dafür, dass ich meinen Gesprächspartner belästigte. Ich kam mir vor wie ein nerviger Köter, der ständig um die Beine der Leute herumspringt und sie anbellt, und zwar so lange, bis man ihm einen gehörigen Tritt verpasst. Für mich war jede noch so sachliche und höfliche Ablehnung meines Anzeigenangebots wie ein Tritt in meine traumatisierte Seele, die sich doch so sehr nach Bestätigung und Annahme sehnte.

Ich war vom Regen in die Traufe geraten. Je länger ich diesen Job machte, umso ängstlicher und depressiver wurde ich. Doch das wollte ich mir auf gar keinen Fall anmerken lassen. Stattdessen suchte ich nach vermeintlichen Rettungsringen, um mich noch irgendwie über Wasser zu halten. Zunächst fing ich wieder an, zu rauchen. Wenn ich beim Verlag ankam, drehte ich erst einmal ein paar Runden um das Gebäude und rauchte eine Zigarette nach der anderen in der Hoffnung, dadurch ruhiger zu werden und Halt zu finden.

Und dann hatte ich natürlich noch die Rockmusik. In jeder freien Minute tauchte ich ab. In meiner Mittagspause ging ich nicht in die Kantine, sondern runter an die Ruhr. Dabei verlor ich mich dann in den Songs von Peter Gabriel und träumte davon, aus dieser schrecklichen Maschinerie einfach auszusteigen. Oft tauchte ich erst viel zu spät wieder an meinem Arbeitsplatz auf, doch ich musste jedes Mal erkennen, dass die Maschine gnadenlos weiterlief: Ich hatte zu verkaufen und Umsatz zu generieren.

Schwarze Wolken

Als wir von Karlstadt nach Hattingen zogen, hatte ich mir fest vorgenommen, nicht nur meinen alten Beruf hinter mir zu lassen, sondern auch mein altes Leben. Ich wollte auf »Reset« drücken und noch einmal ganz neu von vorn anfangen. Anstatt mich ständig nur um mich selbst zu drehen, wollte ich nun endlich lernen, Verantwortung zu übernehmen, für mich und für meine Familie. Und mein Start in dieses neue Leben war auch wirklich verheißungsvoll:

»Wer nicht läuft, der säuft«, heißt es bei den Anonymen Alkoholikern. Also suchte ich mir schon bald nach unserer Ankunft eine Selbsthilfegruppe und ging dort regelmäßig hin. Auch auf meinen Körper achtete ich inzwischen besser als früher. Da ich fast täglich mit dem Fahrrad zur Arbeit fuhr, nahm ich schon bald ein paar Kilo ab und fühlte mich fit. An den Wochenenden fuhr ich gemeinsam mit Claudia runter an den Kemnader See und wir drehten dort eine Runde mit unseren Inline-Skates.

Obwohl ich für die Berufsschule einiges zu lernen hatte, machte ich mit meiner Familie immer wieder Ausflüge in die Umgebung, etwa in die Elfringhauser Schweiz, und entdeckte auf diese Weise, wie schön es im Ruhrpott ist. Ich packte mein Saxophon wieder aus und schloss mich einer Hattinger Bigband an. Und wenn ich einfach mal raus musste, um auf andere Gedanken zu kommen, dann fuhr ich nach Bochum ins Stadion, stellte mich in die Ostkurve und übertrug alle meine Wünsche und Sehnsüchte auf das Spiel des VfL Bochum. Irgendwie war dieser Fußballclub so wie ich: ein ständiger Underdog mit nur wenigen Mitteln und Möglichkeiten.

Es lief also alles rund in dieser Anfangszeit. Wir lebten uns ein und fühlten uns wohl. Und ich war stolz auf mich. Es schien, als würde ich auch ohne meine Abhängigkeit von Gott ganz gut zurechtkommen. Ich hatte mein Leben endlich wieder im Griff. Dachte ich zumindest.

Doch dann tauchten am Horizont meiner Seele die ersten schwarzen Wolken auf. Ich kannte diese Wolken der Hilflosigkeit und Verzweiflung schon und war davon ausgegangen, sie in Karlstadt zurücklassen zu können. Weit gefehlt! Anscheinend hatten sie sich nach meinem Umzug auf den langen und beschwerlichen Weg nach Norden gemacht, nur um mich einzuholen und mir mein Leben erneut zu verdunkeln. Mit der Zeit wurde die Atmosphäre in mir immer schwerer und bedrohlicher. Mir blieb die Luft weg und eine seltsame Krankheit stellte sich ein: das »Raynaud-Syndrom«. Von einem Moment auf den anderen verengten sich meine Blutgefäße. Dann wurden meine Finger und Zehen schneeweiß und taub, sodass ich nicht mehr in der Lage war, die Tastatur am PC zu benutzen. Während ich also in meinem Geist durchaus bereit war zu arbeiten, machte mir meine Seele einen Strich durch die Rechnung. Sie rebellierte und psychosomatische Krankheiten stellten sich ein. In immer engeren Abständen erwischte es mich im Rücken. Dann krabbelte ich mit letzter Kraft zum Orthopäden, ließ mir eine Spritze geben und fiel für einige Tage aus.

Zunächst hoffte ich, die schwarzen Wolken würden unverrichteter Dinge wieder abziehen. Ich verstand meine Arbeit als eine Art Verhaltenstherapie – eine Herausforderung, durch die ich lernen konnte, stark und unabhängig zu werden. Ich musste einfach unbeirrt weiterarbeiten, dann würden meine inneren Widerstände mehr und mehr verschwinden. Doch das taten sie nicht. Stattdessen nahmen sie von Monat zu Monat weiter zu und ich ahnte bereits, dass ich dabei war, in ein fürchterliches Gewitter zu laufen.

Kapitel 10:

War jetzt alles umsonst? – Rückfall in alte Muster

Der Super-GAU

Mein Chef in der Anzeigenabteilung war mindestens zehn Jahre jünger als ich. Dennoch stand ich eines Tages zitternd vor ihm wie ein Kind vor dem Schuldirektor. Schlimmer noch: Ich brach vor diesem Mann in Tränen aus, als er mich zur Rede stellte.

Je näher für eine Zeitschrift der Anzeigenschluss kam, umso größer wurde in mir die Angst, meine Umsatzziele nicht zu erfüllen. Also fing ich damit an, meinen Kunden einen Nachlass zu gewähren, damit sie doch noch bei mir buchten. Dies war durchaus üblich, allerdings nicht in dem Maße, wie ich das tat. Beispielsweise bot ich einem Kunden einen Rabatt von 60 Prozent an, was die Anzeigenpreise natürlich dauerhaft kaputtmachen würde. Doch das war mir in diesem Moment völlig egal. Ich wollte nur, dass die Zeitschrift voll wurde und ich nicht mit leeren Händen dastand. Eine Zeit lang funktionierte das gut – bis mein Chef mich eines Tages mit seiner Wahrnehmung dieser Entwicklung konfrontierte.

Der Sache nach war das völlig in Ordnung und im Ton sicher auch angemessen. Für mich aber war es der Untergang. Ich fühlte mich erniedrigt und beschämt und das umso mehr, da es mir nicht gelungen war, vor ihm die Fassung zu bewahren. Auch einige Kollegen hatten diese Szene mitbekommen. Dies war genau das, was mir auf gar keinen Fall passieren durfte: eine öffentliche Bloßstellung meiner Schwächen und Fehler, ein Blick hinter die Mauer meiner aufgesetzten Gelassenheit. Ich war enttarnt – und das war für mich der Super-GAU, der größte anzunehmende Unfall. In diesem Moment sprangen bei mir alle Sicherungen raus.

Ich tat so, als müsste ich auf Toilette, und schlich mich stattdessen in die Küche. Dort standen immer einige Weinflaschen auf dem Schrank, die von Vertretern dagelassen worden waren. Eine solche schnappte ich mir und ging damit dann wirklich aufs Klo, um sie in wenigen Zügen zu leeren. Schon nach kurzer Zeit zeigte der Alkohol seine Wirkung. Ich beruhigte mich etwas und fasste zugleich einen Entschluss. Heimlich entsorgte ich die Flasche und ging zurück an meinen Schreibtisch. Dort angekommen verfasste ich eine E-Mail an meinen Abteilungsleiter und an den Verlagsleiter. Ich schrieb ihnen, dass es mir in Zukunft unmöglich sein würde, in der Anzeigenakquise zu arbeiten. Ich war einfach kein Verkäufer und würde mit Sicherheit auch nie einer werden. Daher bat ich darum, in die Redaktion versetzt zu werden, um dort meine Ausbildung zu beenden. Als ich schließlich auf »senden« klickte, fühlte ich mich erleichtert und befreit und dachte: »Ich muss das hier nicht machen, ich kann raus aus alledem!«

Um mich für meine Heldentat zu belohnen, verdrückte ich mich in den Keller, wo einige Getränkekästen aufbewahrt wurden, darunter auch Bier. Ich bediente mich und gaukelte mir selbst vor, alles richtig gemacht zu haben. Auf dem Nachhauseweg hielt ich an einem Biergarten an der Ruhr, um weiterzutrinken. Von dort fuhr ich in den Supermarkt, um mir den Rest zu geben. Ich kauerte mich mit meinen Flaschen zwischen zwei Glascontainer und hoffte, dass ich von niemandem entdeckt wurde.

Irgendwie schaffte ich es schließlich nach Hause und bemühte mich, mir nichts anmerken zu lassen. Ich behauptete, mir sei übel und ich müsse mich unbedingt sofort hinlegen. So schlich ich ins Bett und schlief meinen Rausch aus.

Ein kranker Albtraum

Von da an ging alles wieder von vorn los. Dies war kein einmaliger Ausrutscher mehr, sondern ein Rückfall in alte Muster. Relativ schnell ersetzte ich den Wein durch Wodka, um eine angemessene Wirkung zu erzielen. Zugleich gab ich mir die allergrößte Mühe, mein Trinken zu verheimlichen. Mitunter nahm dies kuriose und auch gefährliche Züge an.

An einem Morgen vergaß ich beispielsweise einen Beutel voller brisantem Leergut auf unserer Treppe. Das fiel mir erst auf, nachdem ich die Tür zugezogen hatte. Kein Problem – wäre in dem Beutel nicht auch mein Haustürschlüssel gewesen. Ich hatte mich ausgeschlossen!

Wenn Claudia am Mittag nach Hause kam und die Flaschen entdeckte, dann wäre es mit meiner Lügerei vorbei und sie würde mich zur Rede stellen. Das durfte auf gar keinen Fall passieren!

Ich ging in den Garten, um zu prüfen, ob es eine Chance gab, irgendwie ins Haus zu gelangen. Tatsächlich: Ganz oben auf dem Dach stand ein kleines Fenster offen. Entschlossen ging ich in die Garage unserer Nachbarin und schnappte mir ihre Leiter. Mit deren Hilfe kletterte ich auf unser Vordach und von dort aus dann weiter nach oben auf das Schrägdach. Ich krabbelte über die Dachziegel bis zum Fenster und quetschte mich hindurch. Bis auf ein paar blaue Flecken und eine zerrissene Hose war meine Aktion erfolgreich. Ich zog mich um, nahm die leeren Flaschen, brachte die Leiter zurück und machte mich etwas verspätet auf den Weg zur Arbeit.

So ging das einige Wochen, doch eines Tages verlor ich komplett die Kontrolle und konnte niemandem mehr etwas vorspielen. Ich füllte mich derart mit Wodka ab, dass Claudia mich ins nächstgelegene Krankenhaus brachte. Als ich wieder zu Hause war, machte sie mir unmissverständlich klar, dass sie nicht bereit war, sich co-abhängig zu machen und mein krankes Lügensystem zu unterstützen. Wenn also unsere Kinder fragen würden, was denn mit mir los sei, sollte ich ihnen das bitte schön selbst erklären. Im Nachhinein kann ich ihr dafür nur dankbar sein. Es hilft einem Alkoholkranken nicht, wenn seine Familie ihn deckt, womöglich ihr Leben an seine Sucht anpasst, seine Kotze aufwischt und seine Flaschen entsorgt.

Claudia konfrontierte mich schonungslos mit der Wahrheit – und das tat verdammt weh, doch es war richtig. Zugleich aber ließ sie mich nicht fallen. Nur kurze Zeit nach meinem Absturz spazierten wir durch Hattingen-Welper um zu besprechen, wie es so weit hatte kommen können und wie es nun weitergehen sollte. Während dieses schmerzvollen Gesprächs sagte sie einen Satz, den ich nie vergessen werde, mitten hinein in meine Verzweiflung: »Volker, Gott hat dich nicht aufgegeben, ich habe dich nicht aufgegeben und du solltest dich auch nicht aufgeben!«

Heute kann ich darüber nur staunen, denn Claudia musste damals einiges einstecken. Nicht nur, weil ich sie immer wieder belog, sondern auch wegen all der bitteren Momente, in denen ich meinen Frust an ihr ausließ. Ich brachte es damals fertig, diese wunderbare Frau so tief zu verletzen, dass sie Tränen der Verzweiflung weinte. Anschließend saß ich ihr gegenüber und war zufrieden, statt es zu bereuen. Ich dachte, dass ich es nicht wert sei, geliebt zu werden, und dass ich unsere Beziehung daher genauso gut vor die Wand fahren konnte, indem ich einfach alles infrage stellte. Was für ein kranker Albtraum!

Ziel verfehlt

Meinem Wunsch nach Versetzung wurde tatsächlich entsprochen und ich bekam die Möglichkeit, in der Redaktion zu arbeiten. Einzig für einen kleineren Zeitschriftentitel sollte ich noch weiter im Anzeigenverkauf tätig sein, ansonsten aber durfte ich recherchieren, Texte korrigieren, Rezensionen schreiben und sogar meine eigenen Ideen einbringen. Vermutlich war ich für meinen Kollegen nicht gerade eine große Hilfe, sondern eher eine zusätzliche Belastung, aber wenn dem so war, ließ er sich das nicht anmerken. Stattdessen ermutigte er mich, wo er nur konnte – und das tat mir gut. Ich genoss es, mich mit Texten und Themen beschäftigen zu dürfen, anstatt irgendwelche Leute am Telefon anbetteln zu müssen. Endlich konnte ich damit aufhören, gegen den Strom meiner Ängste anzuschwimmen.

Äußerlich lief also vieles besser, doch innerlich sah es leider gar nicht gut aus, denn inzwischen hatte ich mich schon so tief im Netz der Sucht verfangen, dass ich aus eigener Kraft nicht mehr herauskam. Gern hätte ich mich an irgendeinen Strohhalm geklammert, aber da war keiner. Meine bisherigen Strohhalme halfen mir jetzt nicht mehr. Zwar besuchte ich nach wie vor die Selbsthilfegruppe der Anonymen Alkoholiker, doch bereits auf dem Weg dorthin kam ich an mehreren Trinkhallen vorbei, an denen ich mir meinen Stoff besorgte. Auch schluckte ich wieder Tramadol-Tropfen, die mir ein Orthopäde aus Bochum bereitwillig verschrieb.

Ich war mit dem Ziel umgezogen, endlich erwachsen zu werden und mein Leben zu meistern: stark, selbstbewusst und unabhängig. Doch dieses Ziel hatte ich nun ganz eindeutig verfehlt. Stattdessen befand ich mich erneut in einem Sog nach unten. Und so viel stand für mich fest: Aus eigener Kraft würde ich da nie wieder rauskommen. Zwar gab es immer noch eine Stimme in mir, die mir sagte: »Volker, dann hör doch einfach mit diesem Wahnsinn auf! Niemand zwingt dich, all dieses Zeug zu schlucken. Warum schmeißt du es nicht einfach weg und fängst an, zu leben? Du bist doch schließlich dein eigener Herr!« Zugleich aber wusste ich, dass dies nicht stimmte: Ich war längst nicht mehr mein eigener Herr, sondern vielmehr ein Sklave meiner Sucht.

Wie eine leere Milchtüte

An einem Samstagmorgen saßen wir als ganze Familie im Garten bei einem gemütlichen Frühstück. Da begann unsere kleine Tochter aus heiterem Himmel ein Gespräch mit der leeren Milchtüte: »Ich hab ne gute und ne schlechte Nachricht für dich. Welche willst du zuerst hören?« Die Milchtüte wollte wohl zuerst die schlechte hören, denn nach einer kurzen Pause fuhr unsere Tochter fort: »Die schlechte Nachricht ist: Du bist leer und kommst in den Müll. Aber die gute Nachricht lautet: Du darfst noch so lange hier am Tisch bleiben, bis ich fertig gefrühstückt habe.« Mir fiel die Kinnlade runter. »Wow«, dachte ich, »unsere Tochter hat das Zeug zur Top-Managerin!« Mir kam ein Song von »Kettcar« in den Sinn, in dem es heißt: »Wir waren eigentlich immer zufrieden mit Ihnen. – Und das meint jetzt und hier: Da ist die Tür!«[34]

Inzwischen war ich auf der Zielgeraden meiner Umschulung angelangt und hatte nur noch wenige Wochen bis zu meiner Abschlussprüfung. Dass ich diese Prüfung bestehen würde, daran hatte ich keinen Zweifel, denn in der Berufsschule kam ich ganz gut zurecht. Was aber würde danach aus mir werden? Wo konnte ich arbeiten? In der Anzeigenakquise hätte ich einen sicheren Job gehabt, aber den hatte ich nun einmal abgelehnt, und in der Redaktion gab es keine freien Stellen.

Eine Zeit lang war ich als Öffentlichkeitsreferent für den Verlag tätig. Ich stellte in Gottesdiensten oder anderen Veranstaltungen die verschiedenen Zeitschriften vor und versuchte, Abos zu generieren. Aber mal abgesehen davon, dass dies trotz der anderen Bezeichnung wieder eine Tätigkeit im Verkauf gewesen wäre, schien auch der Ertrag meiner Bemühungen nicht einmal ansatzweise die Schaffung einer solchen Stelle zu rechtfertigen. Ich war schlicht und einfach zu erfolglos. Ich war eine Niete, eine Nullnummer. Ich fühlte mich wie eine leere Milchtüte, der man noch etwas Gnadenzeit gewährt, bevor man sie auf dem Müll entsorgt.

Bislang hatte ich nur wenige Bewerbungen geschrieben, denn es gab für einen Medienkaufmann kaum Stellen, bei denen es nicht um den Verkauf von Anzeigen ging. Außerdem wollten wir unseren Kindern nicht schon wieder einen Umzug zumuten, sodass ich mich nur in einem Umkreis von rund fünfzig Kilometern bewerben konnte. Wenn ich überhaupt eine Antwort erhielt, dann war es die typische Absage: »Wir danken Ihnen für Ihr Interesse an unserem Unternehmen. Doch leider müssen wir Ihnen mitteilen, dass …«

Deshalb radelte ich Tag für Tag weiter in den Verlag, während ich ahnte, dass meine Tage hier bereits gezählt waren. Selbst mit einer halben Stelle als Redaktionsassistent wäre ich überfordert gewesen, weil ich einfach fertig war. Warum also sollte mich der Verlag anstellen?

Die gute Nachricht war: Ich durfte noch so lange bleiben, bis ich meine Umschulung beendet hatte. Danach aber würde mit Sicherheit die schlechte Nachricht kommen. Und wie die lauten würde, das hatte mir unsere Tochter bei diesem Frühstück am Samstagmorgen klargemacht.

Kapitel 11:

Jenseits der Glastür – In der Psychiatrie

Aus der Bahn geworfen

Der 18. März 2010 war ein überaus freundlicher und warmer Frühlingstag. An diesem Morgen radelte ich ganz normal zur Arbeit. Ich ging rauf in die Redaktion und ran an den Schreibtisch, um einen bald fälligen Artikel fertigzustellen und noch einige Telefonate für die Anzeigenakquise zu tätigen. Eigentlich ein Tag wie jeder andere – zumindest bis kurz vor der Mittagspause. Denn da kam einer meiner Vorgesetzten zu mir und bat mich um ein Gespräch unter vier Augen. Gemeinsam gingen wir nach draußen und drehten ein paar Runden um den Verlag.

Während dieses Spaziergangs machte er mir freundlich, aber unmissverständlich klar, dass der Verlag nach meiner Ausbildung keine Verwendung für mich haben würde. In der Anzeigenakquise hätte ich anfangen können – so war damals der Plan gewesen. Aber das hatte ich ja nun kategorisch abgelehnt. Und für einen Job als Öffentlichkeitsreferent fehlte mir die nötige Power und Begeisterung. Mit einigem Einfühlungsvermögen versuchte mein Chef, mir zu verdeutlichen, dass man in der freien Wirtschaft nun mal »was reißen« müsse, um überleben zu können. Und dazu sei ich vielleicht momentan nicht in der Lage. Als wir schon auf dem Rückweg ins Büro waren, meinte er: »Volker, deine Frau ist doch Erzieherin. Wie wäre es denn, wenn sie auf Vollzeit aufstockt und du zu Hause bleibst, um dich in Ruhe um deine Krankheit zu kümmern und dich auszukurieren?« Er meinte dies nicht von oben herab, sondern wirklich ernst (so bot er doch meiner Frau ganz konkret eine Stelle als Erzieherin an). Er wolllte mir helfen, mir eine Perspektive geben. Doch leider bewirkte dieses Gespräch bei mir das genaue Gegenteil.

Eigentlich seltsam, dass mich diese Nachricht so aus der Bahn warf, denn ich hatte es ja kommen sehen. Ich wusste, dass der Verlag keinen Spielraum haben würde, um für jemanden wie mich extra eine Stelle zu schaffen. Doch dies zu wissen, war eine Sache, es aus dem Munde meines Chefs zu hören, eine ganz andere, vor allem der Rat, mich in Ruhe um meine Krankheit zu kümmern. Für mich hieß das: Ich war ein völlig abgedrehter Spinner mit einem gewaltigen Sprung in der Schüssel. Wie konnte ich mir nur einbilden, eine Zukunft zu haben? Schließlich trug ich doch für alle sichtbar einen Stempel auf der Stirn: »Vorsicht – sehr labil und psychisch krank!«

Während ich am Ende unseres Gespräches wieder zu meinem Arbeitsplatz ging, stieg mit jeder Stufe meine Verzweiflung immer höher und höher. Oben angekommen war mein Lebensmut dann völlig ertrunken, überflutet von den alten Gefühlen der Angst und der Hilflosigkeit. Angesichts dieser Bedrohung reagierte meine Seele wie damals in Bad Herrenalb: Sie beamte sich einfach weg und driftete in eine Welt, in der mir niemand mehr etwas anhaben konnte. Später, als ich bereits einige Tage in der Psychiatrie war, versuchte ich, diesen Tag zu rekonstruieren, und sprach meine wirren Erinnerungen auf ein Diktiergerät:

Goodbye, cruel world

Donnerstag, 18. März 2010. Ich kauere in meinem Büro wie ein Zombie und bin außerstande, noch irgendetwas Sinnvolles zu tun. Ich höre nichts mehr, sehe nichts mehr, spüre nichts mehr. Mir wird kalt, meine Hände werden taub, die Haut fängt an zu kribbeln. In meinen Ohren ist ein Rauschen, Stimmen und Geräusche dringen kaum noch zu mir durch. Ich kenne diesen Zustand inzwischen gut. Und ich weiß, was ich tun muss, damit ich nicht völlig abdrifte. Doch heute wehre ich mich nicht. Ich kann nicht mehr, will nicht mehr. Stattdessen lasse ich mich einfach mitreißen vom Strom der Verzweiflung und tauche ab in eine wohltuende Erstarrung. In meinem Kopf singt Roger Waters: »Goodbye cruel world, I'm leaving you today. Goodbye, goodbye, goodbye. Goodbye, all you people. There's nothing you can say, to make me change my mind. Goodbye!« (Auf Wiedersehen, grausame Welt, ich verlasse dich heute. ... Auf Wiedersehen an euch alle. Es gibt nichts, was ihr sagen könnt, damit ich meine Meinung ändere. Auf Wiedersehen!)[35]

Wenig später dann der helfende Arm eines Kollegen, der Gang zu seinem Auto und die Fahrt in die Klinik. Alles rauscht an mir vorbei. Wozu noch hinschauen, wenn es eh keinen Sinn mehr gibt? Warum immer wieder reden und reden, wenn bereits alles beschlossen ist? Warum sich an der Schlange zum Leben anstellen, wenn das Leben längst ausverkauft ist? Es ist mir scheißegal, wohin diese Fahrt geht. »I'm on the road to nowhere!«

Plötzlich Neonlicht und der typische Geruch eines Krankenhauses. Man führt mich in ein karges Untersuchungszimmer. Gespräche werden geführt. »Reden die über mich?« Eine Ärztin kommt und bringt mich dazu, sie anzuschauen und ihr zuzuhören. Und wieder soll ich reden, soll berichten, was mit mir los ist.
Ob ich Appetit habe, ob ich nachts durchschlafen kann. Dann die unvermeidliche Frage, die ich schon einmal gehört habe: »Haben Sie daran gedacht, sich das Leben zu nehmen?« Was soll ich sagen? »Ja, verdammt noch mal, das habe ich: wieder und wieder. Aber selbst dazu bin ich zu schwach und zu feige.« Doch das sage ich nicht, stattdessen nicke ich nur.

Sie macht sich eifrig Notizen und redet mir gut zu. Ich unterschreibe irgendein Formular, dann verabschiedet sich mein Kollege von mir. Ein Pfleger kommt und führt mich den langen Weg durch die Flure. Vor einer verschlossenen Glastür bleiben wir kurz stehen. Er klingelt und mir wird plötzlich klar: »Jenseits dieser Schwelle liegt der Wahnsinn. Jetzt bin ich endlich da angekommen, wo ich hingehöre!«

Die Speisung der 5000

Während ich vor dem Stationszimmer warten muss, begreife ich, was die Ärztin gemeint hat, als sie sagte: »Herr Halfmann, wir haben jetzt noch nicht den geeigneten Platz für Sie. Aber das wird sich sicher bald ändern.« Station Nr. 6 scheint mir die Station für durchgeknallte Rentner zu sein, für verwirrte, demente, psychisch kranke alte Leute jenseits der 60. Über den Flur schlurft eine ältere Frau. Mit ihrem glasigen Blick und der fahlen Haut erinnert sie mich an die Untoten aus »Fluch der Karibik«. Alle paar Meter bleibt sie stehen und stößt einen entsetzlichen Schrei aus. Ein Pfleger kommt und ermahnt sie: »So geht das aber nicht, Frau X. Sie stören hier alle, das können sie doch nicht machen.« Einige Sekunden lang ist es ruhig. Sie schlurft ein paar Meter weiter, bleibt wieder stehen, dann der nächste Schrei.

Man zeigt mir mein Zimmer, dort lerne ich Hans und Richard kennen. Ich nicke ihnen kurz zu und lege mich dann auf mein Bett. Ich will nichts reden, nichts hören, einfach nur daliegen und die Augen schließen. Als ein Gong ertönt, schrecke ich auf. »Wir müssen zum Abendessen«, meint Hans. Im Speisesaal hat man mir schon einen Platz reserviert und ein Namensschild aufgestellt. Wir sitzen in kleinen Gruppen an verschiedenen Tischen. Mir schräg gegenüber sitzt eine Frau um die 30. (Es gibt also auch noch jüngere Patienten hier.) Sie schaut ständig zu mir rüber. Ich spüre, dass sie jemanden zum Reden sucht und kurz davor steht, mich anzusprechen: »Seit wann bist du hier? Wo kommst du her? Was ist mit dir passiert?« Die ganze Litanei. Was für eine Horrorvorstellung! Ich versuche, sie zu ignorieren, schaue angestrengt zur Seite.

Als alle fertig gegessen haben, kommt ein Pfleger mit einem großen Tablett. Was nun passiert, erinnert mich an die Speisung der 5000. Wie damals, zur Zeit Jesu, sitzen wir in Gruppen zusammen. Und wie damals die Jünger durch die Reihen gingen, um Brot und Fisch zu verteilen, so geht nun dieser Pfleger durch die Reihen und die Patienten halten ihre Hände auf. Andächtig nimmt jeder seine Medikation in Empfang wie die Hostie beim Abendmahl.

Schließlich kommt er auch zu mir und reicht mir eine blaue Tablette. Während ich sie betrachte, bleibt er neben mir stehen und wartet. »Was will der Typ noch von mir?«, frage ich mich. »Herr Halfmann, ich darf Sie bitten, diese Tablette jetzt zu schlucken!« Erschrocken spüle ich sie mit einem Glas Wasser herunter. Er nickt zufrieden und verlässt den Speisesaal. Ich gehe zurück in mein Zimmer, haue mich hin und bin schon nach wenigen Minuten eingeschlafen.

Im Laufe der vergangenen Jahre habe ich einige Medikamente eingenommen: Lamotrigin (davon habe ich einen Hautausschlag bekommen), Cipralex, Remergil, Tavor (nur für ein paar Tage, denn das Zeug macht abhängig), Venlafaxin und noch ein paar andere, an deren Namen ich mich nicht mehr erinnern kann. Vermutlich waren die meisten von ihnen wirklich hilfreich und gut. Wer weiß, was passiert wäre, wenn ich sie nicht genommen hätte! Doch eines konnten diese Tabletten nicht: die eigentliche Wunde in meiner Seele heilen. In mir war ein riesiger Schrei nach Liebe, Annahme und Geborgenheit – und was immer ich auch schluckte: Er verstummte nicht, sondern wurde immer verzweifelter.

Dies illustriert auch der folgende Ausschnitt aus meinem Audiotagebuch:

> Woran leide ich eigentlich wirklich? Und sind es Tabletten, die mir helfen können? Natürlich bin ich kein Arzt, aber ich mache mir so meine eigenen Gedanken. Ich leide seit meiner Kindheit an einer abgrundtiefen Angst vor der Einsamkeit. Ich möchte um alles in der Welt nicht verlassen werden. Und darum versuche ich, alles und jeden an mich zu binden, indem ich mich anpasse ... Vielleicht helfen mir ja die Medikamente. Aber was mir eigentlich fehlt, ist das Erleben von Liebe, Annahme und Geborgenheit. Was mir fehlt ist ein Urvertrauen: das Bewusstsein, gewollt zu sein, geliebt zu sein, gehalten zu werden. Hätte ich dieses Bewusstsein und könnte ich dadurch meine Angst ablegen, dann wäre ich geheilt!

Aus heutiger Sicht ist diese Einschätzung sicherlich zu einseitig. Aber damals habe ich das sehr stark so empfunden: Neben der Wirkung dieser Tabletten musste es noch etwas ganz anderes geben – oder ich war verloren!

Nothing left to burn

In seiner berühmten Bergpredigt erzählt Jesus das folgende Gleichnis:

Wer auf mich hört und danach handelt, ist klug und handelt wie ein Mann, der ein Haus auf massiven Fels baut. Auch wenn der Regen in Sturzbächen vom Himmel rauscht, das Wasser über die Ufer tritt und die Stürme an diesem Haus rütteln, wird es nicht einstürzen, weil es auf Fels gebaut ist. Doch wer auf mich hört und nicht danach handelt, ist ein Dummkopf; er ist wie ein Mann, der ein Haus auf Sand baut. Wenn der Regen und das Hochwasser kommen und die Stürme an diesem Haus rütteln, wird es mit Getöse einstürzen.

MATTHÄUS 7,24-27

Genau so ein Dummkopf war ich, denn auch ich hatte mein Lebenshaus auf Sand gebaut – und daher war es beim ersten größeren Sturm krachend zusammengebrochen. Wenn alle Lebensträume zerplatzen und nichts mehr bleibt, worauf man hoffen kann, ist das entsetzlich, absolut entsetzlich! Mit unserem Umzug nach Hattingen und meiner Umschulung hatte ich so viele Hoffnungen verbunden – aber alle diese Hoffnungen waren nun zerplatzt wie eine Seifenblase und mir blieb gar nichts mehr: kein Trost, keine Perspektive und auch keine Selbstachtung.

Als ich drei Jahre zuvor nach Bad Herrenalb gekommen war, hatte ich gedacht, dies sei mein Tiefpunkt. Aber das war eine krasse Fehleinschätzung gewesen. Denn damals in Bad Herrenalb gab es Menschen, die mir eine neue Perspektive vermittelten. Hier, in der Psychiatrie, gab es keine Perspektive mehr. Hier schlich ich nur noch zugedröhnt über die Flure und spulte das mir verordnete Programm ab. Meine Ärztin meinte, wenn es mir besonders schlecht ginge, dann könne ich mich jederzeit bei ihr melden, denn dann werde man meine Medikation umstellen. Aber das wollte ich nicht. Ich wusste nur zu gut, dass eine Erhöhung meiner Mirtazapin-Dosis nicht die Lösung für mich sein würde. Schon in den ersten Tagen nahm ich einige dieser Medikamente gar nicht mehr, sondern spuckte sie heimlich wieder aus.

Ich sammelte diese Tabletten für den Zeitpunkt, wenn ich zu dem Schluss kommen würde, dass ich für die Menschen um mich herum nur eine Belastung darstelle und es besser wäre, zu gehen. Ich hatte meine Chance gehabt und hatte sie völlig verkackt – was also sollte jetzt noch aus mir werden? Ein Loser wie ich würde niemals einen Job finden, also konnte ich meine Familie nicht ernähren. Die zerstörerischen Mächte der Sucht würden niemals aufhören, mich weiter runterzuziehen, also konnte ich nicht erwarten, jemals wirklich frei zu werden. Und auch die Würmer in meinem Kopf würden wohl nie damit aufhören, sich weiter durch mein Gehirn zu fressen. Das Einzige, was mir blieb, war, mich wegzudröhnen, und zwar mit der Musik, die meinen erbärmlichen Zustand am besten beschrieb:

In his head a thunderous cry of desperation.
Tearing voices from his past scream for his attention.
Behind those eyes a world explodes,
no one there to save him. ...
Falling beyond the point of no return,
nothing to become and nothing left to burn.

In seinem Kopf ein donnernder Schrei der Verzweiflung.
Reißende Stimmen aus der Vergangenheit schreien nach seiner Aufmerksamkeit.
Hinter diesen Augen explodiert eine Welt,
es ist niemand da, der ihn retten kann. ...
Über den Punkt ohne Wiederkehr gefallen,
nichts mehr zu gewinnen und nichts mehr zu verlieren.[36]

Ein Schrei nach Hilfe

Was dann geschah, habe ich wohl den Gebeten meiner Frau und einiger Freunde zu verdanken. Jedenfalls hörte ich schon bald damit auf, Tabletten zu sammeln. Stattdessen tat ich etwas anderes.

Die Station Nr. 6 war eine halb geschlossene oder halb offene Station – je nach Betrachtungsweise. Das bedeutete für mich, dass ich die Station verlassen durfte. Ich musste mich dazu nur bei einer Schwester abmelden und ihr sagen, wo ich hinwollte.

An einem Samstag traf ich mich draußen vor der Klinik mit Claudia und den Kindern. Während wir gemeinsam spazieren gingen und uns unterhielten, wurde mir klar: »Ich mag zwar eine Nullnummer sein, aber meine Familie steht zu mir. Sie liebt mich und rechnet mit mir. Meine Kinder freuen sich bereits auf den Tag, an dem ich wieder nach Hause komme. Also muss es diesen Tag auch geben!«

Später sind aus dieser Erfahrung die folgenden Zeilen entstanden:

Wenn dein Leben
am seidenen Faden hängt
und du die Schere
schon angesetzt hast.

Was wird dich davon abhalten,
ihn zu durchtrennen?

Mehr noch als das,
was du zu nehmen verpasst,
wird es das sein,
was du zu geben hast.

Darum schreib ihn dir ins Herz,
wieder und wieder,
den Kreis der Menschen,
die dich brauchen.

Dich. So, wie du bist:
verletzt und unvollkommen,
aber mitten im Leben!

Inzwischen musste ich durch den Tod eines lieben Menschen schmerzhaft erfahren, dass in der tiefsten Depression auch der Appell an die Verantwortung für die Familie nicht mehr hilft. Doch so depressiv war ich damals nicht. Für mich waren meine Frau und die Kinder der entscheidende Grund dafür, dass ich weiterleben wollte. Nach ihrem Besuch ging ich darum nicht gleich zurück auf Station, sondern stattdessen in die Klinikkapelle im Erdgeschoss. Dort kniete ich mich vor dem Kreuz hin und schrie um Hilfe – nicht so laut wie der blinde Bartimäus, aber doch mit demselben Mut der Verzweiflung.

Ich weiß heute nicht mehr, welche Worte ich genau gewählt habe, aber ich weiß noch, in welcher Haltung ich es getan habe: Ich war absolut am Ende und Jesus war meine einzige Hoffnung. Wenn irgendjemand in der Lage war, mich aus dem Schlamm zu ziehen, dann er. Also warf ich meine Fragen und Zweifel über Bord und schrie mit aller mir noch verbliebenen Kraft um Hilfe.

Als ich gerade aufstehen wollte, hörte ich hinter mir Schritte. Es war Claudia: »Nicht erschrecken, Volker, ich bin's noch mal.« Sie drückte mir zwei Packungen Kaubonbons in die Hand und meinte: »Immer wenn du eins isst, dann weißt du, dass ich dich liebe und an dich denke.« Wir umarmten uns noch einmal und ich weinte erneut – dieses Mal aber vor Freude und Dankbarkeit, denn mir war klar: Die Worte meiner Frau, ihre Umarmung und auch die mitgebrachten Süßigkeiten, das alles war eine unmittelbare Antwort auf meinen Schrei nach Hilfe. Es war nicht allein Claudia, die mir hier gegenüberstand, sondern ebenso Jesus, der mir durch sie sagen ließ: »Volker, ich hab dich gehört und ich lasse dich nicht los!«

An diesem Abend ging ich zum ersten Mal seit langer Zeit mit einem Gefühl von Geborgenheit ins Bett. Da gab es eine Frau, die zu mir stand – in einem Maß, wie ich das nie für möglich gehalten hätte, nicht nach all den Verletzungen, die ich ihr zugefügt hatte. Und dann gab es da auch noch Jesus, der versprach, mir eine Zukunft zu geben. Zwar konnte ich mir nicht vorstellen, wie er das machen wollte, aber in mir wuchs die leise Hoffnung, dass er das Zeug dazu hatte. Vielleicht stimmte ja dieser verrückte Spruch, den ich mal irgendwo gelesen hatte: »Am Ende wird alles gut. Und wenn es noch nicht gut ist, ist es noch nicht das Ende.«[37]

Auf dem Weg der Besserung

Ich hatte meine Talsohle durchschritten und nach einigen Tagen ging es mir schon deutlich besser. Sogar meinen Humor hatte ich wiedergefunden, denn in meinem Audiotagebuch findet sich der folgende Eintrag:

> *Ich sitze beim Abendessen und höre plötzlich Stimmen: aus meinem Bauch heraus. »Okay, Volker«, denke ich mir, »jetzt ist also aus dem Neurotiker ein Psychotiker geworden.« Der Schreck fährt mir durch alle Glieder. Ich esse weiter. Da wieder: Deutlich, ganz deutlich höre ich Stimmen. Ich bin komplett verrückt geworden. Doch dann kommt mir die Erleuchtung: mein Diktiergerät! Ich habe es noch in meiner Hosentasche und dort hat es sich irgendwie angestellt. Manchmal gibt es erstaunlich einfache Lösungen für scheinbar schwierige Probleme.*

Bereits ein paar Tage nach diesem Eintrag fuhr ich das erste Mal probeweise nach Hause. Dort sollte sich zeigen, ob ich den Belastungen in meinem häuslichen Umfeld gewachsen wäre. Das war ich, ich kam gut zurecht. Also schmiedete ich mit meinen Ärzten schon bald einen Plan für meine Entlassung und hoffte, dass es mir nicht so gehen würde wie einer Mitpatientin.

Leni* war eine kleine, knuddelige, äußerst extrovertierte Mittsechzigerin, die in ihrem schwarzen Jogginganzug ständig auf dem Flur rauf und runter lief. An ihr konnte man einfach nicht vorbeikommen, ohne von ihr angesprochen zu werden – in einer hinreißenden Mischung aus Ruhrpott-Slang und rheinischem Dialekt: »Und, junger Mann: Wat machst du denn hier? Jäd et dir net juut, oder warum biste hier?« »Ach«, antworte ich, »ich dachte mir, ich mach ein paar Tage Urlaub. Darum bin ich hier.« Darauf Leni: »Ja, ich mach hier auch Urlaub, schon seit zwei Wochen. Aber nächste Woche, da geh ich nach Hause, dann isset vorbei!« Bei unserer nächsten Begegnung erzählt mir Leni: »Ich wollt mich aus dem Fenster stürzen, aber dat hat nisch jeklappt. So ein Mist! Wär ich doch jefallen, dann wär ich jetzt tot. Aber so? Wat macht dat denn für einen Sinn? Wat macht dat denn alles für einen Sinn?« Gern hätte ich ihr darauf eine Antwort gegeben, aber ich hatte keine.

An einem Freitag wurde Leni entlassen, doch schon nach wenigen Tagen begegnete ich ihr wieder auf dem Flur: »Nee, nee, nee, dat hat enfach nich jeklappt. War dann doch wohl zu früh. Zu Hause habe ich so laut rumjeschrien, dat sisch die Nachbarn beschwert han. Und da hat mein Mann die Polizei jeholt. Nu bin ich wieder hier. War wohl noch zu früh.«

Die Ärzte gaben mir zu bedenken, dass es auch für mich noch zu früh sein könnte, um die Klinik zu verlassen. Sie rieten mir dringend, mich erst einmal in der angrenzenden Psychotherapiestation aufnehmen zu lassen. Und so hatte ich am Tag meiner Entlassung noch ein Vorgespräch, in dem eine solche Wiederaufnahme besprochen und geplant wurde. Doch dazu kam es nicht, denn ich erfuhr überraschend Hilfe von ganz anderer Stelle.

---

* Name geändert

Kapitel 12:

Kintsugi – Sein Gold in meinen Rissen

Die Schönheit im Vergänglichen

Kintsugi ist eine traditionelle japanische Reparaturmethode für zerbrochene Keramik. Der Legende nach geht diese Kunst zurück auf Ashikaga Yoshimasa, einen militärischen Anführer des 15. Jahrhunderts. Als ihm eine überaus wertvolle chinesische Teeschale zerbrach, gab er japanischen Kunsthandwerkern den Auftrag, eine Methode zu entwickeln, mit der sie in neuem Glanz erstrahlen würde. Das war die Geburtsstunde von Kintsugi.[38]

Das Einzigartige an dieser Reparaturmethode ist, dass die Zerbrochenheit der Keramik nicht verdeckt werden soll, sondern geradezu hervorgehoben wird. Dies geschieht, indem die einzelnen Bruchstücke mit Urushi-Lack geklebt werden, einem japanischen Speziallack, der anschließend mit Gold oder Silber verziert und lackiert wird. Sollten einzelne Scherben fehlen, so werden diese durch mehrere Schichten von Urushi-Kittmasse ergänzt.

Das Ergebnis ist erstaunlich. Denn dort, wo vorher die Bruchstellen waren, ziehen sich nun Gold- oder Silberadern durch das Gefäß und verleihen diesem eine einzigartige Ausstrahlung.

Was mich an Kintsugi sofort fasziniert hat, ist das Schönheitsideal, das hinter dieser Kunst steht. In Japan wird diese Ästhetik »Wabi-Sabi« genannt. Sie ist geprägt von der Überzeugung, dass man gerade auch im Fehlerhaften und Vergänglichen eine einzigartige Schönheit erkennen kann. Denn nicht die Makellosigkeit eines Objektes ist entscheidend, sondern vielmehr der besondere Glanz, der von ihm ausgeht. Bei Kintsugi entsteht dieser Glanz gerade durch die Zerbrochenheit.

Der Apostel und sein Meister

Das erinnert mich an den Apostel Paulus. Äußerlich war er wohl keine imposante Erscheinung. Er war vermutlich klein und unansehnlich und litt zudem unter einer seltsamen Krankheit, die ihn von Zeit zu Zeit für alle sichtbar befiel. Dieser Mann war alles andere als ein makelloser Superheld. Auf seinen Missionsreisen wurde er verlästert, verhöhnt, verklagt, verhaftet und gefoltert. Er überlebte mehrere Mordanschläge und starb am Ende vermutlich doch als Märtyrer.

Paulus war ein Mann mit zahlreichen Rissen und Brüchen. Dennoch ging von ihm ein einzigartiger Glanz aus. Er selbst beschreibt dies folgendermaßen:

> *Denn Gott, der sprach: »Es werde Licht in der Finsternis«, hat uns in unseren Herzen erkennen lassen, dass dieses Licht der Glanz der Herrlichkeit Gottes ist, die uns im Angesicht von Jesus Christus sichtbar wird. Doch diesen Schatz tragen wir in zerbrechlichen Gefäßen, nämlich in unseren schwachen Körpern. So kann jeder sehen, dass unsere Kraft ganz von Gott kommt und nicht unsere eigene ist.*
>
> 2. Korinther 4,6-7

Paulus weiß um die Zerbrechlichkeit seines schwachen und krankheitsanfälligen Körpers, doch er schämt sich ihrer nicht. Gerade aufgrund dieser Schwachheit kann jeder sehen, dass der Glanz, den er ausstrahlt, nicht von ihm kommt, sondern von Gott, der den strahlenden Schatz seiner Herrlichkeit in sein Herz gelegt hat.

Um im oben beschriebenen Bild zu bleiben: Paulus hat seinen Kintsugi-Meister in Jesus gefunden. Er ist es, der das Herz des Apostels erfüllt und strahlen lässt. Es ist Jesus, der seine zahlreichen Bruchstellen mit dem Speziallack des Heiligen Geistes ausfüllt. Das Ergebnis ist eine einzigartige, göttliche Ausstrahlung, die gerade durch die Zerbrochenheit zur Geltung kommt.

Auch hinter diesem »zerbrochenen Gefäß« steht eine besondere Ästhetik, oder besser gesagt: ein göttliches Prinzip. Nachdem der Apostel Gott mehrfach vergeblich angefleht hatte, ihn von seiner seltsamen Krankheit zu heilen, bekam er eine Antwort, die dieses Prinzip umschreibt. Sie lautet: »Meine Gnade ist alles, was du brauchst. Meine Kraft zeigt sich in deiner Schwäche« (2. Korinther 12,9).

Wenn wir in unseren Kirchengemeinden und christlichen Gemeinschaften dieses göttliche Prinzip begreifen, dann können wir endlich damit aufhören, unsere Schwächen zu überspielen und die Risse zu vertuschen. Wenn wir den Mut gewinnen, unsere Zerbrechlichkeit zu akzeptieren und uns mit unserer Unvollkommenheit und unseren Niederlagen Jesus Christus anzuvertrauen, dann kann sein Heiliger Geist auch unsere Herzen strahlen lassen und die Bruchstellen vergolden.

Wenn du nur willst?

Zweifelsohne gibt es Menschen, die durch ihre Willenskraft und durch eiserne Disziplin sehr viel erreicht haben. Manche von ihnen reisen dann als Motivationstrainer durch die Lande, stellen sich vor die Leute und sagen: »Schaut mich an. Das könnt ihr auch – wenn ihr nur wollt!« Mich regt so etwas immer furchtbar auf, denn es stimmt einfach nicht. Ich stelle mich ja auch nicht vor mein Aquarium, schaue den Fischen in die Augen und sage zu ihnen: »Okay, Jungs. Schaut mich mal an. Ich stehe hier draußen an der frischen Luft – das könnt ihr auch, wenn ihr nur wollt!«

Die meisten Leute können den Hintern hochkriegen, um etwas aus ihrem Leben zu machen – das ist wohl wahr. Aber nicht jeder Mensch ist mit solch einer starken Willenskraft und Disziplin ausgestattet. Außerdem gibt es Einflüsse von außen, die über die eigenen Kräfte gehen und die sich nicht bezwingen lassen. Für Menschen, die in einer tiefen Depression stecken, ist dieses »Wenn du nur willst!« der blanke Hohn.

Das Gleiche gilt für Suchtkranke. Der eigene Wille ist zwar von fundamentaler Bedeutung, aber er reicht nicht aus. Wenn Suchtkranke nicht wirklich von ganzem Herzen raus wollen aus ihrer Abhängigkeit, dann kann man ihnen nicht helfen, denn ohne ihren Willen geht es nicht. Und dieser Wille ist nicht selbstverständlich, denn viele wollen zwar ein tröstendes Pflaster, aber keine umfassende Heilung. Wenn dieser Wille aber vorhanden ist, wenn sie also wirklich frei werden *wollen*, dann machen sie die schmerzhafte Erfahrung, dass ihre eigene Willenskraft nicht ausreicht, um von der Sogwirkung des Suchtmittels befreit zu werden. Sie erleben sich als machtlos, denn die Sucht ist stärker. Bei den Anonymen Alkoholikern gibt es einen Spruch, der dies sehr gut zum Ausdruck bringt: »Nur du allein kannst es schaffen, aber du schaffst es nicht allein!«

Auch ich habe das so erlebt. Obwohl mein Leben immer mehr den Bach runterging, war ich in meinem freiwillig gottlosen Jahr der Meinung, dass ich es schon wieder hinbekommen würde. Ich *wollte* mein Leben selbst in den Griff kriegen, schließlich hatte ich es ja auch selbst vor die Wand gefahren. Doch alle meine Anstrengungen waren am Ende vergeblich.

Schon König Salomo scheint diese Erfahrung gemacht zu haben, denn in Psalm 127,1 betet er: »Wenn der Herr nicht das Haus baut, ist die Arbeit der Bauleute vergeblich. Wenn der Herr die Stadt nicht beschützt, ist es vergeblich, sie mit Wachen zu umgeben.« Dieses »vergeblich« tut richtig weh, aber es kann auch heilsam sein. Wenn es gut läuft, dann führt es zu der Erkenntnis, dass es da einen Gott gibt, der helfen kann und will. Und was Gott will, das geschieht!

Sein Gold in meinen Rissen

Seit meinem Hilfeschrei im Frühjahr 2010 ist Jesus mein Kintsugi-Meister. Er hat damit begonnen, die Scherben meines Lebens zu ordnen und meine Risse mit einem Glanz zu füllen, den ich vorher nicht gekannt habe. Es fällt mir schwer, diesen göttlichen Glanz mit Worten zu beschreiben, denn Worte und Definitionen erscheinen mir zu plump dafür. Viel besser wäre da Musik geeignet, aber die steht mir hier nun mal nicht zur Verfügung. Darum versuche ich es mit einem Poetry-Slam, also mit Worten, die mit der richtigen Betonung einen ganz eigenen Klang entwickeln. Am besten gelingt dies, wenn der Autor das Gedicht vorträgt. Da dies nicht möglich ist, bitte ich Sie, den Text laut zu lesen. Das mag zunächst ungewöhnlich sein, aber es wird Ihnen helfen, die Musik in der Sprache zu erfassen:

Dir, Herr, sag ich nicht Neues, wenn ich bekenne:
Ich hab einen ziemlichen Sprung in der Tasse.
Bei dem Gerenne um die Likes der Masse
komm ich nicht mit.
Ich bin zu speziell, zu sonderbar, zu undurchsichtig
und ganz generell kein Freund von Gesellschaft.
Unter vielen Menschen zu sein, ist mir nicht wichtig.
Bin ich es doch, dann wirke ich unsicher, fragend,
und dann hör ich sie schon, meine Kritiker, sagend:
»Das ist doch sein Job, warum ist der nicht locker?
Von vorn reißt er die Leute vom Hocker.
Aber hier, unter uns, ist er so seltsam verdreht.
Zehn Euro für den, der den Typ versteht!«

Ich weiß es, Herr. Ich bin kein Typ, den man mag;
nicht der, den man einlädt, es sei denn aus Pflicht.
Nun, aus meiner Sicht verzicht ich ja nicht.
Und doch hab ich mich manchmal gefragt,
ob es nicht besser wäre, wenn ich es sag.
Wenn ich versuche, es ihnen zu zeigen:
das, was man von außen nicht sieht.
Einer fängt an und bricht sein Schweigen,
und dann ziehen endlich die anderen mit.

Denn ich bin ja längst nicht der Einzige
mit einem Sprung in der Tasse.
Da ist eine ganze Masse aus jeglicher Klasse
von Leuten, die nicht so ticken, wie sie sollten,
von Leuten, die eigentlich anders wollten.
Aber dann kam das Schicksal und machte vieles kaputt,
zu Schutt wurde der Traum von der großen Karriere.
Zuerst gingen die Freunde, dann die Familie, dann die eigene Ehre.

Du fragst dich, wovon ich hier eigentlich rede?

Ich rede für jene, deren Seele verletzt ist.
Und zwar so tief, dass sie sich ständig schützen
vor unseren Ratschlägen, von denen wir meinen, sie nützen:
»Du musst doch nur!«, und »Du solltest mal!«
Für sie ist das eine einzige Qual,
denn es gibt ihn nicht, den einfachen Weg,
dafür sind ihre Wunden zu schwer.
Doch probiere doch mal,
sie auszuhalten, ihre Leiden und Fragen.
Setz dich hin und schenk einfach Gehör.
Ich weiß, es ist schwer, mit ihnen Zeit zu verbringen,
und es wird nicht jedem gelingen, sie ihn Liebe zu tragen.

Ich rede für jene, deren Psyche erkrankt ist,
die treiben in einem Meer aus trüben Gedanken,
die sich ranken und zanken und alles bezwingen.
Und da kannst du noch so sehr kämpfen und ringen
du schaffst es nicht aus eigener Kraft.
Am Ende nehmen sie dir jeglichen Saft
zum Leben, zum Hoffen, zum Lieben zum Schaffen,
es gibt kein Aufraffen, keine plötzliche Wende.
Es herrscht die Verzweiflung und der eine Gedanke:
»Ich setz meinem Leben ein gewaltsames Ende.«

Ich red' auch für jene, deren Träume geplatzt sind,
und ja, sie tragen auch eigene Schuld.
Selbst die treueste Ehefrau verliert die Geduld,
wenn sie jahrelang wartet und hofft und wirbt
und doch stirbt die Nähe und enge Vertrautheit,
an der Sturheit des Mannes, der nicht hinsehen kann.
So fängt sie schließlich ganz neu von vorne an.
Und alle, die davon betroffen sind, leiden:
»Die Mama zieht jetzt bei ihrem Neuen ein!«
Ein vorschnelles Urteil? Ich würde es meiden:
»Wer ohne Sünde ist, werfe den ersten Stein.«

Ich rede für die Sonderlinge, die nicht in unser Schema passen.
Deren Outfit so grell ist; und sie können's nicht lassen,
sich ständig selbst darzustellen. Oh, wie wir sie hassen,
diese Schmarotzer, Randalierer und Selbstinszenierer.
»Der Kerl ist ne Fälschung, das sieht jedes Kind!«
Nur haben wir jemals gefragt, warum sie so sind?
Was treibt sie dazu, zu provozieren?
Könnt es nicht sein, dass sie innerlich gieren
nach Liebe und Geborgenheit?

Und wenn das so ist, wer nimmt sich die Zeit?
Wer hält sie aus, um sie nicht zu verlieren?

Nun, alle diese Typen kenne ich gut.
Denn etwas von jedem steckt auch in mir:
Ich weiß um die Gier, um fehlenden Mut,
um Depression und Angst und was man so tut,
um die Würde zu wahren und die Risse zu kitten.
Ich kenn' den Zerbruch, die zerplatzten Träume,
und auch räume ich ein: Ich selbst war schuld.
Und gäbe es nicht die Geduld
von Menschen, die mich lieben,
wäre ich bis heute stecken geblieben
im Selbstmitleid und im Lecken der Wunden;
im Drehen von endlosen Runden um mich selbst,
um meine Fragen und meinen Mist.
Es stimmt ja: »Wer sich selbst nicht liebt, wird Egoist.«

Doch dann, Herr, kamst du, mit deinen Strahlen.
Wie soll ich sie malen,
wie kann ich beschreiben, was du mir gibst?
Wie du liebst und liebst und mich veränderst,
mich füllst mit Freude, Hoffnung und Kraft,
mit Mut zur Wahrheit, die die Freiheit schafft,
neue Wege zu gehen und endlich zu sehen:
Es geht nicht um mich! Es geht um deine Ehre!
Und je mehr ich begehre, dir ähnlich zu sein,
kommst du in mein Leben, ziehst ein
in meine kranken Gedanken, vertreibst alle Lügen.
Ich muss mich nicht länger selbst betrügen.

Okay, ich bin der Typ mit den Macken und Rissen.
Doch warum mich dissen,
warum mich verstecken und so tun, als ob?

Muss ich perfekt sein für meinen Job? Ich denke, nicht.
Gerade den zerbrechlichen Gefäßen
offenbarst du deine Herrlichkeit.
Und wir säßen nicht hier und wir kämen nicht weit,
wolltest du warten, bis wir uns würdig zeigen.
Wir sind es nicht, wir können nur schweigen,
und staunen und dankbar erleben,
dass du, Herr, dich selbst für uns hast gegeben.

So bete ich dich an, Herr, mit Sprung in der Tasse.
Mir fehlen die Worte, weil ich sie nicht fasse:
Deine Liebe, die einfach zu groß für mich ist.
Ich bräuchte drei Leben, um dich zu begreifen,
und würdest du mir ein viertes geben, ich würde nur streifen,
was du, Herr, zu geben vermagst.

Und du? Was tust du, wenn du an dir verzagst?

Es gibt so viel Zerbruch, so viele schmerzhafte Risse,
und wisse: Das ist keine Frage von Bildung und Moral.
Ich sage: Das kann jedem passieren zu jeder Zeit.
Oft genug bist du nur einen Schritt weit
vom Abgrund entfernt und merkst es selbst nicht.
Vielleicht sitzt du auch hier, aufrecht und gerade
und keiner ahnt: Es ist nur Fassade.
Dein Lächeln, es ist aufgesetzt.
In dir tobt ein Kampf, du bist getrieben, gehetzt.

Ich wünschte, ich könnte dich heute gewinnen
für den, der dein Innerstes leuchten lässt.
In dem Licht seiner Liebe kannst du neu beginnen
indem du die Show der Gesunden verlässt.
Dann bist auch du der Typ mit dem Sprung in der Tasse,

und die große Masse wird das nicht verstehn.
Doch wer die Bereitschaft mitbringt, genau hinzusehn,
der sieht in dem Zerbruch und zwischen den Rissen
dein goldenes Strahlen und deine innere Kraft.

Es ist sein Heiliger Geist, der Leben schafft,
und der dich befreit, Stunde um Stunde,
und Wunde um Wunde versorgt er und heilt.
Kein Therapeut kann das tun, kein Arzt, kein Programm.
Darum bitte, fang an, mit ihm zu reden:
Gib ihm dein Lachen, dein Weinen, dein Schreien,
gib ihm dein Leben – und lass dich befreien!

Gerade den zerbrechlichen Gefäßen
offenbart der Herr seine Herrlichkeit.
Und wir säßen nicht hier und wir kämen nicht weit,
wollten wir warten, bis wir uns würdig zeigen.
Wir sind es nicht, wir können nur schweigen,
und staunen und dankbar erleben,
dass du, Herr, dich selbst für uns hast gegeben.

Teil 4

Der Meister

Kapitel 13:

Aus den Fluten gezogen – Hilfe von oben

Ein brüchiges Verhältnis

Ich bewundere es, wenn Leute davon berichten, dass sie seit ihrer Kindheit begeisterte Bibelleser sind. Bei mir ist das anders. Mein Verhältnis zur Bibel ist ambivalent und brüchig. Im Laufe der vergangenen Jahre habe ich sie mehrmals durchgelesen. Durch mein Studium habe ich gelernt, tiefer zu graben und Zusammenhänge zu begreifen. Außerdem habe ich zahlreiche Bibelstellen auswendig gelernt, die ich noch heute aufsagen kann. Doch eine wirkliche Faszination für die Bibel wollte sich bei mir nicht einstellen. Manchmal habe ich es mit Bibelleseplänen versucht, die ich dann aber nach wenigen Wochen wieder aufgab, weil ich hoffnungslos hinterherhechelte. Inzwischen verwende ich den Leseplan einer Bibel-App, um meinem Bibelstudium eine Struktur zu geben. Das Coole an diesem Plan ist, dass ich ihn jederzeit anpassen und zurücksetzen kann, wenn ich mal wieder ein paar Tage versäumt habe.

Dass ich mich immer wieder disziplinieren muss, um regelmäßig in der Bibel zu lesen, hat verschiedene Gründe: Zum einen ziehen die meisten Bibeltexte einfach nicht so rein wie ein Gitarrensolo von David Gilmour – zumindest dann nicht, wenn man sie rein literarisch betrachtet. Zum anderen werde ich beim Studieren der Bibel auch immer wieder mal Opfer meiner Zwänge. Ich habe da ein ganz einfaches System: Verse, in denen mir gesagt wird, was ich tun soll, unterstreiche ich grün. Verbote oder dringende Warnungen unterstreiche ich rot. Und alle anderen Aussagen, denen ich eine besondere Bedeutung beimesse, werden blau markiert. Das ergibt grundsätzlich Sinn, wird aber zum Problem, wenn ich mich beim Lesen mehr auf das Unterstreichen konzentriere als auf die Inhalte.

Wenn ich mich auf die Inhalte konzentriere, dann sind es manchmal gerade sie, die mich verstören oder abschrecken, vor allem die vielen Gemetzel im Alten Testament, aber auch Stellen im Neuen Testament wie der schreckliche Tod von Hananias und Saphira in der Apostelgeschichte. Solche Storys sind natürlich Wasser auf den Mühlen meiner angstbesetzten Seele, und ich frage mich, woran es wohl liegt, dass ich bis heute nicht tot umgefallen bin (an meiner Ehrlichkeit und Aufrichtigkeit bestimmt nicht).

Während eines Gästegottesdienstes in Oberursel wurde ich einmal gefragt, was denn mein Lieblingsvers in der Bibel sei. Das Peinliche war: Ich hatte keinen! Wenn ich mich recht erinnere, dann habe ich mich nach langem Zögern für Johannes 3,16 entschieden, denn das ist ein Vers, der oft und gern zitiert wird: »Gott hat die Welt so sehr geliebt, dass er seinen einzigen Sohn hingab, damit jeder, der an ihn glaubt, nicht verloren geht, sondern das ewige Leben hat.«

Ein Typ wie ich fängt aber angesichts dieser Aussage gleich wieder an, zu grübeln: »Glaubt heute noch irgendjemand ernsthaft daran, dass Menschen verloren gehen können? Ich habe da so meine Zweifel, denn wenn wir es wirklich glauben würden, dann dürfte uns diese Überzeugung keine Ruhe mehr lassen, dann würden wir alles nur Erdenkliche tun, damit diese Menschen gerettet werden. Gegen die Lehre der Allversöhnung wird in unseren Kreisen oft leidenschaftlich argumentiert – und das wohl zu recht, denn aus der Bibel lässt sich das nur schwer begründen. Vom Kopf her ist das so weit klar. Aber was ist mit unseren Herzen? Könnte es sein, dass wir in unseren Herzen schon längst selbst Allversöhner geworden sind?«

Sie sehen: Auch so ein beliebter Vers kann einige Fragen und Probleme mit sich bringen, zumindest dann, wenn man so veranlagt ist wie ich.

Psalm 18

Inzwischen habe ich jedoch tatsächlich einen Lieblingsvers in der Bibel. Genauer gesagt ist es nicht ein Vers, sondern ein ganzer Psalm: der Psalm 18. In Vers 1 wird erläutert, dass es König David war, der diesen Psalm gebetet hat – und zwar »an dem Tag, an dem der Herr ihn vor seinen Feinden und vor Saul rettete«. In diesem Psalm finde ich mich zu 90 Prozent wieder. David beschreibt exakt das, was ich auch erlebt habe. Einzig seine Kriegserfahrungen in den Versen 37 bis 46 sind mir fremd – alles andere spricht mir aus der Seele –, und zwar so sehr, dass ich darüber in der Freien evangelischen Gemeinde Dortmund eine einstündige Predigt[39] gehalten habe.

David bekennt:

Die Ketten des Todes umschlangen mich,
die Fluten der Zerstörung gingen über mich hinweg.
Das Totenreich öffnete sich schon vor mir,
der Tod selbst starrte mir ins Gesicht.
Doch in meiner Not betete ich zum Herrn
und schrie zu meinem Gott um Hilfe.

Psalm 18,5-7

Genau so habe ich es auch gemacht: In meiner Not habe ich Jesus angefleht, mir zu helfen und mich aus dem Schlamm zu ziehen. David beschreibt weiter: »Da erhörte er mich in seinem Heiligtum, mein Schreien drang durch bis an sein Ohr« (Vers 7). Auch meine verzweifelten Hilfeschreie wurden erhört, denn Gott hat eingegriffen:

Er streckte seine Hand aus vom Himmel und rettete mich;
er zog mich aus tiefem Wasser herauf.
Er befreite mich von meinen mächtigen Feinden,
von denen, die mich hassten und zu stark für mich waren.
Sie fielen über mich her, als ich am schwächsten war,
doch der Herr gab mir Halt.
Er brachte mich an einen sicheren Ort
und rettete mich, weil er Freude an mir hatte.

Psalm 18,17-20

In den Wochen und Monaten nach der Psychiatrie erlebte ich Dinge, die ich niemals für möglich gehalten hätte. Zentimeter um Zentimeter zog Jesus mich aus den Fluten der Sucht, der Zwänge und der Depression, sodass ich heute mit Psalm 18 beten kann:

Ich liebe dich, Herr, durch dich bin ich stark!
Der Herr ist mein Fels, meine Burg und mein Retter;
mein Gott ist meine Zuflucht, bei dem ich Schutz suche.
Er ist mein Schild, die Stärke meines Heils und meine Festung!

Psalm 18,2-3

Leider gibt es immer wieder Zeiten, in denen meine Lebensweise eine ganz andere Sprache spricht, und trotzdem ist es wahr: Ich liebe diesen Herrn, ich liebe ihn von ganzem Herzen!

Wenn ich im Folgenden beschreibe, was Jesus in meinem Leben getan und bewirkt hat, so kann ich das nicht chronologisch tun, denn vieles hat sich parallel ereignet oder ging ineinander über. Zum einen habe ich äußerliche Hilfe erfahren: durch eine neue Arbeitsstelle, durch einen Sponsor der Anonymen Alkoholiker, durch eine fähige Therapeutin und durch vieles mehr. Zum anderen hat Jesus mich durch seinen Heiligen Geist in der Tiefe meines Herzens berührt und mir seine Liebe und Wahrheit offenbart. Wie damals König David kann auch ich heute bekennen: »Herr, du hast Licht in mein Leben gebracht, du, mein Gott, hast meine Finsternis erhellt« (Vers 29).

Noch zu gebrauchen

Das erste Wunder, das ich erlebte, war eine geeignete Arbeitsstelle. Von außen betrachtet mag das nicht sonderlich spektakulär klingen, für mich aber war es wirklich ein krasses Wunder.

Als ich aus der Psychiatrie kam, wurde ich für die letzten Wochen meiner Ausbildung gänzlich von der Anzeigenakquise befreit. Die dadurch gewonnene Zeit nutzte ich, um im Internet nach Stellenanzeigen im Bereich Medienkaufmann/-frau zu suchen. Das Ergebnis war ernüchternd und frustrierend: Wenn überhaupt eine Stelle in der Region angeboten wurde, dann handelte es sich dabei um eine Tätigkeit in der Anzeigenakquise. Meine Hoffnungen, jemals im neu erlernten Beruf arbeiten zu können, tendierten gegen null.

Zudem war ich wirklich davon überzeugt, dass wohl kaum jemand einen Typen wie mich anstellen würde. Zwar hätte mein zukünftiger Arbeitgeber als Eingliederungshilfe mit einer finanziellen Unterstützung durch die Arbeitsagentur rechnen können, das bedeutete aber zugleich, dass er vom Grund meiner Umschulung erfahren würde – und spätestens dann wäre ich erledigt. Ich hatte mich schon fast damit abgefunden, zu tun, was mir mein Chef geraten hatte: »Volker, am besten bleibst du zu Hause und kümmerst dich um deine Krankheit!«

Doch eines Tages traute ich beim Durchscannen einer christlichen Jobbörse meinen Augen nicht: Da wurde eine Stelle ausgeschrieben, in der es ausnahmsweise einmal nicht um den Verkauf von Anzeigen ging, sondern um eine Tätigkeit im Bereich »Rechte & Lizenzen«. Und der absolute Hammer war: Der Buchverlag, der diese befristete Stelle anbot, gehörte wie mein jetziger Verlag zur Stiftung Christlicher Medien und hatte seine Büros nur zwei Stockwerke unter mir. Ich konnte es kaum fassen: Dieser Job war wie für mich geschaffen, das musste es einfach sein! Sofort brachte ich eine Bewerbung auf den Weg und schickte zugleich eine E-Mail an meinen bisherigen Chef mit der herzlichen Bitte, sich für mich einzusetzen.

Bald darauf erhielt ich eine Einladung zu einem Vorstellungsgespräch. Das allein war schon ein Wunder für mich. Noch vor wenigen Wochen hatte ich in der Arbeitstherapie gesessen und mich künstlerisch betätigt. Ich habe absolut nichts gegen das Konzept der Arbeitstherapie, doch mir war völlig klar, dass das Malen eines Bildes oder das Flechten eines Korbes nicht unbedingt Qualifikationen sind, die auf dem ersten Arbeitsmarkt geschätzt und verlangt werden. Will sagen: Ich war absolut fertig und hätte niemals damit gerechnet, dass mir irgendein Arbeitgeber je eine Chance geben würde. Doch auf einmal hatte ich sie: meine Chance!

Das Vorstellungsgespräch verlief recht passabel – zumindest viel besser als mein Gespräch beim Bundes-Verlag. Am Ende meinte mein zukünftiger Chef, diese Entscheidung falle ihm nicht leicht, es gäbe da einige durchaus geeignete Bewerber für den Job. Aber aufgrund meines bisherigen Einsatzes für den Zeitschriftenverlag und weil es Leute gäbe, die sich sehr für mich einsetzen würden, wolle er mir eine Chance geben.

Entgegen all meinen Kontrollzwängen wäre ich ihm am liebsten um den Hals gefallen. Anscheinend war ich doch noch zu gebrauchen, denn ich hatte soeben einen richtigen Job bekommen. Einen Job, in dem es nicht um den Verkauf ging. Stattdessen war es meine Aufgabe, Lizenzen zu verwalten, Verträge aufzusetzen und die Honorierung der Autoren zu überwachen. Zwei Jahre war ich in diesem Bereich tätig, schlug mich insgesamt wacker und lernte dabei eine ganze Menge.

Alles nur Zufall?

Das zweite Eingreifen Gottes war nicht weniger krass als das erste. Um mich aus dem Gefängnis der Sucht zu befreien, schickte er mir einen Menschen, der sich bereit erklärte, mich auf dem Weg der »Zwölf Schritte« zu begleiten. Bei den Anonymen Alkoholikern nennt man so jemand einen »Sponsor« (unabhängig vom Geschlecht). Gemeint ist damit eine Person, die selbst schon seit einigen Jahren trocken ist und nun ihre Aufgabe darin sieht, andere auf den Weg in die Nüchternheit zu begleiten, ein Prinzip, das schon der Apostel Paulus kannte:

> *Gepriesen sei Gott, der Vater von Jesus Christus, unserem Herrn. Er ist der Ursprung aller Barmherzigkeit und der Gott, der uns tröstet. In allen Schwierigkeiten tröstet er uns, damit wir andere trösten können. Wenn andere Menschen in Schwierigkeiten geraten, können wir ihnen den gleichen Trost spenden, wie Gott ihn uns geschenkt hat.*
>
> 2. Korinther 1,3-4

Würden wir ein solches Prinzip konsequent in unseren Gemeinden etablieren, als eine Art Glaubens-Sponsoring, dann könnte daraus einiges an geistlichem Wachstum entstehen. Ich jedenfalls habe durch diese Begleitung die ersten entscheidenden Schritte gemacht.

Normalerweise sucht man sich einen Sponsor, indem man jemanden anspricht und fragt, ob er oder sie dazu bereit wäre, diese Aufgabe zu übernehmen. In meinem Fall jedoch musste ich erst gar nicht suchen, sondern die Person kam auf mich zu.

Damals wurde ich ab und zu von umliegenden Gemeinden angefragt, ob ich bereit wäre, bei ihnen zu predigen. Viele dieser Anfragen lehnte ich ab, doch manchmal reizte es mich auch, den christlichen Glauben auf meine Art zu verkündigen, und ich sagte zu. Auf diese Weise bekam ich den E-Mail-Kontakt zu Christine*, der Leiterin einer Theatergruppe. Da diese Gruppe in demselben Gottesdienst spielen würde, in dem ich predigen wollte, waren ein paar Absprachen notwendig. Eine ihrer E-Mails endete mit den Worten: »Ich wünsche dir einen schönen Abend«, worauf ich spontan antwortete: »Den werde ich haben, denn ich gehe jetzt in mein Meeting.«

Bis heute habe ich keine Ahnung, was mich dabei geritten hat. Ich war eigentlich überhaupt nicht scharf darauf, mich wildfremden Menschen gegenüber als alkoholabhängig zu outen. Nun hätte es natürlich auch bei meiner Andeutung bleiben können, doch nach kurzer Zeit schrieb sie mir: »Wenn du die Meetings der Anonymen Alkoholiker meinst – die kenne ich gut. Denn durch die zwölf Schritte von AA bin ich trocken geworden.«

Durch einen verrückten Zufall war ich auf jemanden gestoßen, der diese Schritte selbst erfahren hatte und aus ganzem Herzen nach ihnen lebte. Dazu gehörte auch der Schritt Nr. 12: »Nachdem wir durch diese Schritte ein spirituelles Erwachen erlebt hatten, versuchten wir, diese Botschaft an Alkoholiker weiterzugeben und unser tägliches Leben nach diesen Grundsätzen auszurichten.«

Wir wurden Facebook-Freunde und schon bald bemerkte Christine durch eine unbedachte Äußerung von mir, dass ich wohl ziemlich »high« von meinen Medikamenten war. Daraufhin rief sie mich sofort an und stellte mich zur Rede. Ich sollte aufhören, sie zu verarschen, und gefälligst Klartext reden. Am Ende unseres Gesprächs erklärte ich mich bereit, mich auf den Zwölf-Schritte-Weg einzulassen.

»Du musst das nicht machen«, antwortete sie, »aber du weißt genauso gut wie ich: Der Weg, den du jetzt eingeschlagen hast, der endet in einer Katastrophe.«

Das wusste ich in der Tat, daher konnte ich es ja wenigstens

* Name geändert

einmal versuchen. Also verabredeten wir uns zu einem ersten persönlichen Treffen in ihrer Gemeinde. Christine meinte, ich solle ausreichend Wasser zu trinken mitbringen und auch etwas Warmes zum Anziehen, denn es könne durchaus sein, dass mir im Laufe unseres Gespräches sehr kalt werden würde. Mir wurde ziemlich flau im Magen, denn es erwartete mich eine Begegnung, für die ich mich »warm anziehen« sollte. Doch zurück wollte ich jetzt nicht mehr.

Außerdem hatte ich das dumpfe Gefühl, dass dies alles kein Zufall war. Konnte es sein, dass Gott mir durch diesen Menschen einen Rettungsring zugeworfen hatte?

Kapitel 14:

Ehrlichkeit, Offenheit und Bereitschaft – Die zwölf Schritte

Die richtige Haltung

Wer zum ersten Mal von den »Zwölf Schritten« der Anonymen Alkoholiker hört, der könnte meinen, es handle sich dabei um eine Art Selbstheilungsprogramm. Solche Programme gibt es ja wie Sand am Meer, nur dass es meistens sieben oder zehn Schritte sind, die man gehen soll: zehn Schritte auf dem Weg zum Wunschgewicht, zum Traumjob, zur ersten Million oder zu was auch immer. Diese Ratgeber sind immer gleich, denn sie appellieren allesamt an die Willenskraft nach dem Motto: »Tu das – und du wirst Erfolg haben!« Nun leidet ein Suchtkranker aber gerade daran, dass seine Willenskraft nicht ausreicht, um sich aus den Fängen der Abhängigkeit zu befreien. Darum wäre es auch absolut unsinnig, ihm zu sagen: »Geh die folgenden Schritte und du wirst frei!«

Daher handelt es sich bei den »Zwölf Schritten« nicht um ein Selbstheilungsprogramm, sondern vielmehr um einen Weg in die Freiheit, der von der Hilfe und der Kraft Gottes abhängig ist. So ist im englischen Original auch nicht von Schritten die Rede, sondern von Stufen, also von einzelnen Entwicklungsstufen. Und diese Stufen erklimmt man nicht aus eigener Kraft, sondern mit göttlicher Hilfe. Das Einzige, was man mitbringen muss, um den Weg dieser zwölf Schritte (oder Stufen) zu erfahren, ist eine Haltung, die durch Ehrlichkeit, Offenheit und Bereitschaft gekennzeichnet ist. Auch mein Weg in die Freiheit fing mit dieser Haltung an.

Gleich zu Beginn unseres ersten Treffens erklärte mir Christine: »Volker, falls du wirklich glaubst, du könntest diese Schritte selbst gehen, dann vergiss das ganz schnell. Das ist Bullshit. In Wahrheit müssen die Schritte zu dir kommen! Alles, was du brauchst, ist Ehrlichkeit, Offenheit und Bereitschaft. Hör damit auf, dir selbst und anderen etwas vorzulügen, und sei bereit, der Wahrheit ins Auge zu schauen. Die Wahrheit tut verdammt weh, aber sie wird dich auch frei machen. Sei offen für neue Erfahrungen und für das Handeln Gottes in deinem Leben. Verschließ dich nicht sofort wieder, wenn du Dinge erlebst, die du zunächst einmal nicht einordnen kannst. Und schließlich musst du die Bereitschaft mitbringen, das zu tun, was man dir sagt – egal, ob dir das sinnvoll erscheint oder nicht. Wenn du das alles mitbringst, dann können wir loslegen. Aber ohne diese Haltung hat es keinen Zweck. Bist du dir sicher, dass du so weit bist? Ich habe nämlich keine Lust, meine wertvolle Zeit an jemanden zu verschwenden, der es nicht wirklich ernst meint!«

Zwar konnte ich damals noch nicht absehen, worauf ich mich einließ, aber so viel stand für mich fest: Ich meinte es wirklich ernst. Ich wollte raus aus diesem zerstörerischen Kreislauf. Ich wollte frei werden und leben! Und das sagte ich Christine auch. »Okay«, meinte sie, »dann fang mal mit deiner Ehrlichkeit an: Was konsumierst du derzeit und wie viel?«

Am Ende dieser intensiven und äußerst anstrengenden Begegnung zitterte ich tatsächlich wie Espenlaub und war froh, mich warm anziehen zu können. Ich war völlig erschöpft, aber auch glücklich. Denn wenn dieser Zwölf-Schritte-Weg bei ihr funktioniert hatte, wieso sollte er dann nicht auch bei mir funktionieren?

Absolut machtlos

Christine gab mir einige Hausaufgaben mit auf den Weg. Zunächst einmal musste ich mich von Tramadol trennen und das Zeug ein für alle Mal entsorgen. Also zog ich mir eine letzte Dosis rein und kippte den Rest in die Toilette.

Nachdem das geschafft war, bestand meine nächste Aufgabe darin, verschiedene Listen anzufertigen. In einer dieser Listen sollte ich aufschreiben, wie ich bislang vergeblich versucht hatte, mein Trinkverhalten in den Griff zu kriegen. Auf einer anderen Liste musste ich die alltäglichen Erfahrungen meiner Machtlosigkeit notieren – und da kam einiges zusammen: meine ätzenden Rückenschmerzen, Konflikte mit den Kindern, das lange Warten in einem Stau, frustrierende Behördengänge und vieles mehr. Je länger meine Listen wurden, umso mehr fragte ich mich, was das Ganze bringen sollte. Doch Christine meinte nur: »Volker, mach so weiter und vertrau mir. Bitte Gott um Ehrlichkeit und Bereitschaft. Alles andere wird kommen, wenn du so weit bist.« Und sie sollte recht behalten.

Schritt 1 erreichte mich, als ich völlig fertig war, weil ich durch diese elende Listenschreiberei einfach nicht weiterkam. Ich hatte das Gefühl, in einer Sackgasse zu stecken, und wurde immer gereizter. In dieser Zeit befasste ich mich in der Bibel mit dem Propheten Elia, besonders mit der für ihn sehr schmerzlichen Erfahrung, dass all sein Rackern und Kämpfen für die Sache Gottes anscheinend völlig umsonst gewesen war. Da lag er dann unter einem Ginsterstrauch und wünschte sich zu sterben und sagte: »Ich habe genug, Herr ... Nimm mein Leben, denn ich bin nicht besser als meine Vorfahren« (1. Könige 19,4).

Ich lag an diesem Tag draußen und las diesen Text wieder und wieder. Ich konnte ihn vor mir sehen, diesen Elia, und wusste genau, wie er sich gefühlt hatte. Und auf einmal machte es bei mir »Klick«. An diesem Tag begriff ich etwas, was ich bisher vielleicht im Kopf gehabt hatte, aber sicherlich nicht im Herzen: »Ich bin absolut machtlos. Weder kann ich mich aus eigener Kraft von der Sucht befreien noch kann ich in mir selbst irgendwelche Erkenntnisse herbeiführen. Ich kriege mein Leben allein nicht in den Griff, ich kann es nicht meistern!«

Für viele klingt eine solche Erkenntnis nicht besonders erstrebenswert, für mich jedoch war sie der entscheidende Durchbruch. Denn jetzt musste ich nicht länger versuchen, mich an meinen eigenen Haaren aus dem Sumpf zu ziehen. Lange Zeit hatte ich mich für meine vielen Niederlagen geschämt und verachtet. Doch jetzt wurde mir klar: Ich hatte nie eine reelle Chance gehabt, zu gewinnen, weil mir dazu die nötigen Ressourcen fehlten. »Wir gaben zu, dass wir dem Alkohol gegenüber machtlos waren und unser Leben nicht meistern konnten«, heißt es in Schritt 1. Das habe ich an diesem Nachmittag erkannt und zugegeben. Ich habe kapituliert und damit in meinem Herzen das nachvollzogen, was ich in der Kapelle der psychiatrischen Klinik längst getan hatte.

Aus heutiger Sicht ist dies das nächste Wunder in meinem Leben, denn inzwischen bin ich wieder und wieder suchtkranken Menschen begegnet, die dazu nicht bereit oder nicht in der Lage waren. Menschen wie Thomas*, den ich bei einem meiner Besuche zurück auf sein Sofa schleppen musste, weil er durch seine Sauferei wieder mal gestürzt war und nun in seinem Erbrochenem schluchzend auf dem Boden lag: »Ich schäme mich ja so! Ich will sterben, ich will endlich sterben!« Als ich ihn zwei Tage später darauf ansprach, meinte er: »Volker, ich weiß wirklich nicht, was du meinst. Mir geht es doch gut. Ich habe mein Leben im Griff.«

Es ist erschütternd, aber manche Menschen sterben lieber, als sich ihre eigene Machtlosigkeit einzugestehen. Insofern ist jede echte Kapitulation wirklich ein Wunder.

---

* Name geändert

Die Gedanken entgiften

Gerade in der Anfangszeit ging es für mich darum, zu erkennen, dass mein Kopf voller kranker Gedanken war. Da waren zunächst einmal die Gedanken, die um irgendwelche Suchtmittel kreisten, und meine völlig verrückte Überzeugung, vor dem Leben einfach weglaufen zu können, wenn ich mich zudröhnte. Dann waren da noch ziemlich kranke Gedanken über mich selbst: Es gab eine Menge Selbstverachtung und zugleich eine große Portion Selbstmitleid in mir. Auch hatte ich ziemlich schräge Auffassungen über meine Mitmenschen und über ihre Rolle in meinem Leben. Mal war ich der Meinung, sie seien an allem schuld (»Mein Leben hätte völlig anders verlaufen können, wenn er oder sie nicht dies oder jenes getan hätte!«), mal warf ich ihnen vor, ich sei ihnen völlig egal (»Kein Schwein kümmert sich darum, wie es mir geht!«). Und schließlich hatte ich – trotz aller Annäherungsversuche im Glauben – nach wie vor ein äußerst verqueres Bild von Gott: davon, wer Gott ist, wie er ist und welche Rolle er in meinem Leben spielt.

Bei dem psychologischen Test, den die Arbeitsagentur veranlasst hatte, hatte man mir eine hohe Intelligenz bescheinigt, und eine Zeit lang zog ich mich an diesem Ergebnis hoch, so nach dem Motto: »Mag sein, dass ich mein Leben vor die Wand gefahren habe, aber ich bin immer noch schlauer als ihr.« Doch jetzt wurde mir bewusst, dass mein angeblich so schlaues Gehirn durch und durch verseucht war. Ich musste dringend eine gedankliche Entgiftung durchlaufen! Christine wurde nicht müde, zu betonen: »Du musst bereit sein, die Wahrheit zu erkennen. Denn nur die Wahrheit wird dich frei machen.«

Ich fühlte mich dazu bereit, allerdings hatte ich keine Ahnung davon, wie weh das tun würde. Viele der Wahrheiten, die es für mich zu erkennen galt, waren ungeheuer schmerzlich. Schwarz auf weiß musste ich mir vor Augen führen, wie der Kreislauf der Sucht dabei war, mein Leben zu zerstören. Es war wie nach einem Wirbelsturm: Das ganze Ausmaß der Verwüstung wird einem erst dann bewusst, wenn der Sturm sich gelegt hat und man die Möglichkeit erhält, genauer hinzuschauen. Mit Christines Hilfe tat ich das. Ich schaute genau hin, indem ich meinen Suchtkreislauf aufmalte und detailliert beschrieb.

Wenn ich mir diese Aufzeichnungen heute anschaue, komme ich ins Staunen: Was für ein Geschenk, dass dieser Kreislauf durch Gottes Eingreifen durchbrochen wurde!

Schritte ins Vertrauen

In Schritt 2 heißt es: »Wir kamen zu dem Glauben, dass eine Macht, größer als wir selbst, uns unsere geistige Gesundheit wiedergeben kann.« Je länger ich mich auf diesen Weg der zwölf Schritte einließ, umso klarer wurde mir: »Diese Macht gibt es wirklich. Es ist die Macht der Liebe Gottes, die mir in Jesus begegnet.« Anders konnte ich mir das, was ich an zahlreichen Hilfen und Fügungen erfahren hatte, einfach nicht erklären.

Vor allem waren da immer wieder Menschen, die mich unterstützten. Sie waren einfach zur rechten Zeit am rechten Ort. Aber auch einzelne Lebensumstände, die zunächst schwer waren, halfen mir letztlich weiter. Ein Beispiel dafür ist mein Bandscheibenvorfall. Ich habe keine Ahnung, ob Gott so etwas schickt, auf jeden Fall aber gebrauchte er diese Krankheitszeit, um mir seine Liebe zu zeigen. Als mein linkes Bein immer lahmer und tauber wurde, war klar, dass ich operiert werden musste. Nach der Operation ging es für mich in die Rehaklinik. In diesen drei Wochen stieg ich aus dem Arbeits- und Familienleben komplett aus und hatte – nach der gewissenhaften Erledigung meiner Anwendungen und Übungen – vor allem eines: Zeit.

Einen Teil dieser Zeit vergeudete ich vor der Glotze. Doch den anderen Teil nutzte ich, um das Buch »Die innere Stimme der Liebe« von Henri Nouwen zu lesen, oder besser gesagt: zu meditieren. Man kann dieses Buch nicht lesen wie einen Roman. Man muss sich Zeit nehmen, um über die einzelnen Kapitel nachzudenken und zu beten. Warum ausgerechnet dieses Buch? Ich habe keine Ahnung. Vielleicht weil es so klein war, dass es gut in mein Gepäck passte. Warum auch immer – es war jedenfalls ein Geschenk Gottes, dass ich mich damit beschäftigen konnte. Zugegeben, ich bin sowieso sehr nahe am Wasser gebaut. Aber es gab Kapitel, da kam ich aus dem Weinen nicht mehr heraus. Die Erfahrungen Nouwens und seine daraus gewonnenen Erkenntnisse trafen mich mitten ins Herz. So las ich dort:

> *An zwei Tatsachen musst du festhalten. Erstens: Gott hat verheißen, dass du die Liebe erhalten wirst, nach der du gesucht hast. Und zweitens: Gott bleibt dieser Verheißung treu. Hör also auf, umherzuirren! Kehr stattdessen heim und vertraue darauf, dass Gott dir geben wird, was du brauchst. Dein Leben lang hast du dich nach Liebe gesehnt und sie überall gesucht. Es ist Zeit, mit dieser Suche Schluss zu machen. Hab Vertrauen, dass Gott dir diese alles erfüllende Liebe geben wird, und dies auf menschliche Weise. Bevor du stirbst, wird Gott dein Verlangen zutiefst stillen. Hör endlich auf, umherzuirren, und fang an, zu vertrauen und zu empfangen.*[40]

Mein jahrelanges Umherirren war letztlich nichts anderes als eine verzweifelte Suche nach Liebe, Annahme und Geborgenheit. Und nun wurde mir klar: Diese Suche war völlig überflüssig, denn all das, wonach ich gesucht hatte, war längst da gewesen! Nur war ich bislang nicht bereit gewesen, zu vertrauen und zu empfangen. Ich wollte auf jeden Fall die Kontrolle behalten, um nicht verletzt und verlassen zu werden. Doch was ich hier las, brachte mich dazu, endlich loszulassen:

Vertrauen ist sehr schwer, wenn du nichts hast, wozu du Zuflucht nehmen kannst. Entscheidend ist dennoch: zu vertrauen. Das neue Land ist dort, wohin du aufgerufen bist zu gehen. Und der einzige Weg, der in dieses Land führt, ist steinig und steil. Es scheint, als würdest du immer wieder die Grenze überschreiten, um bald darauf umzukehren. Du erfährst im neuen Land für kurze Zeit große Freude. Dann aber erfasst dich die Furcht, und du beginnst, dich wieder nach all dem zu sehnen, was du hinter dir gelassen hast. So kehrst du um und gehst ins alte Land zurück. Zu deinem Schrecken stellst du aber fest, dass das alte Land seinen Reiz verloren hat. Trau dich ins neue Land ein paar Schritte weiter vor, und vertraue darauf, dass du jedes Mal, wenn du es betrittst, dich in ihm wohler fühlen wirst und es dir gelingen wird, darin länger zu bleiben.[41]

Ich wollte nicht mehr zurück. Ich wollte endlich nach vorn und Neuland betreten. Ich wollte ein einigermaßen geordnetes Leben führen: für meine Frau und die Kinder da sein, meine Arbeit machen, zufrieden und dankbar leben. Ich wollte endlich das Gefühl haben, angekommen zu sein. Und mir wurde immer klarer, dass es nur einen einzigen Weg geben würde, um das zu erreichen: Vertrauen!

Die dritte Stufe auf dem Zwölf-Schritte-Weg lautet: »Wir fassten den Entschluss, unseren Willen und unser Leben der Sorge Gottes – wie wir ihn verstanden – anzuvertrauen.« Vielleicht hatte ich ja noch nicht so viel von Gott verstanden. Aber was ich in den vergangenen Wochen erlebt und erkannt hatte, reichte, um zu begreifen, dass er nicht der ist, der mich krank macht, sondern der, der mein Heil und meine Heilung will. Darum fasste ich diesen Entschluss umso fester: »Ja, ich will mich der Sorge Gottes anvertrauen. Ich will mich wie ein Kind in seine liebenden Arme fallen lassen.«

Einfältig glauben

Um mich wirklich in Gottes Arme fallen lassen zu können, musste ich loslassen. Ich musste bereit sein, die tausend Fragen und Zweifel in meinem Herzen sterben zu lassen. Für einen zwanghaften Menschen wie mich, der alles durchdringen will, war das ziemlich schwer. Geholfen hat mir dabei eine Rede des amerikanischen Literaturprofessors und Autors David Foster Wallace. Wallace, der sich 2008 aufgrund seiner Depressionen das Leben nahm, war ein äußerst intelligenter und sensibler Mensch.

Im Jahr 2005 wurde er gebeten, vor dem Abschlussjahrgang des Kenyon College über ein Thema seiner Wahl zu sprechen. Diese berühmt gewordene Rede gilt in den USA mittlerweile als Klassiker und Pflichtlektüre für alle Abschlussklassen. Sie trägt den Titel »Das hier ist Wasser« und zeigt mit einfachen und sehr persönlichen Worten, was es heißt, denken zu lernen und erwachsen zu werden. Wallace gibt den Absolventen mit auf den Weg, dass sie noch lange nicht damit fertig sind, das Denken zu lernen, indem er betont: »Die wirklich wichtige Ausbildung im Denken, um die es in Institutionen wie dieser geht, betrifft gar nicht die Fähigkeit, zu denken, sondern die Entscheidung für das, worüber es sich nachzudenken lohnt.«[42]

Bei meinen kranken und abgedrehten Zwangsgedanken hatte ich überhaupt keine Entscheidungsfreiheit. Sie waren einfach da und ließen sich nicht vertreiben. Doch bei meinen Fragen und Zweifeln hatte ich sie sehr wohl. Seit vielen Monaten hatte ich mich nun mit ihnen abgequält und war dadurch keinen Millimeter weitergekommen.

»Wenn Gott es gut mit mir meint, warum hat er das dann alles zugelassen? Wie kann es eine göttliche Führung und Fügung geben, wenn der Mensch doch einen freien Willen hat? Was hat es für einen Sinn, zu beten, wenn tagtäglich schreckliche Dinge passieren, um die sich Gott scheinbar nicht kümmert? Wenn die Bibel tatsächlich eine schriftliche Niederlegung der Offenbarung Gottes ist, warum geschieht dann heute so wenig von dem, was ich in der Bibel lese? Wenn die Christen den Heiligen Geist empfangen haben und Christus in ihnen lebt, müssten sie dann nicht wirklich erlöster aussehen und vor allem auch endlich damit aufhören, sich gegenseitig zu kratzen und zu beißen? Was ist mit den vielen Menschen, die aufgrund ihrer humanistischen Einstellung ein deutlich besseres Leben führen als viele Christen: Gehen die alle verloren, weil sie Christus nicht kennen?« – Das sind nur einige der Fragen, die mich damals bewegten und quälten. Vor allem aber hinderten sie mich daran, mich Gott anzuvertrauen.

Lange Zeit war ich der Meinung, Gott erst dann vertrauen zu können, wenn ich auf diese Fragen Antworten gefunden hatte. Inzwischen aber war mir bewusst geworden, dass ich auf manche Fragen wohl nie eine Antwort bekommen würde. Daher stand ich letztlich vor der Entscheidung, entweder meinen Glauben zu beerdigen oder aber meine Fragen und Zweifel. Bei dieser Entscheidung half mir ein Abschnitt aus der Rede von David Foster Wallace: »In den alltäglichen Grabenkämpfen des Erwachsenendaseins gibt es keinen Atheismus. Es gibt keinen Nichtglauben. Jeder betet etwas an. Aber wir können wählen, was wir anbeten. Und es ist ein äußerst einleuchtender Grund, sich dabei für einen Gott oder ein höheres Wesen zu entscheiden.«[43]

Ich entschied mich für Gott. In einem einfachen und schlichten Gebet traf ich ganz bewusst die Entscheidung, meine Fragen und Zweifel loszulassen und mich stattdessen der Fürsorge Gottes anzuvertrauen: »Herr, du weißt, dass ich völlig durcheinander bin. In meinem Kopf sind so viele Fragen. Ich verstehe dich einfach nicht. Aber was ich in den letzten Monaten erfahren habe, zeigt mir, dass du mich liebst und für mich bist. Und darum will ich dir umso mehr vertrauen. Ich bin bereit, meine Zweifel loszulassen und mich fallen zu lassen in deine Arme. Bitte hilf du mir dabei, dies auch durchzuhalten. Amen.«

Seit diesem Tag lebe ich nach dem KISS-Prinzip, das ich bei den Anonymen Alkoholikern kennengelernt habe. KISS ist die Abkürzung für »Keep It Simple, Stupid!«, was übertragen so viel bedeutet wie: »Mach's so einfach wie möglich!« Mag sein, dass manche mich als naiv bezeichnen würden, aber es gibt einfach Dinge, über die ich nicht weiter nachdenke, weil dieses Grübeln zu nichts führen würde.

Damit Sie mich nicht falsch verstehen: Ich bin nicht der Meinung, dass man als Christ seinen Verstand an der Garderobe abgeben muss, um glauben zu können. Ganz im Gegenteil: Ich bin ein Mensch, der wissen will, woran er glaubt. Meine Abschlussarbeit im Fach Dogmatik trug den Titel: »Die Ausscheidung der Lehre vom Zorn Gottes in der Theologie Schleiermachers und Ritschls – und die Folgen für die Verkündigung des Evangeliums.« Bewertet wurde diese Arbeit damals mit der Note »sehr gut« und mein Dozent war total begeistert, dass ich Schleiermacher und Ritschl tatsächlich gelesen hatte.

Es ist richtig und gut, den Glauben zu durchdenken. Wichtig ist nur, bei all dem Reflektieren die eigenen Grenzen zu kennen und diese dann auch zu akzeptieren: »Es gibt einen Gott – und ich bin es nicht!« Darum ist all meine Erkenntnis immer nur bruchstückhaft und es wird eine Menge Dinge geben, die ich in diesem Leben nicht verstehen werde. Beim Propheten Jesaja heißt es:

> *»Meine Gedanken sind nicht eure Gedanken«, sagt der Herr, »und meine Wege sind nicht eure Wege. Denn so viel der Himmel höher ist als die Erde, so viel höher stehen meine Wege über euren Wegen und meine Gedanken über euren Gedanken.«*
>
> Jesaja 55,8-9

Daran halte ich mich inzwischen. Ich glaube einfältig – und lebe gut damit.

Verantwortung übernehmen

Jesus sagte einmal: »Wer eine Hand an den Pflug legt und dann zurückschaut, ist nicht geeignet für das Reich Gottes« (Lukas 9,62). Im Leben gilt das gleiche Prinzip wie beim Pflügen: Wer ständig nur zurückschaut, der kommt nicht geradlinig voran, sondern zieht krumme Furchen. Nun neigen aber gerade suchtkranke Menschen dazu, ständig nach hinten zu schauen und in ihrer Vergangenheit zu wühlen. Und wenn sie dies tun, dann ist das in der Regel äußerst destruktiv. Entweder suhlen sie sich in Selbstmitleid, weil in ihrer Kindheit einiges sehr schlimm war, oder sie ergehen sich in ständigen Selbstvorwürfen, weil sie viele Menschen verletzt haben. Auf diese Weise bleiben sie in ihrer Vergangenheit stecken. Der ständige Blick zurück raubt ihnen die Kraft und die Hoffnung, um entschlossen in die Zukunft zu gehen. Daher gibt es im Zwölf-Schritte-Programm die Stufen vier bis zehn, in denen es heißt:

> *Wir machten eine gründliche und furchtlose Inventur in unserem Inneren. Wir gaben Gott, uns selbst und einem anderen Menschen gegenüber unverhüllt unsere Fehler zu. Wir waren völlig bereit, diese Charakterfehler von Gott beseitigen zu lassen. Demütig baten wir ihn, unsere Mängel von uns zu nehmen. Wir machten eine Liste aller Personen, denen wir Schäden zugefügt hatten, und wurden willig, ihn bei allen wieder gutzumachen. Wir machten bei diesen Menschen alles wieder gut – wo immer es möglich war –, es sei denn, wir hätten dadurch sie oder andere verletzt. Wir setzten die Inventur bei uns fort, und wenn wir Unrecht hatten, gaben wir es sofort zu.*

Vieles von dem, was Sie in diesem Buch lesen, ist das Ergebnis einer gründlichen und furchtlosen Inventur in meinem Inneren. Diese Inventur brachte mich zu einer Erkenntnis, die mich durch und durch erschütterte: Ich bin verantwortlich für das, was ich aus meinem Leben mache!

Lange Zeit hatte ich mich ausschließlich als ein Opfer gesehen: als Opfer meiner Kindheitserfahrungen, meiner psychischen Erkrankung oder meiner Lebensumstände. Nun aber musste ich erkennen, dass ich eben nicht nur Opfer war, sondern auch Täter. Sicher, ich habe im Leben vielleicht nicht gerade den günstigsten Start erwischt. Und klar, ich habe mir meine psychische Erkrankung genauso wenig ausgesucht, wie man sich eine Borreliose aussucht. Aber für das, was ich daraus gemacht habe, bin einzig und allein ich verantwortlich. Ich habe Schuld auf mich geladen. So gehören zu meiner Inventur zum Beispiel auch jene Tage, an denen ich völlig betrunken oder bekifft Auto gefahren bin, wobei ich einmal fast zum Geisterfahrer geworden wäre. Gott sei Dank ist dadurch niemand zu Schaden gekommen!

Es geht aber nicht nur um das, was ich getan habe, sondern ebenso um das, was ich unterlassen habe. Gerade den Menschen, die ich am meisten liebe, bin ich einiges schuldig geblieben, weil ich ständig nur mit mir selbst beschäftigt war. Nun wäre es natürlich einfach, dies alles auf meine Sucht zu schieben, schließlich war ich ja krank im Gehirn. Doch das allein ist es nicht. Die Wahrheit ist: Ich bin ein Sünder. Ich bin nicht so, wie Gott sich das ursprünglich gedacht hat. Ich habe Charakterfehler, die wohl nur Jesus durch seinen Heiligen Geist beseitigen kann.

Vielleicht vermuten Sie jetzt, dass diese angebliche Erkenntnis nichts anderes ist als ein Rückfall in mein altes Gottesbild und die damit verbundenen Scham- und Schuldgefühle. Tiefenpsychologen und Therapeuten würden vermutlich versuchen, mir den Begriff der Schuld auszureden. Aus ihrer Sicht leide ich unter einem frommen »Über-Ich«, aus dem ich mich schleunigst befreien sollte. Nun will ich mich über die Erkenntnisse der Psychologie bestimmt nicht erheben, denn ich habe ihnen sehr viel zu verdanken. Aber dies war kein Rückfall, sondern eine neue Sichtweise. Ich hatte das ständige schlechte Gewissen verlassen, das über viele Jahre in meiner Seele herumgewabert war, und eine ganze neue Freiheit von diesem ätzenden Gefühl, schmutzig und unwürdig zu sein, gewonnen. Und gerade darum war ich nun erstmals in der Lage, meine eigene Verantwortung zu erkennen. Wirklich klar sehen kann man eben erst, wenn sich der Nebel verzogen hat. Statt eines angstbesetzten diffusen Gefühls des schlechten Gewissens konnte ich eine realistische Bestandsaufnahme machen und die Schuld bei demjenigen abgeben, der sich als Einziger tatsächlich darum kümmern kann.

Bei der Inventur geht es darum, sich mit seiner Biografie zu versöhnen und mit der Vergangenheit ins Reine zu kommen. Vieles von dem, was passiert ist, wird man nicht wiedergutmachen können. Aber es bringt nichts, sich dafür selbst zu zerfleischen. Das raubt dem Heute nur die Kraft. Viel besser ist es, die eigene Vergangenheit ein für alle Mal an Gott abzugeben, für die vielen guten Erfahrungen zu danken und für die eigenen Fehler und die eigene Schuld um Vergebung zu bitten und fremde Fehler und fremde Schuld zu vergeben.

Genau das habe ich gemacht: Ich habe in der Inventur nicht nur meine Lebensgeschichte erzählt, sondern auch gebeichtet und mir Vergebung zusprechen lassen. Und das hat mich befreit! Ich muss nun nicht länger zurückschauen und mich selbst abwerten. Ich bin bereit, im Heute zu leben und mit Gottes Hilfe meine Vergangenheit von morgen zu schreiben. Und wenn dann doch mal wieder Zeiten kommen, in denen mich schwermütige Gedanken runterziehen wollen, dann beherzige ich den Rat eines Freundes, der mir gesagt hat: »Das nächste Mal, wenn dich der Satan an deine Vergangenheit erinnern will, erinnere du ihn an seine Zukunft!« Wie Jesus kann ich Bibelverse zitieren, die zeigen, was Sache ist.

In Verbindung bleiben

Nach einigen Monaten haben sich die Wege von Christine und mir getrennt, sodass wir heute nur noch selten Kontakt haben. Doch auf dem Weg der Zwölf Schritte bin ich geblieben und ich werde wohl auch mein Leben lang darauf bleiben, denn diese Schritte sind kein Projekt auf Zeit, sondern ein Lebensweg. Inzwischen ist für mich Schritt 11 immer wichtiger geworden: »Wir suchten durch Gebet und Besinnung die bewusste Verbindung zu Gott – wie wir ihn verstanden – zu vertiefen. Wir baten ihn nur, uns seinen Willen erkennbar werden zu lassen und uns die Kraft zu geben, ihn auszuführen.« Darauf kommt es für mich an. Wenn meine Verbindung zu Jesus steht, komme ich ganz gut durch den Tag. Ist sie aber gestört, wird es schwierig. Denn dann fängt mein krankes Hirn wieder an, suchend herumzuirren, und ich mache mich abhängig von der Anerkennung anderer Menschen. Ich brauche die Erfahrung der Gegenwart Gottes in meinem Leben wie die Luft zum Atmen.

Insofern hat es auch nicht nur mit Disziplin zu tun, wenn ich mir regelmäßig Zeiten nehme, um Gott in der Stille zu begegnen. Vielmehr ist die enge Verbindung mit Jesus Christus schlicht und einfach das Beste, was ich tun kann, um sinnvoll und erfüllt zu leben. Jesus selbst hat gesagt: »Ich bin der Weinstock; ihr seid die Reben. Wer in mir bleibt und ich in ihm, wird viel Frucht bringen. Denn getrennt von mir könnt ihr nichts tun« (Johannes 15,5). Wenn mein Leben also Frucht bringen soll, dann geht das nur durch eine enge Verbindung zu Jesus, dem Weinstock, denn aus diesem Weinstock fließt der Heilige Geist in mein Leben. Und ohne diesen Geist würde ich mit Sicherheit vertrocknen!

Kapitel 15:

Vollrausch des Herzens – Der Heilige Geist

Prophetische Worte

Die Angst einiger konservativer Evangelikaler vor dem Heiligen Geist war mir lange Zeit ein Rätsel, zumal ich mich selbst schon früh nach eben diesem Geist sehnte und ausstreckte.

Gleich zu Beginn meiner Zeit in Oberursel nahm mich ein Freund mit zu einer Konferenz der »Charismatischen Erneuerung« innerhalb des Bundes Evangelisch-Freikirchlicher Gemeinden, die damals im Zoo-Gesellschaftshaus in Frankfurt stattfand. Was ich dort erlebte, faszinierte mich. Denn hier rechnete man mit dem Wirken des Heiligen Geistes und gab ihm bewusst Raum, ohne dass dies zu einer Unordnung geführt hätte. Wer eine Prophetie empfangen hatte, konnte diese nicht einfach öffentlich vortragen, sondern ging zuvor zu einem Mitarbeiter, der darüber entschied, ob sie weitergegeben wurde oder nicht. Die Eindrücke, die dann öffentlich wurden, waren meist sehr konkret und trafen bei der Lebenssituation einzelner Teilnehmer mitten ins Schwarze.

Gab es Geschwister, die laut »in Sprachen« beteten, so wurde gefragt, ob jemand dazu eine Auslegung hatte. Einmal meldete sich daraufhin ein Mann, der erklärte, warum er dieses Gebet übersetzen konnte: Es handelte sich um einen seltenen afrikanischen Dialekt, den er vor Jahren als Missionar gelernt hatte und nun wiedererkannte.

Neben den zentralen Veranstaltungen gab es immer wieder

Kleingruppen, in denen man sich ausreichend Zeit nahm, um in der Stille auf das Reden des Heiligen Geistes zu hören. Das Ergebnis war erstaunlich: Oft empfingen die Leute Botschaften, die exakt in ihre Lebenssituation passten oder in die Situation eines anderen Teilnehmers. Auch wurden dazu passende Bibelstellen weitergegeben. Je länger ich dies beobachtete, umso mehr sehnte ich mich danach, nicht außen vor zu bleiben. Ich wollte endlich auch ein Wort empfangen und weitergeben. Wieder und wieder flehte ich Gott an, zu mir zu reden und mir bei der nächsten Gelegenheit einen passenden Bibelvers zu zeigen, mit dem ich in meiner Kleingruppe auftrumpfen konnte.

Während einer Zeit des Hörens auf den Heiligen Geist hatte ich dann tatsächlich den deutlichen Impuls, dass ich Matthäus 16,23 aufschlagen sollte. In der Gewissheit, endlich eine Botschaft empfangen zu haben, suchte ich diesen Vers – und begriff sofort, dass er ausschließlich für mich bestimmt war. Denn dort sagt Jesus: »Geh weg von mir, Satan! Du bist mir ein Ärgernis; denn du meinst nicht, was göttlich, sondern was menschlich ist« (LUT).

Von da an versuchte ich nicht länger verzweifelt mitzuhalten, sondern wartete einfach darauf, was der Heilige Geist tun würde. Und er tat so einiges. Nur kurze Zeit später wurde ich von jemandem angesprochen, der eine konkrete und wichtige Botschaft Gottes für mich hatte, die von entscheidender Bedeutung für mich wurde.

Damals war ich fasziniert davon, was alles geschehen kann, wenn man sich für das Wirken des Heiligen Geistes bewusst öffnet und damit rechnet. Doch diese Konferenz war nicht das einzige Ereignis, das mich diesbezüglich prägte.

Das geheimnisvolle Etwas

Einige Monate später wurde ich von einer kleinen Pfingstgemeinde in Oberursel zu Bibelabenden über das Buch der Offenbarung eingeladen. Ich befürchtete schon die wildesten Spekulationen, war aber neugierig genug, um hinzugehen. Als Redner hatte die Gemeinde einen früheren Präses des Bundes Freier Pfingstgemeinden eingeladen.

Ich weiß heute kein Wort mehr von dem, was er damals erzählt hat, aber ich erinnere mich noch sehr genau, wie er es erzählt hat: Niemals zuvor hatte ich einen Menschen mit solch einer Ausstrahlung erlebt. Dieser Mann sprühte nur so vor Lebensfreude und Begeisterung für Jesus. So verlor er sich bei seiner Auslegung der biblischen Texte immer wieder in Schilderungen persönlicher Erlebnisse, durch die er erneut ins Schwärmen für Jesus geriet. Was er sagte, war nicht aufgesetzt oder übergeistlich, sondern authentisch und kam von Herzen.

An einem der folgenden Abende sprach er über seine »Geistestaufe« und ich dachte: »Wenn man durch eine Erfüllung mit dem Heiligen Geist so wird wie dieser Mann, dann ist eine solche Erfahrung genau das, was mir fehlt und was ich dringend brauche.« Nur kurze Zeit nach diesen Bibelabenden besuchte ich den Pastor der Pfingstgemeinde und bat ihn, mir die Hände aufzulegen und für mich um die Taufe mit dem Heiligen Geist zu bitten. Zunächst war er etwas erstaunt über mein Anliegen, doch nach einem klärenden Gespräch betete er voller Leidenschaft und Überzeugung für mich. Geschehen ist damals nichts – zumindest nichts, was ich irgendwie hätte spüren können. Doch nach diesem Gebet fing ich umso mehr damit an, mich mit dem Wesen und Wirken des Heiligen Geistes zu beschäftigen. Ich las einige Bücher zu diesem Thema und prüfte sehr genau, was die Bibel dazu sagt.

Da es in Frankfurt mehrere charismatische Gemeinden gab, besuchte ich sie nach und nach und erlebte so auch hautnah einige Gottesdienste, in denen um den sogenannten »Toronto-Segen« gebetet wurde. Aus meinen eigenen Reihen wurde ich vor solchen Veranstaltungen ausdrücklich gewarnt, doch ließ ich mich davon nicht abschrecken. Ich wollte mir selbst einen Eindruck verschaffen und hatte diesbezüglich keinerlei Berührungsängste. Was sollte mir dort schon groß geschehen? Im schlimmsten Fall gar nichts, aber im besten Falle eine Erfüllung mit dem Heiligen Geist.

An einigen dieser Abende ging es wirklich drunter und drüber. Die Leute fielen reihenweise um und manche von ihnen gaben die seltsamsten Laute von sich. Durch die Reihen liefen Mitarbeiter, die mit lautem Rufen und wedelnden Händen versuchten, den Heiligen Geist zu den Besuchern zu treiben wie man eine Kuhherde zurück in den Stall treibt.

Einiges von dem, was ich dort erlebte, war mir äußerst suspekt. Damals wurde mir klar, dass nicht alles Geist ist, was glänzt. Für viele der Phänomene, die ich dort beobachtet habe, gibt es keine einheitliche Erklärung. Manche von ihnen lassen sich psychosomatisch erklären, andere sind neurotisch bedingt und wieder andere gehen vielleicht sogar auf dämonische Belastungen zurück. Um dies zu unterscheiden, bräuchte man nicht nur einen geübten psychologischen Blick, sondern vor allem auch die Gabe der Geisterunterscheidung.

Doch mir ging es gar nicht so sehr um äußere Phänomene und Kraftwirkungen, sondern um ein erfülltes Herz. Ich hatte eine unbändige Sehnsucht danach, Christus zu erfahren und von seinem Leben erfüllt zu werden. Ich fand mich beispielsweise in den Ausführungen von Johann Christoph Blumhardt wieder:

Schon seit meiner Kindheit hatte ich daher eine Sehnsucht nach dem geheimnisvollen Etwas, das ich nur in der Schrift fand und sonst nirgends, und worin ich die eigentliche Gotteskraft verborgen dachte. Es war mir das etwas anderes als die Lehre oder die Glaubensartikel, die ich nach der Schrift

> *als richtig, der Form und dem Gedanken nach, erkennen musste. Den Heiland haben, in mir fühlen, den Geist haben und in mir zeugen hören, wie das sei, das hätte ich so gern bei mir gefunden.*[44]

Aufgrund dieser starken inneren Sehnsucht war ich auch nicht bereit, das Kind mit dem Bade auszuschütten. Denn nach dem Zeugnis der Heiligen Schrift konnte das, wonach ich mich so sehr sehnte, nur durch den Heiligen Geist geschehen. Und um diesen Geist konnte ich bitten. Jesus selbst lädt ja ausdrücklich dazu ein:

> *Bittet, und ihr werdet erhalten. Sucht, und ihr werdet finden. Klopft an, und die Tür wird euch geöffnet werden. Denn wer bittet, wird erhalten. Wer sucht, wird finden. Und die Tür wird jedem geöffnet, der anklopft. Gibt es einen Vater, der seinem Kind eine Schlange hinhält, wenn es um einen Fisch bittet? Oder wenn es um ein Ei bittet, reicht er ihm dann einen Skorpion? Natürlich nicht! Wenn aber selbst ihr sündigen Menschen wisst, wie ihr euren Kindern Gutes tun könnt, wie viel eher wird euer Vater im Himmel denen, die ihn bitten, den Heiligen Geist schenken.*
>
> LUKAS 11,9-13

Manchmal denke ich: Wenn mein himmlischer Vater mir damals schon geschenkt hätte, worum ich ihn so leidenschaftlich gebeten habe, dann wäre mir (und meinen Lieben) vieles von dem, was in den darauffolgenden Jahren passiert ist, erspart geblieben. Denn wer das Wasser des Lebens hat, der hört auf, aus irgendwelchen dreckigen Pfützen zu trinken.

Auf der anderen Seite bin ich inzwischen selbst Vater und weiß sehr genau, dass manche Geschenke erst dann sinnvoll sind, wenn die Kinder alt genug dafür sind und damit umgehen können. Das mag einer der Gründe dafür sein, warum Gott so lange gezögert hat, mir meine Bitte um den Heiligen Geist zu erfüllen. Doch als er es dann tat, war dies das nächste Wunder in meinem Leben.

Absolut geflasht

Inzwischen war ich schon einige Zeit auf dem Weg der »Zwölf Schritte« unterwegs und hatte dadurch unendlich viel erlebt. Ich war bereit, meine zahlreichen Fragen und Zweifel loszulassen und mich der Fürsorge Gottes anzuvertrauen. Durch Gebet und Bibellesen versuchte ich, die Gemeinschaft mit Gott zu vertiefen. Und dieser Weg war wirklich der Weg zum Leben! Es gab Tage, da sprudelte ich nur so vor neu gewonnener Lebensfreude. Dennoch gab es da nach wie vor ein »schwarzes Loch« in meinem Herzen, eine leere Stelle, die danach schrie, gefüllt zu werden. Noch immer sehnte ich mich nach jener tiefen Erfahrung von göttlicher Liebe und Geborgenheit, die im Neuen Testament als eine Folge des Glaubens beschrieben wird. So heißt es beim Apostel Paulus: »Wir wissen, wie sehr Gott uns liebt, weil er uns den Heiligen Geist geschenkt hat, der unsere Herzen mit seiner Liebe erfüllt« (Römer 5,5). Hier ging es also nicht allein um eine Erfüllung des Kopfes, sondern um eine Erfüllung des Herzens. Und davon war ich noch weit entfernt.

In der Offenbarung sagt Jesus: »Siehe, ich stehe vor der Tür und klopfe an. Wenn jemand mich rufen hört und die Tür öffnet, werde ich eintreten, und wir werden miteinander essen« (Offenbarung 3,20). Seitdem ich diesen Vers kannte, dachte ich: »Wenn Jesus wirklich in das Haus meines Lebens kommt, dann muss das erfahrbar und spürbar sein. Dann muss die Gemeinschaft mit ihm genauso real sein, wie ein Abendessen mit einem guten Freund. Alles andere wäre Betrug – jedenfalls wäre es nicht das, was die Bibel verheißt.«

Eines Tages, als ich gar nicht mehr damit rechnete, hörte ich es tatsächlich klopfen. Ich saß an meinem Schreibtisch und war in irgendeine Ausarbeitung vertieft, als ich plötzlich den Impuls verspürte, mich hinzuknien und zu beten. Erst tat ich das als Spinnerei ab, doch der Impuls wurde immer stärker: »Volker, du solltest dich jetzt hinknien und um den Heiligen Geist bitten. Nicht in einer Stunde, auch nicht in fünf Minuten, sondern sofort!«

Rasch tat ich das. Ich stand vom Schreibtisch auf, kniete mich vor das Sofa und richtete mein sehnsüchtiges Herz auf Gott aus. Ich bat ihn wieder einmal darum, mich mit seinem Geist zu erfüllen. Und dieses Mal erhörte er meine Bitte! Mehr und mehr wurde ich von einer Wärme und Freude erfüllt, wie ich es nie zuvor erlebt hatte. Der Geist Gottes flashte mich total, er versetzte mich in einen Vollrausch meines Herzens. Bis heute habe ich keinen besseren Begriff dafür als den biblischen: Herrlichkeit! Gott erfüllte mein Herz mit Herrlichkeit und brachte es zum Tanzen. Noch Tage nach diesem Ereignis schwebte ich gefühlt einige Zentimeter über dem Boden und war hin und weg von Gottes Gegenwart in meinem Leben.

Manch einer fragt sich vielleicht, ob ich die pfingstlerische Lehre von einer »Geistestaufe« unterstütze, nach der nur derjenige ein vollwertiger Christ ist, der nach seiner Bekehrung zu Jesus eine solche zweite Erfahrung gemacht hat, die sich durch die Gabe des Sprachengebets äußert. – Nein, das tue ich nicht!

Damals wie heute war es mir gar nicht so wichtig, ob man nun genau diese oder jene Erfahrung gemacht haben *muss*. Alles, was ich wollte, war, Christus in meinem Herzen zu tragen. Ich wollte keinen rechtgläubigen toten Kopfglauben leben, sondern einen Glauben aus Leidenschaft. Und ich wusste genau: Ein solches Feuer kann einzig durch den Heiligen Geist entzündet werden. Über den Heiligen Geist kann ich nicht verfügen, in ihm begegnet mir ja Gott selbst, aber ich kann und darf um ihn bitten und mich nach ihm ausstrecken. Und genau das habe ich getan – und tue es noch heute.

Mir ist auch völlig klar, dass Jesus viel mehr an einer langfristigen Veränderung meines Lebens interessiert ist als an einer kurzzeitig aufflackernden Begeisterung. Der Glaube ist ein Marathon und kein Fünfzig-Meter-Sprint. Doch dieses Ereignis war nicht nur ein kurzes Aufflackern, sondern das Entfachen einer inneren Leidenschaft, die mir bis heute geblieben ist – auch wenn ich inzwischen nicht mehr schwebe, sondern längst wieder auf dem harten Boden meines Alltags angekommen bin.

Nachhaltige Wirkungen

Das Nachhaltigste an diesem eindrücklichen Erlebnis ist meine Begeisterung für Jesus Christus. Wenn mir Christen begegnen, die sich etwas einbilden auf ihre Art der Frömmigkeit, dann lässt mich das kalt. Wenn mir Geschwister begegnen, die mit Nachdruck auf einem ganz bestimmten Bibelverständnis beharren, dann macht mir das Angst. Doch wenn ich Menschen begegne, die begeistert von Jesus erzählen, dann beginnen meine Augen zu leuchten und ich fühle mich sofort mit ihnen verbunden, egal, zu welcher Konfession sie gehören. Denn dann tragen wir beide denselben Schatz in unseren Herzen: das Licht der Herrlichkeit Gottes, »die uns im Angesicht von Jesus Christus sichtbar wird« (2. Korinther 4,6).

Es gibt Zeiten, in denen ich dieses Licht in meinem Herzen zuschütte mit dem Müll von teuflischen Lügen oder belanglosen Ablenkungen. Doch wenn ich endlich zur Ruhe komme und in der Stille mein Herz auf Gott ausrichte, dann strahlt es wieder heller und die Gegenwart meines Herrn erfüllt mich mit einer tiefen Freude und Dankbarkeit.

Und dann gibt es da noch ganz besondere Zeiten. Heilige Momente, in denen mir die Worte fehlen, um meinem überfließenden Herzen Ausdruck zu verleihen. Dann bete ich einfach in einem Sprachen-Durcheinander, das ich selbst gar nicht verstehe, das aber – da bin ich mir sicher – ein Lob seiner Herrlichkeit ist.

Die zweite erstaunliche Wirkung meiner Begegnung mit dem Heiligen Geist ist die Gewissheit, ein geliebtes Kind Gottes zu sein. Wenn mich Ängste befallen oder destruktive Gedanken runterziehen wollen, dann berge ich mich in seinen Armen und finde bei ihm Schutz. Das geht am besten, indem ich einen Psalm bete. Etwa den Psalm 139, in dem es heißt: »Du bist vor mir und hinter mir und legst deine schützende Hand auf mich« (Vers 5).

Aufgrund meines kranken Gottesbildes war dieser Psalm für mich früher eine schreckliche Horrorvorstellung: »Egal, wohin ich fliehe – Gott ist immer da. Er sieht mich und durchschaut mich, was immer ich auch tue oder denke.« Ich sah die kalten Augen eines unbarmherzigen und unberechenbaren Despoten, die mich auf Schritt und Tritt verfolgten. Doch durch das Wirken des Heiligen Geistes bin ich mir inzwischen gewiss, dass Gott mich durch Jesus Christus mit Augen voller Liebe und Barmherzigkeit anschaut. Und darum lässt die in Psalm 139 beschriebene Gegenwart Gottes heute mein gehetztes und geängstigtes Herz zur Ruhe kommen: »Egal, was auch passiert und wohin es mich verschlägt – ich kann niemals tiefer fallen als in Gottes liebende Arme.«

Wie König David komme ich dann aus dem Staunen nicht mehr heraus und muss bekennen: »Dieses Wissen ist zu wunderbar für mich, zu groß, als dass ich es begreifen könnte!« (Vers 6).

Und schließlich hat der Geist Gottes noch etwas bewirkt, was ich mir niemals hätte vorstellen können. Er hat es tatsächlich geschafft, dass aus einer krank machenden Angst vor Gott eine heilsame Gottesfurcht geworden ist. Nachdem ich eine Zeit lang im unendlichen Meer der göttlichen Liebe baden durfte, nahm mich der Heilige Geist erneut an die Hand, um mir zu zeigen, dass Gottes Liebe eine heilige Liebe ist. Sie ist eine Liebe, die darauf abzielt, mich zu verändern, sodass ich Jesus immer ähnlicher werde. Gott will meine Heiligung! (1. Thessalonicher 4,3). Er will, dass ich mich in der Kraft seines Geistes von allen Taten und Überzeugungen trenne, die seinem Willen entgegenstehen und zu einem Leben als geliebtes Gotteskind nicht mehr passen. Oder um es mit einem biblischen Bild auszudrücken: Gott möchte, dass ich meine alten, dreckigen Klamotten ausziehe und mich stattdessen ganz neu von ihm einkleiden lasse (Epheser 4,17-32).

Der Heilige Geist hat mir einen heilsamen Schrecken versetzt. Er hat mir Dinge gezeigt, die ich seit Jahren mit mir rumgeschleppt habe, ohne auch nur ansatzweise zu begreifen, dass ich damit schuldig geworden bin, sowohl an Gott als auch an meinen Mitmenschen. Und wieder sind es die Worte eines Psalms, bei denen ich Zuflucht gefunden habe, weil ich sie zu meinen eigenen gemacht habe:

Gott, sei mir gnädig um deiner Gnade willen
und vergib mir meine Sünden nach deiner großen Barmherzigkeit.
Wasche mich rein von meiner Schuld
und reinige mich von meiner Sünde.

Gott, erschaffe in mir ein reines Herz
und gib mir einen neuen, aufrichtigen Geist.
Verstoße mich nicht aus deiner Gegenwart
und nimm deinen Heiligen Geist nicht von mir.
Lass mich durch deine Hilfe wieder Freude erfahren
und mach mich bereit, dir zu gehorchen.

Psalm 51,3-4.12-14

Vor einiger Zeit hielt ich in meiner Gemeinde sogar eine ganze Predigtreihe über den »Zorn Gottes«[45], denn ich habe erkannt, dass die Botschaft von einem lieben, süßen, harmlosen Kuschelgott eine gefährliche Lüge ist.

Worauf es im Glauben ankommt

Inzwischen ahne ich, warum es immer wieder Geschwister gibt, die sich vor dem Heiligen Geist fürchten und die in ihrer Abwehr zum Teil recht leidenschaftlich auftreten. Vermutlich hat dies etwas mit der Angst zu tun, die Kontrolle zu verlieren. Es könnte ja sein, dass der Geist Gottes etwas mit ihnen macht, was sie gar nicht wollen.

Aufgrund meiner bisherigen Erfahrungen halte ich diese Angst für unbegründet, denn der Geist Gottes hat zu keiner Zeit etwas mit mir gemacht, was mich erniedrigt oder beschämt hätte. Ganz im Gegensatz zum Alkohol! Der Alkohol hat mir meine Würde geraubt und mich in die tiefste Verzweiflung getrieben. Gott aber hat mich durch seinen Heiligen Geist wieder aufgerichtet und mir meine Würde zurückgegeben. Mehr und mehr hat er mein Herz mit seiner Liebe und Wahrheit erfüllt, und mich dabei niemals zu etwas gezwungen, so wie es in einem meiner Lieblingssongs von der christlichen Prog-Band Iona beschrieben wird:

Quietly You arrived, never forcing me to choose.
Bringing Your perfect light into this sunless room of mine.
So make your home inside my heart.
Fill this empty house of stone.
Make Your home inside my heart.
Let me dance in the brightness of Your throne.

Leise bist du gekommen, hast mich nie zu einer Entscheidung gezwungen.
Du hast dein wunderbares Licht in meinen sonnenlosen Raum gebracht.
Darum mach mein Herz zu deinem Zuhause.
Füll dieses leere Haus aus Stein.
Mache mein Herz zu deinem Zuhause.
Lass mich in dem Glanz deines Throns tanzen.[46]

Ich liebe und ehre den Heiligen Geist und ich bin ihm unendlich dankbar für seine Wirkungen in meinem Leben. Damit meine ich nicht irgendwelche spektakulären Kraftwirkungen, sondern das, worauf es im Glauben wirklich ankommt:

- Der Heilige Geist verherrlicht Christus und weckt in mir die Leidenschaft, ihm nachzufolgen.
- Der Heilige Geist offenbart mir die Wahrheiten Gottes. Durch sein Wirken sprechen mich vormals tote Bibelstellen ganz persönlich an.
- Der Heilige Geist gibt mir die Gewissheit, ein geliebtes Kind Gottes zu sein – mit all meinen Schwächen und Fehlern.
- Der Heilige Geist legt den Finger auf die wunden Stellen in meinem Leben. Er überführt mich meiner Sünden und spricht mir Vergebung zu.
- Der Heilige Geist schenkt mir Kraft, wenn ich am Ende bin und nicht mehr weiterweiß.
- Der Heilige Geist prägt und verändert meine Persönlichkeit, sodass ich mich nicht mehr länger nur um mich selbst drehen muss.
- Der Heilige Geist schenkt mir Gaben, die ich zur Ehre Gottes einsetzen kann.
- Der Heilige Geist erfüllt mein Herz mit einer Freude, die keine Droge dieser Welt mir jemals geben könnte.

Ist es da nicht selbstverständlich, dass ich mich danach ausstrecke, ein Leben in der Fülle dieses Geistes zu führen?

Kapitel 16:

Wenn die Seele atmet – Psychotherapie und Seelsorge

Die Nadel im Heuhaufen

Durch meine Erfahrungen mit dem Heiligen Geist hat sich mein Glaube mehr und mehr gewandelt: fort von einem hölzernen System orthodoxer Richtigkeiten hin zu einer lebendigen Beziehung zu Jesus Christus. Gott hat mein Herz verändert und ist immer noch dabei, dies zu tun. Doch leider hat er mich nicht zugleich von meiner kranken Psyche geheilt. Mit der Erweckung meines Herzens verschwanden die verrückten Gedanken in meinem Kopf nicht automatisch. Und je länger ein göttliches Heilungswunder auf sich warten ließ, umso klarer wurde mir, dass es für mich dran war, einen Psychotherapeuten aufzusuchen.

Wenn man versucht, einen geeigneten Psychotherapeuten zu finden, ist das so ähnlich, als würde man in München nach einer bezahlbaren Wohnung suchen: Es ist scheinbar aussichtslos. Zunächst einmal haben die meisten Psychotherapeuten eine Wartezeit von sechs Monaten und mehr. Außerdem will man ja nicht irgendjemanden finden, sondern vielmehr einen Therapeuten, dem man sich anvertrauen kann, weil man sich von ihm verstanden fühlt. Die »Chemie« muss einfach stimmen – sonst hat eine solche Therapie keinen Zweck. Und schließlich wird man bei der Suche irritiert feststellen, dass es nicht nur eine von der Krankenkasse anerkannte psychotherapeutische Richtung gibt, sondern mindestens fünf: Da gibt es die Tiefenpsychologie nach Freud, die Logotherapie nach Frankl, die Individualpsychologie nach Adler, die Gesprächspsychotherapie nach Rogers, die Verhaltenstherapie nach Beck und viele weitere mehr. Wenn man in einem solchen Heuhaufen wirklich die ersehnte Nadel findet, dann kommt dies einem Wunder gleich. Doch eben dieses Wunder habe ich erlebt.

Als Erstes ließ ich mir von der Kassenärztlichen Vereinigung eine Liste der Psychotherapeuten in meiner Gegend schicken. Dann betete ich: »Herr, ich habe überhaupt keine Ahnung, wer von diesen vielen Therapeuten der geeignete für mich ist. Darum bitte ich dich, mich zu führen und zu leiten. Ich werde jetzt einfach mal meine Fühler ausstrecken und einen nach dem anderen anrufen. Was dann passiert, das überlasse ich dir.« Meine ersten Anrufe waren frustrierend, denn ich musste feststellen, dass man einen Psychotherapeuten kaum einmal persönlich erreicht, sondern stattdessen mit seinem Anrufbeantworter vorliebnehmen muss. Wie aber sollte ich mein Anliegen auf ein Band sprechen? »Einen schönen guten Tag, mein Name ist Volker Halfmann, ich habe einen gehörigen Sprung in der Schüssel und bin auf der Suche nach einem geeigneten Therapeuten«?

Irgendwie schaffte ich es jedoch, mich durch diese Liste zu arbeiten, und die meisten der Therapeuten riefen mich auch tatsächlich zurück – viele allerdings nur, um mir persönlich mitzuteilen, dass sie für mich keinen Platz mehr hätten. Anders war das bei einer Ärztin aus der Nähe von Bochum. An ihren Rückfragen erkannte ich, dass sie mir wirklich zuhörte. Schließlich bot sie mir an, ein paar Mal in ihre Praxis zu kommen, um zu prüfen, ob eine Therapie bei ihr für mich infrage käme.

Vor meiner ersten Begegnung mit dieser Ärztin war mir vor Aufregung übel. Als ich dann den Klingelknopf drückte, schickte ich noch einmal ein Stoßgebet gen Himmel: »Herr, bitte lass diese Aktion hier nicht in einer einzigen beschämenden Katastrophe enden!« Eine Dreiviertelstunde später war ich unendlich froh und dankbar, diesen Schritt gewagt zu haben, denn ich wusste: »Das ist sie – die Nadel im Heuhaufen!«

Die Reflexe der Seele

Nach meiner Erfahrung muss ein geeigneter Psychotherapeut kein Christ sein, sondern vor allem kompetent und engagiert. Wenn er das ist, dann wird er sich davor hüten, am Glauben seines Patienten herumzufrickeln und diesen für seine psychische Erkrankung verantwortlich zu machen, viel eher wird er den Glauben – welcher Form auch immer – als positiv für die Psychohygiene betrachten. Christliche Seelsorge und Psychotherapie sollten nicht miteinander vermischt werden. Mir ist klar, dass es da auch Überschneidungen gibt, aber in die Seelsorge gehören nun mal vornehmlich geistliche Fragen, während es in der Psychotherapie um etwas ganz anderes geht.

In einer meiner ersten Therapiestunden bat mich die Ärztin, mit ihr auf den Flur zu gehen. Dort schnappte sie sich einen kleinen Ball und warf ihn mir zu. Verdutzt fing ich den Ball auf. Ich war mir nicht sicher, was dies werden sollte. Nach einigen »Ballwechseln« kam endlich ihre Erklärung: »Sehen Sie, Herr Halfmann, Sie haben den Ball reflexartig gefangen. Sie haben nicht groß darüber nachgedacht, sondern es einfach getan. So ähnlich funktioniert auch Ihre Seele. Sie reagiert bei bestimmten Eindrücken reflexartig, ohne dass Sie darüber nachdenken. Einige dieser Reflexe stammen noch aus ihrer Kindheit, also aus der Zeit, in der Sie sich klein und hilflos gefühlt haben. Das Ziel Ihrer Therapie ist es, dass Sie sich dieser Reflexe bewusst werden und sie durch neue, angemessene Reaktionen ersetzen, denn Sie sind ja längst nicht mehr das kleine, hilflose Kind von damals. Sie sind ein Mann im besten Alter, der in seinem Leben schon sehr viel geschafft und bewältigt hat.«

In meiner Therapie fing ich an, mir dieser seelischen Reflexe bewusst zu werden. Mit der Zeit erlernte ich Methoden, die mir dabei halfen, den kranken Gedanken in meinem Kopf nicht länger hilflos ausgeliefert zu sein. Wenn ich in unseren Gesprächen auf eine Erinnerung stieß, die kaum zu ertragen war, dann half mir meine Vorstellungskraft, um besser damit klarzukommen. So packte ich die grässlichsten Monster in meiner Seele in einen Tresor, schloss diesen ab und versteckte den Schlüssel gut. Dann drehte ich mich um und blickte zunächst einmal den Ängsten ins Auge, die mich nicht gleich umwerfen konnten. Mithilfe meiner Ärztin lernte ich Schritt für Schritt, mich diesen Ängsten zu stellen und dafür Sorge zu tragen, dass das innere Kind in mir nicht gleich wieder weinend zusammenbrach und nicht an ihnen verzweifelte.

So lernte ich über einen Zeitraum von anderthalb Jahren in 35 Therapiesitzungen sehr viel. Natürlich gab es auch Phasen, in denen ich irgendwie festzustecken schien, und Gespräche, die sich zäh und bedeutungsarm dahinzogen. Doch dann gab es wieder Fortschritte, mit denen ich nicht gerechnet hätte, vor allem auch durch die Arbeit mit meiner Vorstellungskraft sowie durch einige andere Techniken, in denen es darum geht, in belastenden Situationen auf die eigenen Ressourcen zurückzugreifen, was freilich mit der wichtigen Erkenntnis beginnt, dass es solche Ressourcen überhaupt gibt.

Neben diesem eher kognitiven Ansatz der Verhaltenstherapie sprach ich in diesen Sitzungen auch ganz konkrete Alltagsprobleme an und übte deren Lösung ein. So war ich damals nicht einmal mehr in der Lage, zu meinem Chef zu gehen, um einen Urlaubsantrag zu stellen. Also spielte ich diese Situation mit meiner Ärztin durch und probte den Ernstfall. Als mein Geburtstag bevorstand, hatte ich große Angst, Freunde einzuladen und ihnen dann sagen zu müssen, dass es auf meiner Feier keinen Alkohol geben würde. Auch dieses Szenario ging ich so lange mit ihr durch, bis ich endlich begriffen hatte, dass es meinen Freunden ja um mich ging und nicht darum, was es bei meiner Feier zu trinken gab und was nicht. Und falls sich doch jemand aufregen sollte, dann wäre es vielleicht mal an der Zeit, diese »Freundschaft« infrage zu stellen.

Am Ende dieser Therapie war ich der Ärztin unendlich dankbar und sagte ihr das auch, worauf sie mir sinngemäß antwortete: »Herr Halfmann, wenn es Ihnen heute deutlich besser geht, dann liegt das weniger an mir als vielmehr an Ihnen. Meine Aufgabe hat lediglich darin bestanden, Ihnen bewusst zu machen, welche Ressourcen in Ihnen stecken und wozu Sie in der Lage sind. Aber das Entscheidende haben Sie gemacht: Sie haben sich auf diesen Prozess eingelassen und das Gelernte immer wieder umgesetzt.«

Und doch habe ich den Eindruck, dass sie mit diesem Statement ihre eigene Rolle etwas zu kleingeredet hat. Für mich war ihre Hilfe von entscheidender Bedeutung und zugleich eine Erhörung meines Stoßgebets vor unserem ersten Treffen.

Christliche Seelsorge

Während meiner Zeit in Witten erreichte mich die Anfrage einer freikirchlichen Gemeinde, in der man um meine Geschichte wusste: »Volker, wir planen gerade einen Gottesdienst zum Thema Scheitern, und da dachten wir uns, du wärst der ideale Kandidat, um in diesem Gottesdienst ein paar persönliche Fragen zu beantworten. Wärst du dazu bereit?« Im ersten Moment schockierte mich diese Anfrage und ich lehnte, ohne zu zögern, ab. Dabei musste ich an meinen Vater denken, der angesichts eines gewissen Menschentyps manchmal sagte: »Kein Mensch ist unnütz – er kann immer noch als schlechtes Beispiel dienen.« Darauf war ich absolut nicht scharf. Ich wollte nicht als schlechtes Beispiel dienen!

Doch diese Anfrage ließ mich nicht mehr los, denn schließlich hatten die Leute ja recht: Ich war tatsächlich gescheitert, auch wenn mir dieser Begriff nicht unbedingt gefiel. Und je näher ich dieses Thema an mich heranließ, umso mehr Fragen tauchten auf: Ich hatte doch damals eine Berufung empfunden – war diese durch mein Scheitern nun hinfällig geworden? Konnte und wollte Gott mich überhaupt noch gebrauchen? Und falls ja, an welcher Stelle würde das dann sein? Wo war mein Platz? Gab es für mich vielleicht sogar einen Weg zurück in den Gemeindedienst? Aber wie sollte dieser Weg aussehen, nachdem ich als Pastor gekündigt hatte? War ich nicht viel zu sensibel für diesen Job? Wäre es nicht möglich, dass ich bei meinem zweiten Anlauf genauso scheitern würde wie beim ersten?

Mit diesen und vielen weiteren Fragen im Gepäck ging ich zu einem ehemaligen Pastor meiner Kirche, der inzwischen als Seelsorger tätig war. Diese Begegnungen waren ein göttliches Geschenk für mich.

Zunächst einmal machte er mir klar, wie wichtig es für mich war, mein Scheitern gründlich zu verarbeiten. Eine solche gründliche Verarbeitung geschieht nicht über Nacht, sondern braucht ausreichend Zeit. Sie ist wie ein Trauerprozess, bei dem man als Betroffener verschiedene Phasen durchläuft:

1. Nichtwahrhabenwollen
2. Ärger, Wut und Zorn über die eigene Lage
3. Inneres Ringen, Verhandeln und Klagen
4. Akzeptanz des Scheiterns und Blick nach vorn[47]

Die ersten drei Phasen hatte ich bereits durchlaufen, aber mit der Akzeptanz meines Scheiterns tat ich mich nach wie vor schwer. Da gab es ein perfektionistisches Selbstbild in mir, welches sich mit einer solchen Niederlage auf gar keinen Fall abfinden wollte. Das Wunschbild in meinem Kopf und die Wirklichkeit meines Lebens gingen lange Zeit wie eine Schere auseinander. Erst als sich beide mehr und mehr aufeinander zubewegten, gelang es mir, meinem Scheitern ins Auge zu sehen, ohne mich dabei gnadenlos abzuwerten.

Vor Kurzem wurde mir noch einmal deutlich, wie wichtig es war, diesen Trauerprozess zu durchlaufen, statt vor ihm zu fliehen. Wieder erreichte mich eine Anfrage, ob ich bereit wäre, über das Thema »Scheitern« zu sprechen – dieses Mal vor einigen Pastoren. Das ist insofern besonders heikel, weil man sich vor seinen Pastorenkollegen doch eher von seiner besten Seite zeigen will und nicht von seiner schlechtesten. Und doch sagte ich gern zu, konnte offen und unverkrampft darüber sprechen, warum ich aus dem Pastorendienst ausgestiegen war – und erhielt daraufhin einige positive Rückmeldungen.

Hast du mich lieb?

Die zweite große Baustelle in meinem Herzen war die Frage nach meiner Berufung. Aufgrund meiner depressiven Seite war ich lange Zeit der Meinung, jemand wie ich sei wirklich zu nichts zu gebrauchen (außer vielleicht als schlechtes Beispiel). Doch während meines zweiten Besuchs bei diesem Seelsorger sagte er etwas, das mir eine neue Perspektive schenkte: »Volker, ich sehe da ein Funkeln und Strahlen in deinen Augen. Und dieses Strahlen sagt mir, dass Gott noch einiges mit dir vorhat.«

Ich hatte ja schon manches gehört, aber ein Funkeln in meinen Augen hatte mir nun wirklich noch niemand attestiert. Das war vermutlich tatsächlich etwas abgefahren. Aber es bewirkte, dass ich mich noch einmal neu damit beschäftigte, was ich als Pastor mitbringen muss, damit Jesus mich gebrauchen kann. Von zentraler Bedeutung wurde für mich dabei die Begegnung zwischen Jesus und Petrus, die in Johannes 21 berichtet wird. Wohl kaum jemand ist in seinem Dienst für Jesus so heftig auf die Schnauze gefallen wie der Apostel Petrus, der ja von sich behauptet hatte, er sei jederzeit bereit, für seinen Herrn zu sterben. Als es dann aber ernst wurde, versagte er kläglich und leugnet dreimal, diesen Jesus überhaupt zu kennen. Was für ein grandioses Scheitern!

Doch ausgerechnet zu diesem gescheiterten Großmaul kommt der auferstandene Herr und fragt: »Simon, Sohn des Johannes, liebst du mich?« Worauf Simon Petrus antwortet: »Ja, Herr, du weißt, dass ich dich lieb habe« (Vers 15). Noch zwei weitere Male fragt Jesus nach – und gibt Petrus damit die Gelegenheit, genauso oft seine Liebe zu ihm zu bekennen, wie er ihn zuvor verleugnet hat. Und nach jeder einzelnen Liebeserklärung seines Jüngers erneuert Jesus dessen Berufung: »Dann sorge für meine Lämmer und für meine Schafe!«

Durch diese Begegnung ist mir etwas klar geworden: Ich habe deutliche Defizite, mit denen ich mich nicht einfach abfinden darf nach dem Motto »Ich bin halt so.« Zudem bin ich psychisch nicht besonders belastbar und muss umso mehr darauf achten, meine Resilienz zu trainieren. In vielen Punkten entspreche ich mit Sicherheit nicht den Erwartungen, die man gemeinhin an einen Pastor stellt. Aber ich liebe Jesus, ich liebe ihn von ganzem Herzen. Und ich habe von meinem Vater im Himmel Gaben bekommen, die dafür da sind, meinen Herrn zu verkündigen.

Nachdem ich das verstanden hatte, bewarb ich mich tatsächlich als Pastor – allerdings nicht in meiner früheren Freikirche, sondern bei einem anderen Gemeindebund. So wäre ich mit meiner Familie fast in Norddeutschland gelandet, wenn es da nicht ein Telefonat gegeben hätte, bei dem mich ein weiser Mensch fragte: »Lieber Bruder Halfmann, haben Sie sich eigentlich jemals gefragt, warum Sie sich nicht bei Ihrer eigenen Kirche melden? Sie ist doch Ihr geistliches Zuhause. Von dieser Kirche wurden Sie ausgebildet und ordiniert. Warum also bewerben Sie sich nicht dort? Wovor laufen Sie weg?«

Nach diesem Gespräch musste ich ganz gehörig schlucken, denn mir wurde klar, dass ich in der Tat vor etwas weglief. Es gab zwei Gründe, warum ich mich bislang nicht bei meiner eigenen Freikirche gemeldet hatte: Zum einen war es mein Stolz, der mir im Weg stand. Schließlich hatte ich ja voller Überzeugung gekündigt und sehr bewusst auf das Angebot verzichtet, meinen Status als Pastor nicht gleich ganz aufzugeben, sondern vorübergehend ruhen zu lassen. Ich wollte damals ein für alle

Mal raus aus alledem. Umso schwerer tat ich mich nun damit, erneut anzuklopfen und zu fragen: »Dürfte ich wohl wieder bei euch anfangen?«

Zum anderen hatte ich Angst. Ich hatte Angst davor, gesagt zu bekommen: »Tut uns schrecklich leid, Volker, aber das hättest du dir früher überlegen sollen. Jetzt ist der Zug abgefahren!« Inzwischen hatte ich jedoch gelernt, dass Angst meistens ein sehr schlechter Ratgeber ist. Also wagte ich es doch, dort anzuklopfen. In der Folgezeit kam es zu mehreren Gesprächen, mal mit mir allein, mal gemeinsam mit meiner Frau. Die Verantwortlichen meiner Kirche machten es sich mit ihrer Entscheidung wirklich nicht leicht. Sie wollten vor allen Dingen wissen, ob ich den Belastungen des Pastorenberufes inzwischen auch wirklich gewachsen war. Am Ende stimmten sie in einem Leitungsgremium mehrheitlich dafür, mich wieder einzustellen.

Seit dem Sommer 2012 arbeite ich nun mit einer halben Stelle als Pastor genau in der Gemeinde, die ich damals verlassen habe. Außerdem habe ich eine Ausbildung zum Suchtberater gemacht und arbeite mit einer weiteren halben Stelle in einer Suchtberatungsstelle des Blauen Kreuzes. Dort begleite ich Menschen, die nicht bereit sind, im Gefängnis ihrer Sucht zugrunde zu gehen, und darum Hilfe von außen in Anspruch nehmen.

Teil 5

Das Gold

Kapitel 17:

Endlich loslassen – Von der Entkrampfung des Herzens

Der Springer muss fliegen

1991 lernte der niederländische Theologe und Seelsorger Henri Nouwen die Trapezkünstlergruppe »The Flying Rodleighs« kennengelernt und war von ihnen so begeistert, dass er sie über mehrere Wochen in einem Wohnmobil begleitete. Rodleigh, der Leiter der Artistengruppe, verriet ihm das Geheimnis der Trapezkunst, bei der Vertrauen eine der wichtigsten Zutaten ist:

> *Als ein Springer muss ich vollkommenes Vertrauen in meinen Fänger haben. Das Publikum mag denken, dass ich der große Star des Trapezes bin, aber der eigentliche Star ist Joe, mein Fänger. Er muss für mich da sein mit der Präzision eines Bruchteils einer Sekunde und mich aus der Luft heraus packen, wenn ich beim langen Sprung auf ihn zukomme. ... Das Geheimnis besteht darin ... dass der Springer nichts tut und der Fänger alles tut. Wenn ich auf Joe zufliege, muss ich lediglich meine Arme und Hände ausstrecken und darauf warten, dass er mich fängt ... Das Schlimmste, was der, der springt, tun kann, ist zu versuchen, den Fänger zu erhaschen. Meine Aufgabe ist es nicht, Joe zu erhaschen. Es ist die Aufgabe von Joe, mich zu fangen. Würde ich Joes Handgelenke ergreifen, könnte ich sie brechen, oder er könnte meine brechen, das wäre das Ende von uns beiden. Ein Springer muss fliegen, und ein Fänger muss fangen,*

und der Springer muss mit ausgestreckten Armen darauf vertrauen, dass ein Fänger da sein wird für ihn.[48]

Treffender lässt sich das Wesen des christlichen Glaubens nicht beschreiben. Glaube ist Vertrauen! Glaube bedeutet, die vermeintlichen Sicherheiten des Lebens loszulassen und in die starken Hände Gottes zu fliegen, unseres Fängers, der uns in Jesus Christus begegnet. Wer so glaubt, der geht ein großes Wagnis ein, denn er kann nur darauf hoffen, gefangen und gehalten zu werden. Sicherheiten hat er keine. In dem Moment, in dem er mit ausgestreckten Armen seinem Fänger entgegenfliegt, hat er jegliche Kontrolle aufgegeben. Eben dies macht den Sprung des Glaubens für viele so schwer. Und damit meine ich längst nicht nur jene Menschen, die dem christlichen Glauben bislang eher kritisch gegenüberstehen. Ich befürchte vielmehr, dass es auch einige Christen gibt, die über viele Jahre am Trapez ihres starren Glaubenssystems hängen, dort verbissen hin- und herpendeln, und dabei immer mehr verkrampfen, weil sie sich nicht trauen, loszulassen.

Manche Christen halten sich krampfhaft an einem ganz bestimmten Bibelverständnis fest in der Hoffnung, ihren Glauben und wohl auch ihr Heil damit absichern zu können. Je detaillierter sich die angebliche Irrtumslosigkeit der Heiligen Schrift in allen ihren Aussagen beweisen lässt, umso ruhiger werden sie, doch wird ihr System einmal infrage gestellt, dann bekommen sie es mit der Angst zu tun und werden aggressiv.

Andere wiederum hängen sich mit ihrem Sicherheitsbedürfnis weniger an Inhalte, sondern vielmehr an eine klar definierte Form. Für sie steht fest, wie man als Christ zu leben hat und wie nicht. Hält man sich an diesen Kodex, dann ist man auf der sicheren Seite, weicht man jedoch davon ab, dann sieht es schlecht aus. Auch diese Geschwister werden schnell ungemütlich, wenn man es wagt, ihr Gesetzbuch einmal kritisch zu hinterfragen.

Egal, was es ist, ob nun eine ganz bestimmte Theologie oder eine spezielle Frömmigkeitsform, der christliche Glaube wird immer dann zu einem Krampf, wenn seine Inhalte und Formen nicht ein Ausdruck des Vertrauens sind, sondern stattdessen ein starres Sicherungssystem, durch welches das Vertrauen ersetzt werden soll. In diesem Sicherungssystem schlagen die Christen immer dann um sich, wenn sie Angst haben, die Kontrolle zu verlieren.

Das Streben nach Sicherheiten und nach Kontrolle ist verständlich, aber es steht dem Glauben diametral entgegen. Denn Glauben heißt, die Sicherheiten loszulassen und den Sprung zu wagen!

Selbstverständlich brauchen wir als Christen die Theologie. Doch entscheidend ist dabei die Haltung, in der sie betrieben wird. Theologie ist für mich der demütige Versuch, den Geheimnissen Gottes nachzuspüren, nicht aber das überhebliche Ansinnen, den ewigen Gott in die Schubladen meines kleinen Denkens zu packen, damit ich ihn dort jederzeit verfügbar habe. Sicher ist es wichtig und richtig, sich darüber klar zu werden, welche Maßstäbe bei der Auslegung der biblischen Texte gelten sollen. Doch wie immer diese Maßstäbe auch aussehen mögen, sie werden niemals das ersetzen können, worauf es beim Lesen der Bibel vor allem ankommt: Vertrauen.

Jesus selbst hat sich den Kontrollbestrebungen der Frommen stets widersetzt. Als die Pharisäer und Sadduzäer von ihm fordern, seine Gottessohnschaft mit einem Zeichen unter Beweis zu stellen, antwortet er ihnen: »Nur böse, treulose Menschen verlangen nach einem Wunder. Doch das einzige Zeichen, das ich ihnen geben werde, ist das Zeichen des Propheten Jona«(Matthäus 16,4). Jesus weist damit auf seine Auferstehung von den Toten hin. Allerdings wird auch durch dieses Zeichen das Vertrauen nicht überflüssig. Denn selbst wenn es zahlreiche Indizien für die Auferstehung gibt – zweifelsfrei beweisen lässt sie sich nicht! Manchmal werde ich von Leuten gefragt: »Aber wie kann ich mir dann sicher sein, dass das alles stimmt, was in der Bibel steht? Wie kann ich mir sicher sein, dass Christus wirklich von den Toten auferstanden ist?« Meine Antwort ist dann immer dieselbe: »Du kannst dir nicht sicher sein – aber du kannst loslassen und vertrauen!«

Der christliche Glaube äußert sich in Dogmen (Glaubensinhalte), im Kultus (Glaubensübungen) und in der Moral (Glaubensvollzug). Doch diese Äußerungen dürfen sich niemals verselbständigen, denn sie sind lediglich die Äste des Glaubens, nicht aber seine Wurzel. Die Wurzel ist das Vertrauen auf Jesus Christus, den Sohn Gottes, der gestorben und auferstanden ist, um uns mit Gott dem Vater zu versöhnen. Darum schreibt der Apostel Paulus:

> *Wie ihr nun Christus Jesus als euren Herrn angenommen habt, so lebt auch mit ihm und seid ihm gehorsam. Senkt eure Wurzeln tief in seinen Boden und schöpft aus ihm, dann werdet ihr im Glauben wachsen und in der Wahrheit, in der ihr unterwiesen wurdet, standfest werden. Und dann wird euer Leben überfließen von Dankbarkeit für alles, was er getan hat.*
>
> KOLOSSER 2,6-7

Wenn diese Wurzeln fehlen, dann wird der christliche Glaube zu einem blutleeren System von Lebensregeln und die Christen mutieren zu unbarmherzigen Richtigtuern und Besserwissern, die ständig mit dem Finger auf andere zeigen, anstatt ihnen in Liebe zu dienen.

Halten oder gehalten werden?

Im Lukasevangelium berichtet Jesus von einem Pharisäer, der während seiner Gebetszeit im Tempel verächtlich auf einen

Steuereintreiber herabblickt mit den Worten: »Ich danke dir, Gott, dass ich kein Sünder bin wie die anderen Menschen, wie die Räuber und die Ungerechten, die Ehebrecher oder besonders wie dieser Steuereintreiber da!« (Lukas 18,11).

Diese Szene ist freilich auch andersherum vorstellbar. Dann wäre es der Steuereintreiber oder Ehebrecher, der betet: »Ich danke dir, Gott, dass ich nicht so überheblich und selbstgerecht bin wie dieser Pharisäer da!« Was mich betrifft, so muss ich sicherlich aufpassen, nicht in eine solche Haltung zu verfallen. Dennoch möchte ich hier bekennen: Es gibt innerhalb der evangelikalen Bewegung ein engstirniges, angstbesetztes und unbarmherziges Ordnungs-Christentum, bei dem mir übel wird und für das ich mich manchmal schäme. Eben darum möchte ich nicht als Evangelikaler gelten.

Ab und zu begegne ich Christen, denen man nur wünschen kann, dass sie irgendwann einmal gehörig auf die Schnauze fallen, damit sie lernen, zu kapitulieren und aus Gottes Gnade und Barmherzigkeit zu leben. Nun kenne ich die freikirchliche Szene wirklich nicht besonders gut und muss mich davor hüten, zu verallgemeinern. Ich befürchte jedoch, dass es auch ganze Gemeinden gibt, die ein solches Ordnungs-Christentum ausstrahlen. In diesen Gemeinden und Gemeinschaften geht es zu wie in einem deutschen Kleingartenverein: Dort gibt es knallharte Regeln, mit denen genauestens festgelegt wird, wie jeder einzelne Garten auszusehen hat. Der prozentuale Anteil der Nutzfläche, die Höhe der Sträucher, die Farben der Blüten oder auch die maximale Größe des Geräteschuppens – alles ist festgelegt.

In einem solchen Verein gibt es dann meist ein Wetteifern darum, wer den schönsten und akkuratesten Garten hat, und es darf niemand kommen, der die Ordnung stört. Wenn man in diesen Verein aufgenommen werden will, dann reicht es nicht, ein Blumenfreund zu sein oder die Gartenarbeit zu lieben. Vielmehr muss man von vornherein den Eindruck erwecken, den strengen Anforderungen der Mitglieder gerecht zu werden und nicht aus der Reihe zu tanzen. Entspricht man diesen Anforderungen nicht, muss man halt draußen bleiben.

Inzwischen kenne ich eine Menge Leute, die in einen solchen Kleingartenverein einfach nicht passen. Überließe man ihnen ein eigenes Gartenstück, so würden sie zunächst einen Bereich asphaltieren und darauf einen Liegestuhl stellen, den Rest würden sie einfach so grünen und blühen lassen, wie die Natur es will, und die einzige Pflanze, um die sie sich wirklich kümmern würden, wäre vermutlich eine Cannabispflanze. Kein Wunder also, dass solche Menschen kaum eine Chance haben, in den Genuss eines Gartens zu kommen – es sei denn, es gibt da noch andere Vereine, bei denen man auch dann willkommen ist, wenn man nicht gleich den Normen entspricht und noch viel zu lernen hat.

Vielleicht übertreibe ich hier ein wenig. Aber worum es mir geht, ist aufzuzeigen, dass wir in unserem Glauben viel froher, freier und unverkrampfter leben könnten, wenn wir damit aufhören würden, uns an irgendwelche frommen Trapeze zu klammern, und stattdessen endlich loslassen würden, um in Gottes liebende Arme zu fliegen. Gehalten von seiner Liebe und Barmherzigkeit würden wir dann auch viel barmherziger miteinander umgehen.

In einem seiner inspirierenden Vorträge riet der evangelisch-lutherische Pfarrer Klaus Vollmer seinen Hörern: »Streitet euch nicht zu leidenschaftlich darum, wer von euch die Wahrheit hat. Viel wichtiger ist doch, dass die Wahrheit euch hat!« Die Wahrheit ist eine Person und hat einen Namen: Jesus Christus. In meinem Leben und Sterben bin ich davon abhängig, dass diese Wahrheit mich festhält. Darum übe ich mich darin, loszulassen und Christus zu vertrauen. Und da gibt es eine ganze Menge, was ich loslassen muss. Hier nur eine kleine Auswahl:

- Die lächerliche Vorstellung, ich wäre mein eigener Herr und hätte mein Leben ganz gut im Griff (alles, was ich bislang geschildert habe, spricht eindeutig dagegen)
- Meine verzweifelten Versuche, Gott in die Tüten meines Verstandes zu packen und auf jede Frage eine Antwort zu finden (auch auf solche, die in 2000 Jahren nicht zufriedenstellend beantwortet werden konnten)
- Das traurige Bestreben, mir durch ein tugendhaftes Leben die Liebe Gottes zu verdienen (nichts gegen ein tugendhaftes Leben – nur fühlt sich dieses viel besser an, wenn man es als Antwort auf die empfangene Liebe Gottes lebt)
- Meine perfektionistischen und überzogenen Vorstellungen davon, wie ich zu sein hätte (die mich manchmal dazu verführen, so zu tun, als sei bei mir alles in bester Ordnung)
- Die Abhängigkeit von der Anerkennung anderer Menschen (die mich mal zum Helden, mal zum Versager macht)
- Meine sinnlosen und kraftraubenden Sorgen um die Zukunft (statt mit Gottes Kraft im Hier und Jetzt zu leben)
- Das zwanghafte Festhalten an Äußerlichkeiten, die mir das Gefühl geben sollen, in Sicherheit zu sein (während ich in Wahrheit ein Gefangener bin)

Jesus spricht:

Ein Weizenkorn muss in die Erde ausgesät werden. Wenn es dort nicht stirbt, wird es allein bleiben – ein einzelnes Samenkorn. Sein Tod aber wird viele neue Samenkörner hervorbringen – eine reiche Ernte neuen Lebens.

Johannes 12,24

Dieses Sterben ist ein Lernprozess, mit dem ich niemals fertig werde. Manchmal hoffe ich, etwas kapiert zu haben und endlich loslassen zu können. Doch dann tauchen plötzlich wieder die alten Ängste und Sorgen auf, die mich dazu bringen wollen, mein Herz an alles Mögliche zu klammern, nur eben nicht an Jesus, an seine Liebe, an seine Wahrheit und an seine Kraft.

Ich bin in meinem Glauben nicht untätig, denn Glaube ist Bewegung. Ich will mich von Jesus weiter prägen und verändern lassen – und das geht nun einmal nicht ohne meinen Gehorsam. Aber in alledem lebe ich durch die Gnade Gottes. Ich vertraue darauf, dass Jesus mich festhält und sicher ans Ziel bringt. Wollte ich auf meine Kraft und meine Möglichkeiten bauen, dann wäre ich verloren.

Es geht um die Frage: »Halte ich oder werde ich gehalten?« Wenn ich versuche, mein Heil einzig aus eigener Kraft zu erhaschen, dann wird mein Glaube zu einem angstbesetzten Kampf und Krampf. Doch wenn ich von göttlichen Händen gehalten werde, dann kann ich mich frei und froh bewegen, ohne ständig Angst haben zu müssen, in die Tiefe zu stürzen. Wenn es der auferstandene Herr ist, der mich festhält, und nicht ein von Menschen gemachtes Kontrollsystem, dann kann ich alle möglichen Menschen und Meinungen kennenlernen, ohne dabei meinen Glauben zu verlieren. Wer fest verwurzelt ist, den haut so schnell nichts um.

Hilf mir, zu glauben!

Glaube ist Leidenschaft.
Glaube brennt wie ein Feuer.
Glaube liebt aus ganzem Herzen,
lacht aus vollem Hals,
zürnt mit heiligem Zorn,
weint bittere Tränen.
Glaube klagt an,
ringt mit Gott,
und kommt doch nicht von ihm los.

Glaube ist unruhig, ständig in Bewegung.
Glaube lässt sich nicht nieder.
Glaube sucht, strebt, will mehr.
Glaube wartet nicht, Glaube geht los:

zu den Hoffnungslosen,
den Ausgebeuteten,
den Leidenden,
den Gott-losen.
Glaube findet sich nicht ab – niemals.

Glaube ist Geschenk.
Er kennt gute Gründe,
aber beweisen lässt er sich nicht.
Er macht Erfahrungen
und geht doch nicht darin auf.
Glaube lässt sich nicht erzeugen,
weder in dir noch im anderen.
Glaube drängt sich nicht auf,
er will erwartet werden.

Glaube ist Geist, ist wie der Wind:
Du kannst ihn nicht sehen, aber du spürst ihn.
Glaube berührt, verbindet, heilt.
Glaube ist Herrlichkeit,
er strahlt in die Dunkelheit der Seele.
Glaube sprengt Ketten.
Der Geist macht lebendig, der Geist befreit.
Glaube gibt Perspektive, verändert die Werte.
Glaube schenkt Hoffnung.

Glaube ist Gemeinschaft,
ist ein Zuhause bei Gott, dem Vater.
Glaube versöhnt dich
mit dir selbst: Du schaust wieder in den Spiegel;
mit deinem Nächsten: Du bist bereit, zu vergeben.
Glaube schenkt dir eine neue Familie,
du bist nicht mehr allein.
Glaube ist Bindung an Christus,
im Leben und im Sterben.

Ich habe es versucht,
ernsthaft und radikal:
Ich wollte ohne Glauben leben.
Aber ich schaffe es nicht.
Ich will es auch nicht länger.
Glaube ist Leben,
ist ewiges Leben.
Ich will leben, ich will glauben.
Herr, hilf mir, zu glauben!

Kapitel 18:

Willkommen im Klub – Von der Ehrlichkeit

Eine Gemeinschaft von Sündern

Vor einiger Zeit erhielt ich eine E-Mail mit einem recht ungewöhnlichen Anliegen. Da fragte mich ein mir unbekannter Mann, ob ich bereit wäre, ihn in unserer Freikirche zu taufen. Das Problem sei allerdings, dass er danach nicht verbindlich in unsere Gemeinde kommen könne, denn schließlich würde er »in schlimmer Sünde« leben. Die erhoffte Taufe konnte ich ihm nicht zusagen, stattdessen lud ich ihn umso herzlicher dazu ein, dennoch zu kommen: »Sie sind ein besonders schlimmer Sünder? Dann sind Sie in unserer Gemeinde eigentlich genau richtig, denn die besteht ausnahmslos aus Menschen, die von der Vergebung leben.«

Ich befürchte, er ist bisher nicht bei uns aufgetaucht, aber seine Anfrage hat mich lange Zeit beschäftigt. Natürlich kenne ich diesen Mann überhaupt nicht. Es kann also gut sein, dass er eine völlig verquere Vorstellung vom christlichen Glauben hat. Dennoch frage ich mich, wie es sein kann, dass jemand der Meinung ist, er müsse erst einen gewissen Grad an Heiligkeit erlangt haben, bis er in eine – oder in unsere? – Kirche kommen kann. Strahlen wir das etwa aus? Das wäre fatal, denn die christliche Kirche ist ja in Wahrheit nichts anderes als eine riesige Gemeinschaft von Sündern. Jesus sagt: »Ich bin gekommen, um Sünder zur Umkehr von ihren Sünden zu rufen, und nicht, um meine Zeit mit denen zu verbringen, die sich schon für gut genug halten« (Lukas 5,32).

Wenn Sie ein Sünder sind, dann gilt auch für Sie: Willkommen im Klub. Die Gemeinschaft der Christen besteht ausschließlich aus Menschen, die sich von Jesus haben rufen lassen. Unter ihnen ist keiner, der ohne Sünde ist. Jeder Einzelne in dieser Kirche leidet an einer todbringenden Krankheit, die allein Jesus heilen kann. Es handelt sich bei dieser Erkrankung um einen Mangel an göttlicher Herrlichkeit, so wie ihn der Apostel Paulus beschreibt: »Alle Menschen haben gesündigt und das Leben in der Herrlichkeit Gottes verloren« (Römer 3,23). Dem einen mangelt es an der Reinheit seiner Gedanken und seiner Blicke, dem Nächsten an der Fähigkeit, seine Zunge im Zaum zu halten, einem anderen mangelt es am Mut zu Ehrlichkeit und wieder einem anderen an der Bereitschaft, zu vergeben. Ich könnte die Reihe endlos fortsetzen. Bei den Klassikern unter den Mangelerscheinungen geht es meist um Geld, Sex oder Macht. Darüber hinaus gibt es aber viele weitere Bereiche, die von dieser Krankheit betroffen sind. Da gibt es nichts, was es nicht gibt.

Nun heißt das nicht, dass wir als Christen bei dieser Erkenntnis einfach stehen bleiben sollen nach dem Motto: »So bin ich halt. Gott wird mir schon vergeben!« Vielmehr sind wir aufgefordert, uns von der Herrlichkeit Gottes mehr und mehr prägen und erfüllen zu lassen, sodass wir Christus immer ähnlicher werden. Das Neue Testament nennt das »Heiligung« und betont: Wer sich einer solchen Heiligung grundsätzlich verweigert, der steht in der Gefahr, das Ziel seines Glaubens zu verpassen (Vgl. 1. Thessalonicher 4,3). Doch auch wenn wir dazu bereit sind, uns von Gott verändern zu lassen, so werden wir bis zum letzten Atemzug Menschen bleiben, die noch längst nicht so sind, wie Gott sich das ursprünglich gedacht hat. Wir sind und bleiben Sünder, die aus der Gnade und Barmherzigkeit Gottes leben!

Je mehr sich diese Erkenntnis in unseren Gemeinden und Gemeinschaften durchsetzt, umso mehr können wir endlich damit aufhören, uns und anderen etwas vorzuspielen und so zu tun, als hätten wir alles im Griff und als gäbe es bei uns keine Mängel.

Dann müssen wir die Risse und Brüche in unserem Leben nicht länger durch fromme Sprüche kaschieren. Stattdessen können wir die Scherben unseres Lebens zu Jesus bringen, dem Kintsugi-Meister, damit er sie zusammensetzt und die Bruchstellen durch seinen Heiligen Geist vergoldet.

Die Gemeinde als Selbsthilfegruppe

Während meiner Zeit in Bad Herrenalb besuchte ich zum ersten Mal in meinem Leben ein Meeting der Anonymen Alkoholiker. Dabei stellte ich fest, dass wir in unseren kirchlichen Kreisen eine ganze Menge von solchen Selbsthilfegruppen lernen können. Als ich dann einige Jahre später gebeten wurde, einen Artikel für »Das Hauskreismagazin«[49] zu schreiben, wurde mir durch meine Erinnerungen an diese Meetings noch einmal bewusst, wie stark mich die Teilnehmer dieser Gruppe beeindruckt hatten. Bei ihnen erlebte ich etwas, was mir in den meisten Hauskreisen, die ich bis dahin kannte, fehlte. Folgender Text gibt meinen Eindruck vom ersten dieser Meetings wieder:

> Zunächst dachte ich, ich sei im falschen Film, denn was ich hier erlebte, erinnerte mich sehr stark an »Findet Nemo«. Vermutlich kennen Sie die Szene, in der ein Hai namens Bruce sowie einige seiner Kumpels ein solches Meeting abhalten: »Hallo, mein Name ist Bruce.« Darauf die ganze Gruppe: »Hi Bruce!« Und Bruce weiter: »Ich habe schon seit drei Wochen keinen Fisch mehr gefressen.« So ungefähr lief das in diesem Meeting auch ab, nur dass Bruce hier eben nicht Bruce hieß, sondern Harald*: »Hallo, mein Name ist Harald und ich bin Alkoholiker.« Darauf die anderen: »Hallo Harald!«

* Alle Namen in diesem Abschnitt geändert.

Und während ich die einzelnen Teilnehmer studierte und das alles auf mich wirken ließ, machte ich mir so meine Gedanken: »Falls man hier gezwungen wird, was zu sagen, wie in aller Welt soll ich mich dann vorstellen? »Hallo, mein Name ist Volker und ich bin Alkoholiker«? No way! Das geht schon mal gar nicht. Alkoholiker, das sind gestrandete Typen mit Schnapsnase, die man schon meilenweit gegen den Wind riechen kann. Und dazu gehöre ich nicht! Wenn die hier meinen, sie könnten mich zu irgendwelchen peinlichen Bekenntnissen zwingen, dann haben sie sich gehörig geschnitten. Mit mir nicht!«

So saß ich da in meiner Abwehrhaltung, die Arme vor der Brust gekreuzt und die Beine übereinandergeschlagen. Doch dann fing dieser Harald an zu erzählen – und ich traute meinen Ohren nicht. Er erzählte von der Zeit, in der er jeden Abend besoffen nach Hause kam und seine Frau bedrohte, ja manchmal auch verprügelte. Und davon, wie er im Suff einen schweren Unfall gebaut hatte, bei dem eines seiner Kinder verletzt wurde. Er berichtete von seinem abgrundtiefen Hass auf die Welt und auf sich selbst, sodass er schließlich versucht hat, sich das Leben zu nehmen. Er würde, so Harald, heute nicht hier sitzen, wenn seine Tochter ihn nicht damals gefunden hätte, vollgepumpt mit Tabletten und Alkohol: »Gott allein weiß, was ich ihr damit angetan habe!«

Eine Zeit lang herrschte betroffenes Schweigen, dann meldete sich Edith zu Wort. Sie richtete sich nicht direkt an Harald, sondern erzählte stattdessen von ihren eigenen Erfahrungen. Ediths Mutter war alkoholabhängig und konnte ihr nie die Liebe und Geborgenheit geben, nach der sie sich so sehr gesehnt hatte. So ist sie schon als Teenie von Zu Hause abgehauen und hat sich einer Clique angeschlossen, bei der es wilde Drogenpartys gab: »Sex, Drugs and Rock'n' Roll«. Erst viele Jahre später, während ihrer Therapie, kam es zu ersten Gesprächen mit ihrer Mutter und schließlich sogar zu einer Versöhnung. »Die Wunden sind immer noch da«, sagte Edith, »aber sie schmerzen nicht mehr so, wenn du lernst, loszulassen.«

Nicht alle Beiträge waren so intensiv wie diese beiden, aber alle hatten sie eines gemeinsam: Sie waren abgrundtief ehrlich! Hier, in dieser Gruppe, kamen Leute zusammen, die nicht mehr so tun mussten, als hätten sie alles im Griff. Denn wenn das der Fall gewesen wäre, dann würden sie nun mal nicht hier sitzen. Also mussten sie niemandem mehr etwas vorspielen, sich selbst nicht und auch den anderen nicht. Vermutlich war es diese Ehrlichkeit, die mich aus meiner starren Abwehrhaltung herausholte. So etwas kannte ich aus meinen kirchlichen Kleingruppen nicht. Dort tauschte man sich zwar auch über persönliche Dinge aus, doch das alles geschah meist homöopathisch dosiert. Irgendwie hatten unsere sogenannten Hauskreise dann doch das Problem, dass sich niemand eine Blöße geben wollte. Schließlich wusste man ja, wie man als guter Christ zu leben hatte. Also war es besser, so zu tun, als sei im eigenen Leben alles in bester Ordnung. Auf diese Weise konnte man Jahre mit jemandem in einem Hauskreis sein, ohne zu wissen, wie es ihm (oder ihr) wirklich ging. Das erfuhr man meist erst dann, wenn der Betreffende nicht mehr kam, weil er sich von seiner Ehefrau getrennt hatte und nun zur Freundin gezogen war, weil er in eine psychiatrische Klinik eingewiesen werden musste, weil er plötzlich betonte, er habe mit dem Glauben nichts mehr am Hut oder aus irgendeinem anderen Grund, von dem man vorher nichts geahnt hatte. Hier, bei den Anonymen Alkoholikern, war dies anders, und das beeindruckte mich schwer. Der Hammer kam dann nach ungefähr einer Stunde.

Denn plötzlich meldete sich Roland zu Wort und sagte, er sei von Beruf Pfarrer in der evangelischen Landeskirche. Roland erzählte, wie er verzweifelt versucht habe, sein »Alkoholproblem« vor der Gemeinde zu verstecken. Ständig lebte er in der Angst, enttarnt zu werden, bis er es schließlich nicht mehr aushalten konnte und zum ersten Mal in ein Meeting der Anonymen Alkoholiker ging. Er wusste um das Risiko, gesehen zu werden, aber das war ihm jetzt egal. Er wollte endlich wieder leben! Mir fiel die Kinnlade runter: Da gab es also noch mehr von meiner Sorte! Es gab doch tatsächlich Pfarrer, die mit ihrem Leben nicht mehr zurechtkamen, obwohl sie es doch eigentlich besser wissen müssten.

Später habe ich erfahren, dass es gerade unter den Menschen mit helfenden Berufen eine überdurchschnittlich hohe Zahl von Suchtkranken gibt. Aber damals wusste ich das noch nicht und fühlte mich darum umso schlechter. Schließlich hätte ich als Pastor ja mit gutem Beispiel vorangehen sollen. Als ich dieses Meeting nach rund 90 Minuten verließ, hatte ich kein einziges Wort gesprochen (und war auch nicht dazu gezwungen worden). Aber mir war jetzt schon klar, dass ich auf jeden Fall wiederkommen wollte.

Mittlerweile weiß ich, dass auch solche Selbsthilfegruppen keine Selbstläufer sind. Ich habe durchaus schon Meetings erlebt, die mir ein Graus waren. Doch die grundsätzliche Richtung stimmt und ist sehr hilfreich: Es geht bei diesen Treffen darum, Erfahrung, Kraft und Hoffnung zu teilen und durch die Verbundenheit mit anderen Betroffenen gestärkt, korrigiert und motiviert zu werden, je nachdem, was gerade dran ist. Das setzt natürlich voraus, dass alles, was in dieser Gruppe gesagt wird, absolut vertraulich behandelt wird. Und es braucht ein Klima, bei dem man nicht gleich mit Wertungen und gut gemeinten Ratschlägen übereinander herfällt, sondern gut zuhört und mit den eigenen Beiträgen bei sich selbst bleibt. Wenn dies gelingt, dann geht von solchen Gruppen eine ungeheure Kraft aus – sie sind ein Raum, in dem man sich nicht verstecken muss, sondern so sein darf, wie man wirklich ist.

Ich träume davon, dass auch unsere christlichen Kirchen und Gemeinden eines Tages ein solcher Raum sind, in dem sich niemand verstellen muss, weil von vornherein klar ist: »Wir sind hier letztlich nichts anderes als eine große Selbsthilfegruppe. Wir sind eine Gemeinschaft von erlösungsbedürftigen Sündern, die einander helfen, aus der Kraft Gottes zu leben und Jesus Christus nachzufolgen.«

Hinter der frommen Matrix

Das aber kann nur dann geschehen, wenn wir bereit sind, die Risse und Brüche in unserer Seele nicht länger zu verdrängen, sondern sie stattdessen wahrzunehmen und zu benennen, so wie es im vierten Schritt heißt: »Wir machten eine gründliche und furchtlose Inventur in unserem Inneren.« Wenn diese Bereitschaft fehlt, mögen wir in unserer Gemeinde vielleicht Glaubensriesen sein, die sich in der Heiligen Schrift bestens auskennen und einen vorbildlichen Einsatz zeigen, innerlich jedoch bleiben wir Seelenzwerge, die nach Liebe und Anerkennung hungern, von Selbstzweifeln zerfressen werden, vor aufgestauter Wut fast platzen, an gescheiterten Lebensträumen verzweifeln.[50]

So kann man über viele Jahre in einer christlichen Gemeinde eingebunden und aktiv sein, ohne in dieser Zeit emotional zu reifen. Eben dies ist dann auch der wahre Grund für zahlreiche Konflikte in unseren Gemeinden, bei denen man über irgendwelche Frömmigkeitsstile streitet, während es unter der sichtbaren Oberfläche um ganz andere Themen geht, etwa um das Bedürfnis nach Anerkennung oder um die Angst vor einem Kontrollverlust. Nun habe ich überhaupt nichts gegen eine gesunde Streitkultur in unseren Gemeinden. Manchmal ist es sicher notwendig, sich aneinander zu reiben und in hitzigen Debatten um Antworten zu ringen. Das Tragische ist jedoch, dass manche unserer Streitereien gar nicht den eigentlichen Kern des Konfliktes berühren, weil wir nicht in der Lage sind, über das zu reden, was uns in der Tiefe unserer Seele wirklich bewegt. So werfen wir einander mangelnden Glauben oder fehlende Bibeltreue vor, hauen uns Bibelstellen um die Ohren und begreifen dabei selbst nicht, warum wir so heftig reagieren. Die Verwundungen in unserer Seele lassen uns zu Menschen werden, die wir eigentlich nie sein wollten.

Solange wir vor den Rissen in unserer Seele weglaufen und versuchen, sie durch einen frommen Aktivismus oder durch Rechtgläubigkeit zu überspielen, kann der Heilige Geist nicht an uns wirken und wir bleiben die Gefangenen unseres perfektionistischen Selbstbildes. Der Weg in die Freiheit beginnt dort, wo wir den Mut aufbringen, uns vom Heiligen Geist in die Wahrheit führen zu lassen: »Ihr werdet die Wahrheit erkennen, und die Wahrheit wird euch frei machen« (Johannes 8,32).

Wenn nun der Geist an uns arbeitet und uns unsere Unvollkommenheit offenbart, dann tut das richtig weh. Es schmerzt, sich den Verletzungen und unerfüllten Sehnsüchten zu stellen, die hinter unserer frommen Matrix versteckt sind und dort ihr destruktives Spiel mit uns treiben. Doch wer bereit ist, diese Schmerzen auszuhalten, der wird eine Erfahrung machen, die so einzigartig und so erstaunlich ist, dass sie sich nur schwer beschreiben lässt: die Erfahrung der göttlichen Gnade!

Denn gerade da, wo wir angesichts unserer Unvollkommenheit an uns selbst verzweifeln wollen, gerade da begegnet uns Jesus Christus: »Der Herr ist allen nahe, die verzweifelt sind; er rettet die, die den Mut verloren haben« (Psalm 34,19). Christus richtet uns auf, nimmt uns an die Hand und führt uns auf den Weg in die Freiheit.

Intimität statt Professionalität

Bis heute gibt es immer wieder Christen, die der Meinung sind, sie müssten sich erst fein herausputzen, um Jesus begegnen zu können: »Herr, ich werde mich bemühen, ein besserer Mensch zu werden. Und wenn ich das geschafft habe, dann komme ich wieder zu dir.« In ihrer Vorstellung beginnt ein geistliches Leben erst dort, wo sie es endlich geschafft haben, den Ansprüchen Gottes zu genügen. Auf diese Weise quälen sie sich über Jahre ab, ohne zu einem wirklichen Leben mit Christus durchzudringen.

Auch ich war lange Zeit so drauf und machte Gott immer wieder Versprechungen, die ich nicht einhalten konnte. Näher gekommen bin ich ihm dadurch nicht. Stattdessen fühlte ich mich ständig schmutzig und unwürdig. Doch als ich schließlich völlig am Ende war mit meinem frommen Latein und mir nichts mehr blieb, als angesichts meiner Machtlosigkeit verzweifelt zu schreien: »Herr, erbarme dich meiner!«, da begegnete mir Jesus wie niemals zuvor. Ich selbst hielt mich für widerwärtig und konnte mir nicht vorstellen, dass irgendjemand etwas mit mir anfangen könnte – erst recht nicht der Sohn Gottes. Doch was tat Jesus? Er hörte meinen Hilfeschrei, kam zu mir und nahm mich, ohne zu zögern, in den Arm. Und als ich in seinen Armen hemmungslos über die vielen Scherben in meinem Leben weinte, da drückte er mich umso fester und flüsterte mir ins Ohr: »Es ist vorbei. Hörst du? Es ist vorbei. Bei mir bist du zu Hause!« Ich hätte mir gewünscht, dass diese Umarmung nie zu Ende geht.

Doch dann schaute Jesus mich an und sagte: »Mein lieber Volker, ich bin so froh, dass wir endlich zusammen sind. Komm, lass uns gemeinsam weitergehen. Ich habe da noch einiges mit dir vor.«

Über viele Jahre war ich ein Abendmahl-Muffel und konnte mit dieser Feier einfach nichts anfangen. Doch seit dieser Herzensbegegnung mit Christus hat sich das geändert. Inzwischen gehe ich sehr gern zum Abendmahl, denn bei jeder Mahlfeier erneuert Jesus seine Umarmung und spricht mir seine Liebe zu. Ich neige immer wieder mal dazu, mich runterzumachen und selbst zu verdammen. Umso wichtiger ist es für mich, das Evangelium nicht allein zu hören, sondern es durch den Geschmack von Brot und Saft (wir verwenden keinen Wein) zu spüren und zu verinnerlichen: »Also gibt es jetzt für die, die zu Christus Jesus gehören, keine Verurteilung mehr« (Römer 8,1).

Unser geistliches Leben beginnt nicht erst dann, wenn wir einen gewissen Grad an Perfektion erreicht haben, sondern hier und heute, mitten in der Zerbrochenheit und im Chaos unseres Lebens. Jesus sagt: »Die Gesunden brauchen keinen Arzt – wohl aber die Kranken« (Matthäus 9,12). Seine Zuwendung gilt besonders denen, die ihr Leben einfach nicht auf die Reihe kriegen und dringend Hilfe brauchen.

Darum müssen wir nicht länger so tun als ob, sondern können mit all unseren Defiziten und unserem alltäglichen Scheitern in die liebenden Arme Gottes laufen. Wohl kaum jemand hat dies so leidenschaftlich und eindrücklich beschrieben wie der amerikanische Pastor Mike Yaconelli in seinem Buch »Gott liebt Chaoten – Warum wir nicht ständig besser werden müssen«:

> *Geistliches Leben ist keine Formel, kein Test. Es ist eine Beziehung. Im geistlichen Leben geht es nicht um Professionalität, sondern um Intimität. Im geistlichen Leben geht es nicht um Vollendung, sondern um Begegnung. Der Weg des geistlichen Lebens fängt da an, wo wir jetzt sind: im Cha-*

os unseres Lebens. Die Wirklichkeit unseres zerbrochenen, fehlerhaften Lebens anzuerkennen, ist der Anfang des geistlichen Lebens, nicht weil das geistliche Leben unsere Fehler beseitigt, sondern weil wir aufhören, nach Perfektion zu streben und stattdessen Gott suchen – den, der in der Verworrenheit unseres Lebens wirklich da ist. Im geistlichen Leben geht es nicht darum, für immer einen Standpunkt bezogen zu haben, sondern es geht darum, dass Gott im Chaos unserer Unbeständigkeit da ist.[51]

Kapitel 19:

Jenseits des Tellerrandes – Von der Offenheit

No trust, no pain!

Es ist nun schon fast zwanzig Jahre her, dass ich dachte, einen echten Freund gefunden zu haben. Wir waren ein paar Mal zusammen wandern oder trafen uns abends in einem Biergarten. Aufgrund unserer gemeinsamen Wellenlänge verließ ich meinen Schutzraum und erzählte viel Persönliches. Entgegen allen inneren Stimmen, die mich anflehten, das auf gar keinen Fall zu tun, öffnete ich mich und machte mich damit verwundbar.

Einige Zeit ging das gut. Bis zu dem Tag, an dem ich ihm eine verhängnisvolle Karte schrieb. In dem apokryphen Buch Jesus Sirach heißt es: »Ein treuer Freund ist ein starker Schutz; wer den findet, der findet einen großen Schatz« (Sirach 6,14; LUT). Ich schrieb diesem Mann, dass ich sehr froh darüber sei, einen solchen Schatz gefunden zu haben. Daraufhin signalisierte er mir, er müsse mich dringend sprechen, um etwas mit mir zu klären. Auf das, was dann kam, war ich absolut nicht vorbereitet. Er sagte, dass er meinen Erwartungen nicht gerecht werden könne und dass ihm dies alles zu viel und zu eng würde. Vermutlich wäre es besser, wenn wir in Zukunft mehr Abstand voneinander halten würden. Ich konnte es nicht fassen! Nun war mir genau das passiert, was ich durch all meine Kontrollzwänge versucht hatte, zu vermeiden: Ich wurde verletzt, beschämt und verlassen! Natürlich konnte mein Gegenüber das nicht wissen, aber seine Worte waren ein tiefer Stich in meine traumatisierte

Seele – so tief und so schmerzhaft, dass mich das ziemlich aus der Bahn warf.

Einige Wochen später bat er mich noch einmal um ein Gespräch, um mir zu erzählen, warum er auf meine Karte so reagiert hatte. Doch da hatte ich längst wieder dicht gemacht – und seine Worte prallten einfach an mir ab.

Bitte
tu das nicht!
Du musst nicht
mit mir reden,
nicht diesen
belanglosen Scheiß.
Und bitte nicht
diesen Blick:
Ich hab's versaut,
ich weiß.

Ich hab
zu viel gewollt,
hab die Summe
meines Lebens
auf dich gesetzt,
alles gewagt.
Dich hat das
kaltgelassen,
hab dich auch
nie gefragt.

Du kannst
mich verachten,
mich bloßstellen,
in offene

Wunden fassen.
Nur bitte,
bitte sei nicht
nett zu mir!
Ich würd mich
ewig hassen.

Ich brauche
eine Weile,
sammle Teile,
klebe Scherben.
Der Rest heilt
mit der Zeit.
Nur eines
könnte ich
nie ertragen:
dein Mitleid.

Damals leistete ich einen heiligen Eid: »Nie mehr werde ich mich einem Menschen gegenüber öffnen und mich damit verletzlich machen – nie mehr!« Über viele Jahre lebte ich nach dem Motto: »No trust, no pain!« Ich investierte einen Großteil meiner Kraft und meines Denkens darin, jede Bewegung und jedes Wort von mir zu kontrollieren, um mich auf gar keinen Fall verwundbar zu machen. Doch je stärker dieser Kontrollzwang wurde, umso mehr raubte er mir die Lebensqualität. Am Ende musste ich erkennen, dass ich mein Leben nicht mehr meistern konnte. Und dann kam Christine, mein Sponsor, zu mir und meinte: »Sei offen für neue Erfahrungen und für das Handeln Gottes in deinem Leben!« Dabei war es doch gerade meine leichtsinnige Offenheit, durch die ich damals so verletzt worden war. Warum also sollte ich diesen Fehler noch einmal begehen?

Es dauerte noch eine ganze Weile, bis ich bereit war, mich der Fürsorge Gottes anzuvertrauen und mich für sein Handeln in meinem Leben zu öffnen. Insofern kann ich jeden verstehen, der an dieser Stelle skeptisch ist. Es kostet einiges an Überwindung, den mühsam erarbeiteten Sicherheitsbereich zu verlassen – und das umso mehr, wenn man außerhalb dieses Kokons schon einmal schlechte Erfahrungen gemacht hat.

Die Warum-Frage

Es gibt einige Verletzungen in unserem Leben, für die wir nicht andere Menschen verantwortlich machen, sondern Gott. Das Scheitern an einer Berufung, ein tragischer Unfall, der Verlust eines geliebten Menschen, eine chronische Erkrankung, die über die Jahre zermürbt, das Zerbrechen einer Beziehung, die ewig halten sollte – solche leidvollen Erfahrungen hinterlassen tiefe Wunden, die es manchen Menschen sehr schwer machen, sich für ein heilvolles Eingreifen Gottes zu öffnen, denn aus ihrer Sicht hätte eben dieser Gott ihr Leiden verhindern können: »Warum hat er nicht eingegriffen? Will er mich vielleicht für irgendetwas strafen?«

Es gibt auf diese Frage keine leichte Antwort. Um ganz ehrlich zu sein: Aus meiner Sicht gibt es darauf nicht einmal eine komplizierte Antwort – sondern gar keine. Auch eine Umwandlung des »Warum« in ein »Wozu« erscheint mir wenig hilfreich. Letztlich scheitern beide Fragen an dem Versuch, hinter der eigenen Leiderfahrung einen verborgenen Sinn zu erkennen. Gäbe es diesen, so wäre es zumindest leichter, das erfahrene Leid zu verarbeiten. Die bittere Wahrheit aber lautet: Oft lässt sich ein solcher Sinn nicht erkennen – zumindest dann nicht, wenn man mitten in der Krise steckt. Darum bringen einen solche Fragen nicht weiter. Wie aber ist es dann möglich, sich für das Wirken Gottes zu öffnen?

Meine persönliche Antwort lautet: Indem man auf das Leben und Sterben von Jesus schaut, so wie es uns in den vier Evangelien berichtet wird. Im Brief an die Hebräer heißt es: »Vor langer Zeit hat Gott oft und auf verschiedene Weise durch die Propheten zu unseren Vorfahren gesprochen, doch in diesen letzten Tagen sprach er durch seinen Sohn zu uns« (Hebräer 1,1-2). Jesus Christus ist die endgültige und letzte Offenbarung Gottes – und dies ist eben nicht nur zeitlich zu verstehen, sondern auch qualitativ: »Christus ist das Bild des unsichtbaren Gottes« (Kolosser 1,15). Wer wissen will, wer Gott ist und wie Gott ist, der muss auf Jesus schauen: auf seine Lehre, sein Leben und seine Hingabe. Jesus selbst bekräftigt dies, indem er betont: »Wer mich gesehen hat, hat den Vater gesehen« (Johannes 14,9).

Wenn ich in den Evangelien lese, dann sehe ich den Sohn Gottes, der zu denen geht, die von der Gesellschaft ausgestoßen und verachtet werden. Ich sehe einen Jesus, der fühlt, was er sieht, und darum tut, was er kann. Im Auftrag seines himmlischen Vaters setzt er sein Leben ein, um Menschen zu heilen und zu befreien. Jesus weint mit den Weinenden und leidet mit den Leidenden. Er ist immer gerade dort zu finden, wo es seinen frommen Zeitgenossen zu unangenehm oder zu dreckig wird. Sein Herz schlägt leidenschaftlich für die, die verwundet sind und vom Leben nichts mehr erwarten, denn für die Kranken ist er gekommen, nicht für die Gesunden!

Sie können Jahre damit vergeuden, sich Gott vom Leibe zu halten, indem Sie ihn anklagen für Ihr Leid und auf eine Erklärung beharren. Oder aber Sie lassen endlich los, indem Sie sich Ihre Machtlosigkeit eingestehen, auf eine Sinnsuche verzichten und sich stattdessen dafür öffnen, dass Gott gerade denen nahe ist, die zerbrochenen Herzens sind und ein zerschlagenes Gemüt haben (Psalm 34,19).

Falls Sie so ähnlich ticken wie ich, dann werden Sie jetzt vermutlich fragen: »Aber was ist, wenn ich mich für Gott öffne – und nichts geschieht?« Auch ich hatte große Angst, enttäuscht zu werden.

Motiviertes Sehen

Manchmal sagen oder schreiben mir Leute: »Ich habe mich ja für Gott geöffnet, aber das hat nichts gebracht, denn Gott hat nicht eingegriffen. Er hat einfach geschwiegen.« In der Regel kenne ich die Lebenssituation der Betreffenden zu wenig, um darauf eine angemessene Antwort zu geben. Ich weiß aber aus eigener Erfahrung, dass es möglich ist, Gottes Eingreifen schlicht nicht zu erkennen, und zwar deshalb, weil es ganz anders geschieht als erwartet. Man spricht in diesem Zusammenhang vom »motivierten Sehen«. Seitdem mein Sohn bei einer Kfz-Werkstatt arbeitet, sehe ich das Logo dieser Werkstatt ständig, etwa auf der Kennzeichen-Halterung eines vor mir fahrenden Autos. Natürlich war dieses Logo auch schon früher da, aber ich hatte es nicht gesehen, weil ich keinen Bezug dazu hatte, ich hatte keine Motivation, es zu sehen.

Ähnliches gilt auch für das Eingreifen Gottes. Wenn wir eine ganz bestimmte Vorstellung davon haben, wie Gottes Hilfe auszusehen hat, dann ist es durchaus möglich, dass wir seine tatsächliche Hilfe nicht sehen, weil sie auf eine Art geschieht, mit der wir niemals gerechnet hätten. Darum gehört zur Offenheit für das Wirken Gottes auch der zweite Satz meines Sponsors: »Verschließ dich nicht sofort wieder, wenn du Dinge erlebst, die du zunächst nicht einordnen kannst.«

Vielleicht begegnen Ihnen Menschen, die Ihnen zunächst einmal suspekt sind, weil sie in einem Umfeld leben, das Ihnen nicht vertraut ist, oder weil sie von Überzeugungen geprägt sind, die Sie nicht mittragen wollen. Wenn dem so ist, dann machen Sie nicht gleich wieder dicht, sondern hören Sie erst einmal zu. Es kann gut sein, dass es gerade diese Menschen sind, durch die Gott Ihnen seine Hilfe schickt!

Bei mir war dies so. Wenn ich auf die letzten Jahre zurückschaue, dann stelle ich fest, dass Gott mich gerade durch solche

Menschen geprägt und verändert hat, die sich jenseits meines bisherigen Tellerrandes bewegten.

Der entscheidende Anstoß, mich nicht aufzugeben, sondern stattdessen professionelle Hilfe in Anspruch zu nehmen, kam von einem Pfarrer und Supervisor aus Würzburg, der sicher nicht meiner eigenen frommen Szene zuzurechnen ist.

Die fachliche Hilfe, mit der ich meinen irrationalen Ängsten und Zwängen begegnen konnte, geschah durch eine Ärztin, von der ich nie erfahren habe, wie sie zum christlichen Glauben steht.

Die Motivation, auf dem Weg der »Zwölf Schritte« voranzugehen, kam von meinen Freunden aus der Selbsthilfegruppe, die an alles Mögliche glauben – nur leider nicht an Jesus Christus.

Bei der Entscheidung, meine zahlreichen Fragen und Zweifel loszulassen und lieber über das nachzudenken, was nachdenkenswert ist, hat mir die Rede eines Schriftstellers geholfen, der in der christlichen Szene nahezu unbekannt ist.

Meine Sehnsucht nach der Fülle des Heiligen Geistes wurde durch einen Pfingstprediger geweckt, von dem ich mich nach Ansicht einiger Geschwister lieber hätte fernhalten sollen, da er die Lehre von der »Geistestaufe« vertrat.

Dass das Gebet eine tiefe und innige Verbindung mit Christus sein kann, habe ich durch die Schriften der großen Mystikerin Teresa von Ávila gelernt, die manche evangelikale Geschwister nie lesen würden, weil ihnen die Mystik verdächtig erscheint.

Die Sehnsucht nach Erweckung hat mir der württembergische Pfarrer Johann Christoph Blumhardt ins Herz gelegt, der von vielen vorschnell als ein »Allversöhner« abgelehnt wird.

Mir geht es hier nicht um eine grenzenlose Offenheit, bei der am Ende alles gleich gültig und damit gleichgültig ist. Mein Hebräisch-Dozent hat eine solche Haltung gern mit dem Spruch kommentiert: »Wer für alles offen ist, der ist nicht ganz dicht!« Mir geht es vielmehr darum, zu betonen, dass wir Gott nicht vorschreiben sollten, auf welchen Wegen und durch welche Menschen er uns seine Hilfe schickt. Vom Apostel Paulus stammt der Rat: »Prüft alles, was gesagt wird, und behaltet das Gute« (1. Thessalonicher 5,21).

Daran halte ich mich. In der Gewissheit, dass es die Wahrheit in Person ist, die mich festhält, muss ich bei einer solchen Prüfung auch nicht ständig Angst haben, meinen Glauben zu verlieren. Ich kann und darf mich dafür öffnen, dass es jenseits meines bisherigen Erfahrungshorizontes eine ganze Menge zu lernen gibt. Ich will zuhören und verstehen – verstehen, warum Menschen so leben, wie sie leben, oder denken, wie sie denken. Je intensiver ich dies einübe, umso mehr staune ich darüber, wie sehr ich mit meinen vorschnellen Wertungen und reflexartigen Beurteilungen danebenliege.

Schubladendenken

Manchmal bekomme ich bestätigende und lobende E-Mails von Leuten, die aufgrund einer ganz bestimmten Predigt von mir davon ausgehen, dass ich in ihr Lager gehöre. Wenn ich etwa über den Zorn Gottes spreche, dann schreiben sie mir: »Weiter so, Bruder Halfmann. So etwas traut sich ja heute kaum noch jemand zu predigen.« Doch schon drei Wochen später sind dieselben Leute empört und entsetzt, denn aufgrund einer anderen Predigt von mir müssen sie feststellen, dass ich wohl ganz anders ticke, als sie zunächst gedacht haben. Auf einmal zitiere ich doch tatsächlich John Wimber und betone, dass ich eine Menge von ihm gelernt habe. Also schreiben sie mir wieder eine E-Mail, dieses Mal mit eher mahnendem Charakter: »Bruder Halfmann, wissen Sie denn nicht, dass dieser Wimber ein Charismatiker gewesen ist, der gefährliche Irrlehren verbreitet hat? So einen dürfen Sie doch nicht zitieren!«

Erfreulicherweise verlangen die meisten dieser E-Mail-Schreiber nicht, dass ich ihnen antworte, denn dazu würden mir die Zeit und die Kraft fehlen. Außerdem ist es nach wie vor so, dass mir angesichts gewisser konservativer Feldzüge die Luft wegbleibt und das Blut in den Adern gefriert. Darum halte ich mich aus solchen Diskussionen meistens heraus – es sei denn, es handelt sich um Geschwister, die ich gut kenne und mit denen ich mich besonders verbunden fühle.

Wenn es überhaupt eine Schublade gibt, in die ich gehöre, dann ist das die mit den vom Leben überforderten Chaoten und Sündern, die sich in ihrer Verzweiflung an Jesus hängen. Unter ihnen fühle ich mich wohl und dort gehöre ich hin – aber in alle anderen frommen Abteilungen passe ich irgendwie nicht hinein. Warum sollte ich auch? Ich gehöre zu Jesus Christus und vertraue darauf, dass er mich an die Hand nimmt und nie mehr loslässt. Das ist alles – wirklich alles –, worauf es für mich ankommt, denn Jesus sagt:

> *Meine Schafe hören auf meine Stimme; ich kenne sie, und sie folgen mir. Ich schenke ihnen das ewige Leben, und sie werden niemals umkommen. Niemand wird sie mir entreißen, denn mein Vater hat sie mir gegeben, und er ist mächtiger als alles andere. Und niemand kann sie aus der Hand des Vaters reißen. Der Vater und ich sind eins.*
>
> JOHANNES 10,27-30

Gerade angesichts der vielen Ängste, die mich stets erneut befallen und mir die Luft zum Leben nehmen wollen, schreibe ich mir diese Zusage meines Herrn immer wieder in mein Gehirn: »Was auch passieren mag – ich bin da für dich und lasse dich nicht los!« Christus ist »Alpha und Omega«, der Anfang und das Ende. Selbst die Mächte des Todes können meinen Herrn nicht davon abhalten, mich an sein Ziel zu bringen. Damit ich das nie vergesse, habe ich mir ein Christusmonogramm auf mein linkes Bein tätowieren lassen – wodurch ich bei einigen Leuten dann schon wieder aus der Schublade gepurzelt bin, in die sie mich zuvor gesteckt hatten.

Was bin ich denn nun? Ein Jesus-Freak, ein Post-Evangelikaler oder vielleicht ein Charismatiker? Ich selbst würde sagen: Ich bin ein chaotischer Jesus-Nachfolger, der durch das Leben stolpert und darauf vertraut, dass Gottes Gnade ihn durchträgt. Auf diesem Weg fühle ich mich besonders mit denen verbunden, die ähnlich wackelig unterwegs sind wie ich und dies auch offen zeigen können. Gemeinsam beten wir den Herrn an, dessen Liebe und Wahrheit uns heilt und verändert.

Free hugs!

Vor einigen Wochen habe ich in unserer Gemeinde darüber gepredigt, dass die Liebe stärker ist als die Angst. Eben weil dies so ist, bin ich heute mehr und mehr in der Lage, mich nicht allein für Gott, sondern auch anderen Menschen gegenüber zu öffnen. Begonnen hat diese Entwicklung in meiner Selbsthilfegruppe. Nachdem ich dort längere Zeit einfach nur schweigend dagesessen und zugehört hatte, beschloss ich eines Abends, mich zu beteiligen, und erzählte aus meinem Leben. Da ich für meinen Beitrag weder verurteilt noch gemieden wurde, meldete ich mich in den nächsten Wochen immer häufiger zu Wort. Nach einigen Monaten meinten meine AA-Freunde zu mir: »Volker, du hättest dich mal sehen sollen, als du zu uns gekommen bist. Da warst du ein kleines, verängstigtes Vögelchen, das kaum den Schnabel aufgekriegt hat. Und jetzt schau dich an: Inzwischen bist du durch deine Beiträge ein wichtiger Bestandteil unserer Gruppe. Du hast dich wahnsinnig entwickelt!«

Hier, in meinen Meetings, hatte sich meine Offenheit bezahlt gemacht. Ich hatte endlich wieder das Gefühl, dazuzugehören. Ich war ein Teil dieser Gemeinschaft. Als ich später erneut Pastor wurde, dachte ich: »Wenn das in einer Selbsthilfegruppe funktioniert, warum sollte das in einer Gemeinde nicht auch möglich sein?« Also beschloss ich, mich in vielen meiner Predigten zu öffnen. Ich erzählte von meinen Niederlagen ebenso wie von meinen Ängsten und Zweifeln.

Gott sei Dank ist das nicht alles, was ich zu predigen habe, denn ich verkündige ja nicht mich, sondern Jesus, den auferstandenen Herrn. Aber wenn es um die Nachfolge geht und darum, wie ich heute im Glauben lebe, dann will ich nicht so tun, als hätte ich schon eine gewisse Heiligkeitsstufe erreicht. Dann sollen die Geschwister wissen, dass ich immer wieder innere Kämpfe austrage, falsche Entscheidungen treffe, in alte Muster zurückfalle und ganz gehörigen Mist baue. Wenn ich überhaupt wachse, dann ganz gewiss nicht senkrecht nach oben, sondern eher wie bei einer Wendeltreppe: Wieder und wieder komme ich an die gleichen Stellen und begegne den mir vertrauten Dämonen, doch wenn ich mich fest an Jesus halte, an seiner Hand weiterlaufe und die richtigen Entscheidungen treffe, geht es dabei langsam nach oben.

In der erwähnten Predigt sprach ich darüber, warum ich über viele Jahre eine panische Angst davor hatte, mich zu öffnen. Dann erzählte ich von der Kraft der Liebe, die es doch tatsächlich geschafft hat, aus so einem Typen wie mir jemanden zu machen, der in der Lage ist, anderen Menschen herzlich und unverkrampft zu begegnen. Um diese Predigt praktisch werden zu lassen, stellte ich mich nach dem Gottesdienst mit einem großen Schild in unser Foyer, auf dem »Free hugs!«, also »kostenlose Umarmungen«, stand. An diesem Sonntag hatte ich einige herzliche Umarmungen und viele gute Gespräche. Als ich schließlich überglücklich nach Hause fuhr, konnte ich selbst kaum fassen, was an diesem Tag alles geschehen war. Es stimmt, was der Apostel sagt: »Unsere Liebe kennt keine Angst, weil die vollkommene Liebe alle Angst vertreibt« (1. Johannes 4,17-18). Das gilt auch für meine abgrundtiefe Angst, beschämt, verletzt und verlassen zu werden. Je mehr diese göttliche Liebe mein Herz erfüllt, umso mehr wage ich es, mich vertrauensvoll zu öffnen und verwundbar zu machen.

Als ich damals im Mai 2007 auf dem Weg in die Klinik war, hätte ich mir niemals vorstellen können, dass aus mir mal ein Mensch wird, der sich ins Gemeindehaus stellt und dort kostenlose Umarmungen verteilt. Aber Gottes Gedanken sind eben nicht meine Gedanken, und seine Möglichkeiten übersteigen die meinen bei Weitem.

Kapitel 20:

Es gibt nichts Gutes, außer man tut es – Von der Bereitschaft

Pflaster oder Heilung?

»Nur du allein kannst es schaffen, aber du schaffst es nicht allein« – der Spruch der Anonymen Alkoholiker legt den Fokus auf die Erkenntnis, dass die Sucht einfach zu stark ist, um allein damit fertig zu werden. Wer wirklich frei werden will, der braucht dazu Hilfe von außen. Und diese Hilfe gibt es ja – man muss sie nur in Anspruch nehmen.

Nun lässt sich dieser Spruch aber auch umkehren, sodass eine ganz andere Betonung entsteht: »Du schaffst es sicher nicht allein, aber nur du allein kannst es schaffen.« Der Spruch macht deutlich, dass alle Hilfe von außen eines nicht ersetzen kann: die eigene Verantwortung und Mitwirkung. Wenn diese nicht vorhanden sind, dann ist die beste Hilfe umsonst! Darum fühlte Christine, mein Sponsor, mir bei unserem ersten Treffen so ordentlich auf den Zahn. Sie wollte wissen, ob ich wirklich dazu bereit war, mitzuarbeiten.

»Weißt du, Volker, es gibt einige Leute, die suchen bei den Anonymen Alkoholikern nur ein Pflaster, aber keine Heilung, denn die Heilung würde sie einiges kosten, und dazu sind sie nicht bereit« – diese Worte von ihr werde ich nie vergessen, denn sie sind so treffend: Wie oft bin ich mit meinen Rückenschmerzen zum Arzt gekrochen, damit er mir eine Spritze gab oder Schmerzmittel verschrieb. Das tat er dann auch und dies verschaffte mir eine kurzfristige Erleichterung. Doch nach ein paar Wochen erwischte es mich wieder im Rücken, sodass ich erneut bei ihm auftauchte. Für eine Heilung hätte es meine aktive und konsequente Mitwirkung gebraucht: regelmäßige Bewegung, gezielte Rückengymnastik, Entspannungsübungen und die Auseinandersetzung mit meinen Ängsten und Zwängen. Da ich zu dieser Mitwirkung jedoch immer nur bedingt bereit war, musste ich mir alle paar Wochen ein neues »Pflaster« abholen.

Kommt Ihnen das irgendwie bekannt vor? Dann gehören Sie vermutlich auch zu den Menschen, die auf ein übernatürliches Eingreifen Gottes hoffen, aber nicht bereit sind, selbst aktiv mitzuwirken im Sinne von: »Herr, bitte heile mich, aber lass es mich nichts kosten!«

Da musste ich durch

Als ich ganz unten war, konnte ich gar nichts tun – außer zu Gott um Hilfe zu schreien. Mehr war damals einfach nicht drin. Aber auch dieses Schreien war ja eine Mitwirkung, war mein Tun.

Doch später, als es mir schon etwas besser ging, nahm Gott mich mehr und mehr in die Verantwortung. Ich musste in meinen Aufzeichnungen schwarz auf weiß festhalten, wie die Sucht dabei war, mein Leben zu zerstören. Ich musste meinen Hintern hochkriegen und mit meinen eigenen Füßen ins Meeting gehen. Ich war herausgefordert, meine Schwächen und Fehler zu erkennen und Menschen in meinem Umfeld um Vergebung zu bitten. Ich stand an jedem neuen Tag vor der Entscheidung, das erste Glas stehen zu lassen. All das – und vieles mehr – konnte mir niemand abnehmen, denn das war einzig und allein mein Job. Und dieser Job war zeitweise verdammt hart. Er kostete mich einiges an Kraft und verursachte ziemliche Schmerzen. Aber anders ging es nun mal nicht. Da musste ich durch.

Mein Sponsor weigerte sich konsequent, mir Trostpflaster zu verabreichen. Einmal schickte ich Christine ein Lied von Herbert Grönemeyer. Dort heißt es: »Erzähl mir von morgen, zeig mir dein Land. Kannst du mich dir borgen, dir leihen? Hab alles verloren, alles vertan. Das Gewissen los, hilf mir bereuen. Gott interessiert sich für viel und die Welt, bloß nicht für mich. Alles verkehrt und auch umsonst. Nur Schuld, kein Nachher.«[52] Ihre Antwort war ziemlich ernüchternd: »Volker, du suhlst dich mal wieder in Selbstmitleid. Hör endlich damit auf und tu stattdessen das, was ich dir gesagt habe!«

Inzwischen begleite ich selbst suchtkranke Menschen auf dem Weg in die Freiheit – und stoße dabei immer wieder an meine Grenzen. Denn wenn sie nicht die Bereitschaft mitbringen, Verantwortung zu übernehmen und selbst mit anzupacken, dann bleibt mein Einsatz wirkungslos. Vielleicht verschaffe ich ihnen ein paar nette Plauderstündchen – aber frei werden sie dadurch nicht.

Ich gehe davon aus, dass es Gott mit einigen von uns manchmal genauso geht. Wir schreien um Hilfe und betteln um Heilung, sind aber nicht bereit, dafür selbst etwas zu tun. Wir sind wie der Mann aus dem Witz, der jeden Tag in die Kirche rennt, eine Kerze anzündet, sich vor dem Altar niederwirft und Gott anfleht: »Bitte mach, dass ich im Lotto gewinne! Gott, du weißt doch, dass ich sonst niemals von meinen Schulden wegkomme. Also bitte, bitte lass mich endlich im Lotto gewinnen!« Das geht über mehrere Wochen so, bis Gott endlich genug hat von dem Gejammer und ihm genervt antwortet: »Also gut. Ich bin ja durchaus bereit, deine Bitte zu erhören und dich im Lotto gewinnen zu lassen. Aber tu mir den Gefallen und füll wenigstens einen Schein aus!«

Weitergehen oder aufgeben?

Als wir noch in Oberursel wohnten und unser ältester Sohn gerade mal zwei Jahre alt war, marschierte er mit seinen kleinen Beinchen vergnügt neben mir her, um mich auf dem Weg zum Speicher zu begleiten. Mit dem Fahrstuhl fuhren wir in den zehnten Stock und gingen dann noch eine Treppe höher bis ganz nach oben. Dort war es immer ein wenig unheimlich, es gab zu wenig Licht und der Betriebsraum des Fahrstuhls machte seltsame Geräusche. Auf einmal wurde mein Sohn immer langsamer, schaute sich ängstlich um und blieb schließlich ganz stehen. Ich konnte ihm ansehen, wie es in ihm arbeitete: weitergehen oder aufgeben? Doch dann ging ein Lächeln über sein Gesicht, denn er hatte eine erstaunlich einfache Lösung gefunden – eine Lösung, die nur aus zwei Worten bestand: »Papa, Hand!« Ich nahm meinen Sohn an die Hand und er drückte sie fest. Gemeinsam gingen wir dann am Betriebsraum vorbei bis zu unserem Speicher. Am Ziel angekommen war er stolz, es geschafft zu haben.

Dieses Erlebnis verdeutlicht mir, was es bedeutet, mit Gott unterwegs zu sein. Auf dem Weg in die Freiheit werde ich nicht getragen, sondern ich muss ihn selbst gehen. Manchmal erscheint mir dieser Weg dunkel und bedrohlich, sodass auch ich mich frage: »Weitergehen oder aufgeben?« Doch dann mache ich es wie mein Sohn damals und rufe: »Papa, Hand!« Und so gehe ich dann weiter: An der Hand meines himmlischen Vaters setze ich einen Schritt vor den anderen, auch dann, wenn mir die Angst meine Brust einschnürt und mich zittern lässt (was ab und zu wirklich passiert).

»Man kann seine Ängste nicht überwinden, indem man vor ihnen flieht, sondern nur dann, wenn man sich ihnen stellt und mitten durch sie hindurchgeht.« Dieser Satz ist gut und richtig – doch für einen angstbesetzten Menschen wie mich ist er nur dann umsetzbar, wenn ich mich auf meinem Weg durch die Angst festkrallen kann an der Hand meines Gottes. Allein schaffe ich das nicht. Doch mit ihm an meiner Seite komme ich in kleinen vorsichtigen Schritten voran und feiere meine Etappenziele. Ich schätze, ich darf sogar ein bisschen stolz auf mich sein, denn schließlich war ich es ja, der ein Bein vor das andere gesetzt hat. Zugleich aber bin ich dankbar für Gottes Gegenwart und Kraft, ohne die ich das niemals geschafft hätte. Jesus hat gesagt: »Hier auf der Erde werdet ihr viel Schweres erleben. Aber habt Mut, denn ich habe die Welt überwunden« (Johannes 16,33). Wenn nun dieser Überwinder immer an meiner Seite ist – was kann mir dann noch passieren?

Es gibt nichts Gutes, außer man tut es

Es gibt viele Gründe, dieses Buch zu lesen. Vielleicht hat Sie einfach nur das Thema interessiert und Sie wollten einmal wissen, wie jemand wie ich in seinem Beruf als Pastor zurechtkommt. Oder es gibt da einen Menschen, der Ihnen lieb und teuer ist, dem Sie mein Buch unter das Kopfkissen schieben wollen, jedoch nicht, ohne vorher zu prüfen, ob es etwas taugt. Vielleicht geht es aber auch um Sie selbst. Vielleicht stecken Sie fest in diesem zerstörerischen Kreislauf aus Sucht und Scham und sehnen sich danach, frei zu werden. Dann frage ich Sie: »Was wollen Sie jetzt tun?« Natürlich können Sie dieses Buch zuklappen, in den Schrank stellen und genauso weiterleben wie bisher. Dann wird Sie Ihre Sucht noch tiefer in den Abgrund ziehen – leider glauben das die meisten erst, wenn es so weit ist und sie ganz unten angekommen sind.

Doch die gute Nachricht lautet: Sie müssen nicht so weiterleben wie bisher! Wenn ich Ihnen eines wünsche, dann ist das die Bereitschaft, in Gottes ausgestreckte Hand einzuschlagen und sich auf den Weg in die Freiheit zu machen. Ich behaupte nicht, dass dieser Weg einfach wird. Vermutlich wird er Ihnen einiges abverlangen, denn ohne Ihre Mitwirkung geht es nun mal nicht. Doch das Weitergehen lohnt sich!

Vielleicht haben Sie beim Lesen dieses Buch ja einige ganz konkrete Schritte erkannt, die nun für Sie dran sein könnten:

Sie könnten damit beginnen, ein Tagebuch zu schreiben, und dort ihre Gedanken, Gefühle und Erfahrungen festhalten.

Sie könnten bei der Kassenärztlichen Vereinigung anrufen und sich eine Liste mit den zugelassenen Psychotherapeuten in Ihrer Nähe schicken lassen (im Gegensatz zu Ärzten darf man sich diese nicht einfach anhand des Telefonbuchs selbst aussuchen, wenn die Krankenkasse die Kosten übernehmen soll).

Sie könnten eine Selbsthilfegruppe oder eine Suchtberatungsstelle besuchen. Hinweise dazu finden Sie im Anhang.

Sie könnten einen langen Spaziergang machen und auf Ihrem Weg mit Gott ins Gespräch kommen.

Sie könnten eine Bibel aufschlagen und beispielsweise das Evangelium nach Lukas lesen. Im Internet gibt es sehr viele unterschiedliche Übersetzungen, wenn Sie noch keine Lieblingsbibel haben, suchen Sie sich doch einfach dort die passende raus.[53]

Sie könnten mal wieder in einen Gottesdienst gehen.

Sie könnten für Ihre Fehler geradestehen und Menschen in Ihrem Umfeld um Vergebung bitten.

Sie könnten es wagen, sich zu öffnen, indem Sie in Ihrer kirchlichen Kleingruppe von Ihren Ängsten und Zweifeln berichten. (Vermutlich wird man Ihnen sagen: »Ich bin ja so froh, dass du das angesprochen hast – mir geht es nämlich genauso!«)

Sie könnten eines der weiterführenden Bücher lesen, die ich im Anhang empfehle.

Und wenn Sie völlig fertig sind und nichts von alledem möglich erscheint, dann könnten Sie immer noch schreien: »Herr, erbarme dich über mich!«

Das alles »könnten« Sie tun. Doch so viel steht fest: Zu einer wirklichen Veränderung wird es in Ihrem Leben erst dann kommen, wenn aus Ihrer Erkenntnis auch eine Tat wird, denn – wie sagt Erich Kästner so treffend? – »Es gibt nichts Gutes, außer man tut es!«

Epilog: „Eines weiß ich“

Mein Alltag bleibt angefochten und ich bewege mich auf dünnem Eis. Bis heute lebe ich alkoholabstinent, doch kann ich keine Garantie dafür geben, dass ich eines Tages nicht wieder rückfällig werde – sollte dies geschehen, dann gilt mir die Botschaft dieses Buches umso mehr.

Auch von meinen Zwängen bin ich nicht komplett befreit. Aufgrund der psychischen Belastungen, die mit dem Schreiben dieses Buchs verbunden waren, sind meine Zwänge umso stärker zum Vorschein gekommen. Vermutlich habe ich inzwischen so viel Papier verbraucht, dass meinetwegen einige Hundert Bäume gefällt werden mussten. Auch die alten Zwangsgedanken und Ängste waren auf einmal wieder da. Ermutigt durch meine erneute Beschäftigung mit ihnen, versuchten sie wieder einmal, mein Gehirn zu erobern – und das so heftig, dass ich mich um ärztliche Hilfe kümmerte, weil ich mir nicht sicher war, ob ich das allein packen würde. Ich musste die Erfahrung machen, dass Hansruedi Ambühl wohl recht hat, wenn er die Hartnäckigkeit dieser Krankheit beschreibt:

> *Der Zwang ist ein hartnäckiger Gegner, der nicht freiwillig das Feld räumen wird. Und er ist ein elender »Nischenhocker«, der nach verlorenen Kämpfen genau darauf achten wird, in welcher psychischen Verfassung Sie sich gerade befinden. Sobald er feststellt, dass Sie angeschlagen, belastet oder müde sind, wird er Morgenluft wittern und seine Chance nutzen, Ihnen Angst einzujagen und Sie wieder unter seine Knute zu nehmen.*[54]

Ich bin also nicht vollständig geheilt. Dennoch bin ich heute ein anderer als noch vor zehn Jahren. Zwar bewege ich mich auf dünnem Eis, aber ich bewege mich! Ich gehe Schritt für Schritt weiter an der Hand meines Herrn, den ich liebe, ehre und anbete. Durch die Gemeinschaft mit Christus fließt eine Freude in mein Herz, die ich sonst nirgends erfahre. Angesichts meiner Ängste berge ich mich bei meinem Vater im Himmel und suche Schutz unter seinem Schirm, so wie das schon der Beter von Psalm 91 getan hat:

Wer im Schutz des Höchsten lebt,
der findet Ruhe im Schatten des Allmächtigen.
Der spricht zu dem Herrn: Du bist meine Zuflucht
und meine Burg,
mein Gott, dem ich vertraue.
Denn er wird dich vor allen Gefahren bewahren
und dich in Todesnot beschützen.
Er wird dich mit seinen Flügeln bedecken,
und du findest bei ihm Zuflucht.
Seine Treue schützt dich wie ein großer Schild.

Psalm 91,1-4

Dabei verzichte ich bewusst darauf, zu versuchen, die Gedanken und Pläne Gottes zu verstehen und auf alle meine Fragen eine Antwort zu finden. Denn was ich bislang von diesem Gott erfahren habe, reicht mir, um wie ein kleines Kind in seine liebenden Arme zu laufen.

So lebe ich heute. Ich lebe! Und das sogar so, dass ich etwas weiterzugeben habe an andere: an meine Frau und meine Kinder, an die Geschwister in meiner Gemeinde und – wer weiß – vielleicht sogar an Sie, die Leserinnen und Leser dieses Buches.

Dabei bin ich kein Glaubensheld, sondern habe immer wieder auch mal Phasen, in denen mich Zweifel plagen und ich mutlos werde. So gibt es da eine Erfahrung, mit der ich nur schwer klarkomme: Ich erlebe, dass die Menschen in meinem Umfeld vieles nachvollziehen können von dem, was ich zu berichten habe. Nur wenn ich damit beginne, von Jesus Christus zu reden, klinken sie sich lieber aus, denn das kommt ihnen irgendwie komisch vor, zu seltsam und abgedreht. Selbst bei manchen frommen Leuten ist das so. Manche von ihnen denken wahrscheinlich, dass ich lediglich die eine Droge gegen eine andere ausgetauscht habe und inzwischen halt auf einem Jesustrip bin.

In meiner Hingabe an Jesus Christus, den auferstandenen Herrn, gehöre ich eindeutig zu einer Minderheit. Und mal abgesehen davon, dass ich niemals scharf darauf war, zu einer Minderheit zu gehören, zieht mich das manchmal ziemlich runter – vor allem dann, wenn ich mich völlig ausgepowert habe für Jesus und mir nachher einbilde, das sei alles umsonst gewesen. Dann taucht auf einmal ein ganzes Tribunal von Anklägern auf – innere Stimmen, die mich fertigmachen wollen und in mir Zweifel säen: »Wer weiß, vielleicht ist das alles nur ein Fake, ein frommer Wunschtraum. Vielleicht gibt es diesen Jesus gar nicht. Wenn es ihn überhaupt gegeben hat, dann ist er vor zweitausend Jahren in seinem Grab vermodert und deine angeblichen Erfahrungen mit dem Heiligen Geist waren in Wirklichkeit nichts anderes als eine Überdosis Serotonin in deinem Hirn, bedingt durch die Medikamente. Du lebst mit einer Täuschung, hältst dich fest an einer Fata Morgana. Und das alles nur, weil du zu schwach bist, um ohne den Glauben an eine höhere Macht zu leben. Dabei spricht doch alles in dieser Welt dagegen, dass es sie gibt. Und schau dich doch bitte mal an: Viele deiner Mitmenschen leben viel freier und froher als du. Sie sind selbstbewusster, mutiger und zielstrebiger, als du dies jemals sein wirst. Du hingegen fällst immer wieder hin und musst dann mühsam aufgepäppelt werden. Du bist schwach – ängstlich, gehemmt, scheu und einfach sonderbar. Wenn du also der Beweis dafür sein sollst, dass dieser Jesus wirklich auferstanden ist und lebt, dann gute Nacht! Dann ist es um die Glaubwürdigkeit des Christentums ziemlich schlecht bestellt!«

An schlechten Tagen schaffen es diese inneren Ankläger, mir jegliche Kraft auszusaugen, sodass ich mich verzweifelt in eine Ecke verkrieche. Doch durch das Schreiben dieses Buchs habe ich vielleicht eine Möglichkeit, ihnen wirksam entgegenzutreten. Ich könnte es so machen wie der Blindgeborene, von dem der Apostel Johannes berichtet. Nachdem dieser von Jesus geheilt worden ist, muss er sich vor den jüdischen Gesetzeshütern für seine Heilung verantworten und wird von ihnen ziemlich in die Mangel genommen: »Gib Gott die Ehre und sage die Wahrheit, denn wir wissen, dass dieser Mann ein Sünder ist« (Johannes 9,24). »Er kann dich unmöglich geheilt haben«, soll das heißen. So setzen sie den Geheilten unter Druck, schüchtern ihn ein und erwarten von ihm, dass er sich gegen Jesus stellt. Doch angesichts der vielen Unterstellungen und Anklagen, die auf einmal auf ihn einprasseln, gibt er eine schlichte und zugleich sehr effektive Antwort: »Ich weiß nicht, ob er ein Sünder ist. … Aber eins weiß ich: Ich war blind, und jetzt kann ich sehen!« (Vers 25).

Wenn mich nun meine inneren Ankläger in die Mangel nehmen wollen und mich unter Druck setzen in der Hoffnung, ich könnte Jesus verleugnen, schnappe ich mir mein eigenes Buch und lese noch einmal nach, wie es mir vor zehn Jahren ergangen ist und wie ich heute lebe. Dann klappe ich es zu, richte mich auf, schaue meinen Klägern fest in die Augen und sage: »Ich weiß so vieles nicht und habe selbst meine Fragen und Zweifel. Aber eins weiß ich: Ich war gefangen, und jetzt bin ich frei!«

Dann drehe ich meine Anlage auf, höre meinen Lieblings-Progsong und vertraue auf die Zusage meines Herrn: »Hold, this storm will clear. Hold, nothing to fear. Hold, I will be here for you.“[55] (Halte durch, dieser Sturm wird sich legen. Halte durch, es gibt nichts zu befürchten. Halte durch, ich werde für dich da sein.)

Zur Vertiefung

Literaturtipps

Ambühl, Hansruedi: Frei werden von Zwangsgedanken. Patmos Verlag, 8. Auflage 2018.

Grün, Anselm: Gescheitert? Deine Chance! – Wenn Lebensentwürfe zerbrechen. Münsterschwarzacher Kleinschriften, Band 142. Vier-Türme-Verlag 2003.

Johnstone, Matthew: Mein schwarzer Hund – Wie ich meine Depression an die Leine legte. Kunstmann Verlag 2008.

Lerner, Harriet: Wohin mit meiner Wut? Neue Beziehungsmuster für Frauen. Fischer Verlag GmbH, 4. Auflage 2003.

Lütz, Manfred: Irre! Wir behandeln die Falschen – Unser Problem sind die Normalen. Eine heitere Seelenkunde. Gütersloher Verlagshaus 2009.

Nouwen, Henri: Die innere Stimme der Liebe – Aus der Tiefe der Angst zu neuem Vertrauen. Herder 2010.

Röhr, Heinz-Peter: Sucht – Hintergründe und Heilung. Abhängigkeit verstehen und überwinden. Patmos 2011.

Röhr, Heinz-Peter: Wege aus der Abhängigkeit – Destruktive Beziehungen überwinden. Deutscher Taschenbuch Verlag 2008.

Scazzero, Peter: Glaubensriesen – Seelenzwerge? Geistliches Wachstum und emotionale Reife. Brunnen 2017.

Schneider, Ralf: Die Sucht-Fibel – Wie Abhängigkeit entsteht und wie man sich daraus befreit. Informationen für Betroffene, Angehörige und Interessierte. Schneider Hohengehren, 19. korr. Auflage 2017.

Wentland, Matthias: Zwangsstörungen – Ein ganzheitlicher

Ansatz zur Diagnose und Behandlung. SCM R.Brockhaus 2012.
Yaconelli, Mike: Gott liebt Chaoten – Warum wir nicht ständig besser werden müssen. SCM R.Brockhaus, 5. Auflage 2014.

Filmtipps

Bessere Zeiten (2010).
Don't Worry, weglaufen geht nicht (2018).
Schloss aus Glas (2017).
When a Man Loves a Woman – Eine fast perfekte Liebe (1994).

Internetseiten & Apps

Alkoholismus-Hilfe.de
Homepage: www.alkoholismus-hilfe.de
Anonyme Alkoholiker Interessengemeinschaft e.V.
Homepage: www.anonyme-alkoholiker.de
Blaues Kreuz in Deutschland e.V.
Homepage: www.blaues-kreuz.de
blu:prevent – Suchtprävention des Blauen Kreuzes in Deutschland
App: blu:app
Bundeszentrale für gesundheitliche Aufklärung (BZgA)
Homepage: www.kenn-dein-limit.de
Kreuzbund e.V.
Homepage: www.kreuzbund.de
Mario Hanna
App: Alkoholfrei – Trinken aufhören (EasyQuit)

Anmerkungen

1 N.N.: Mein freiwillig gottloses Jahr. Aufatmen 2/2009.
2 Brennan Manning: Alles aus Gnade – Autobiografie eines vom Leben Gezeichneten. Gerth Medien 2017.
3 Eine gute Kostprobe gibt der Song »Close to the Edge« von der Gruppe »Yes«. https://www.youtube.com/watch?v=51oPKLSuyQY (Abruf: 22.10.2018).
4 Iona: Inside my heart. Aus: Journey into the Morn, © ForeFront Records, 1996; Deutsch durch den Autor.
5 Pink Floyd: Time. Aus: The Dark Side of the Moon, © Capitol Records, 1973, Deutsch durch den Autor.
6 Martin Walser: Seelenarbeit. Suhrkamp 1983, S. 265.
7 Spock's Beard: On the Edge. Aus: The Light, © InsideOut Music (Sony Music), 1998; Deutsch durch den Autor.
8 Wikipedia (Hg.): Bonding (Psychotherapie). https://de.wikipedia.org/wiki/Bonding_(Psychotherapie) (Abruf: 05.11.2018).
9 N.N.: Mein freiwillig gottloses Jahr. Aufatmen 2/2009.
10 Zitiert nach: Dr. Reisach Kliniken (Hg.): Leitbild. https://www.dr-reisach-kliniken.de/leitbild.html (Abruf: 05.11.2018).
11 Pink Floyd: Hey You. Aus: The Wall, © Warner/Chappell Music, Inc., 1979; Deutsch durch den Autor.
12 Verfasser unbekannt, oft fälschlicherweise Albert Einstein zugeschrieben.
13 Harriet Lerner: Wohin mit meiner Wut? Neue Beziehungsmuster für Frauen. Fischer Verlag GmbH, 4. Auflage 2003, S. 19.
14 Pink Floyd: Keep Talking. Aus: The Division Bell, © 2016 Pink Floyd (1987) Ltd., marketed and distributed by Parlophone Records Ltd.; Deutsch durch den Autor.
15 Der Film »When a Man Loves a Woman – Eine fast perfekte Liebe« aus dem Jahr 1994 veranschaulicht das sehr gut.
16 Matthias Wentland: Zwangsstörungen – Ein ganzheitlicher Ansatz zur Diagnose und Behandlung. SCM R.Brockhaus 2012, S. 16.
17 Angelehnt an das Kinderlied »Pass auf, kleines Auge, was du siehst« (Verfasser unbekannt).
18 Wentland: Zwangsstörungen, a.a.O., S. 14.
19 Ebd., S. 22.
20 Dr. Christine Amrhein: Persönlichkeitsstörung – Ausgeprägte Persönlichkeitsmerkmale als störende Belastung: Abhängige Persönlichkeitsstörung. Pro Psychotherapie e.V. 14.07.2014. www.therapie.de/psyche/info/index/diagnose/persoenlichkeitsstoerungen/dependent (Abruf: 05.11.2018).
21 Ebd.
22 Heinz-Peter Röhr: Wege aus der Abhängigkeit – Destruktive Beziehungen überwinden. Deutscher Taschenbuch Verlag 2008, S. 69.

23 Pink Floyd: Comfortably Numb. Aus: The Wall, © Warner/Chappell Music, Inc., 1979; Deutsch durch den Autor.

24 Lerner: Wohin, a.a.O., S. 23.

25 Volker Halfmann: Mensch, wehr dich doch! 22.04.2016. www.schwere-loswerden.de/?p=357 (Abruf: 05.11.2018).

26 Tilman Moser: Gottesvergiftung. Suhrkamp 1980, S. 79-80.

27 Ebd., S. 13.

28 Ebd., S. 92-93.

29 Ebd., S. 18.

30 Vgl. zu diesem Abschnitt Dorothee Erbe: Wie »funktioniert« Sucht im Gehirn? In: P&S Magazin für Psychotherapie & Seelsorge 2/2009, SCM Bundes-Verlag, S. 25.

31 Für das Folgende vergleiche: Suchtselbsthilfe Wettenberg (Hg.): Diagnosekriterien der Alkoholabhängigkeit nach ICD-10. www.suchtselbsthilfe-wettenberg.de/ICD-10.pdf (Abruf: 15.10.2018).

32 Pain of Salvation: The Taming of a Beast. Aus: In the Passing Light of Day, © 2017 InsideOut Music; Deutsch durch den Autor.

33 Mögliche Antworten auf diese Frage finden sich z.B. hier: Wikipedia (Hg.): Allmachtsparadoxon. https://de.wikipedia.org/wiki/Allmachtsparadoxon (Abruf: 23.10.2018).

34 Kettcar: Fake for real. Aus: Sylt, © 2008 Grand Hotel Van Cleef (Indigo).

35 Pink Floyd: Goodbye, cruel world. Aus: The Wall, © Warner/Chappell Music, Inc., 1979; Deutsch durch den Autor.

36 Pain of Salvation: The Perfect Element. Aus: The Perfect Element; © InsideOut Music (Sony Music), 2000; Deutsch durch den Autor.

37 Fernando Sabino, oft fälschlicherweise Oscar Wilde zugeschrieben.

38 Vgl. Sina Arauner: Kintsugi – Wenn Zerbrochenem neues Leben eingehaucht wird. Japandigest 02.07.2017. www.japandigest.de/kulturerbe/geschichte/kunsthandwerk/kintsugi/ (Abruf: 16.10.2018).

39 Testimony (Psalm 18). https://www.schwereloswerden.de/?cat=9 (Abruf: 23.10.2018).

40 Henri Nouwen: Die innere Stimme der Liebe – Aus der Tiefe der Angst zu neuem Vertrauen. Herder 2010, S. 27.

41 Ebd., S. 34-35.

42 David Foster Wallace: Das hier ist Wasser. Verlag Kiepenheuer & Witsch 2016, S. 11.

43 Ebd., S. 30.

44 Dieter Ising (Hg.): J.Chr. Blumhardt – Ein Brevier. Vandenhoeck & Ruprecht 1991, S. 59.

45 Die Mär vom lieben Gott. FeG Karlstadt 26.02.2017. https://karlstadt.feg.de/multimedia-archive/die-maer-vom-lieben-gott/ (Abruf: 05.11.2018).

46 Iona: Inside my Heart; Deutsch durch den Autor.

47 Vgl. dazu Anselm Grün: Gescheitert? Deine Chance! – Wenn Lebensentwürfe zerbrechen. Münsterschwarzacher Kleinschriften Band 142. Vier-Türme-Verlag 2003.

48 Wunibald Müller: Henri Nouwen. Springen – das Wagnis von Nähe. Ein Portrait. Vier-Türme-Verlag 2002, S. 20.

49 N.N.: Von den Anonymen Alkoholikern lernen. Das Hauskreismagazin Nr. 16, SCM 2010, S. 14-16. http://schwereloswerden.de/Predigten/Von%20den%20Anonymen%20Alkoholikern%20lernen.pdf (Abruf: 19.10.2018).

50 Vgl. Peter Scazzero: Glaubensriesen – Seelenzwerge? Geistliches Wachstum und emotionale Reife. Brunnen 2017.

51 Mike Yaconelli: Gott liebt Chaoten – Warum wir nicht ständig besser werden müssen. SCM R.Brockhaus, 5. Auflage 2014, S. 11.

52 Herbert Grönemeyer: Erzähl mir von morgen. Aus: Schiffsverkehr, © Grönland (EMI), 2011.

53 Zum Beispiel: Bibleserver. www.bibleserver.com (Abruf: 20.10.2018).

54 Hansruedi Ambühl: Frei werden von Zwangsgedanken. Patmos Verlag, 8. Auflage 2018, S. 84.

55 Southern Empire: Hold. Aus: Southern Empire, © 2016 Gep (Soulfood).

Andreas Schutti, Daniel Gerber

Discokönig

Geld, Sex, Macht – Wie ich erst alles verlieren musste,
um wirklich reich zu werden

Seine Discos, sein Imperium: schöne Frauen, teure Autos, Schlagzeilen. Discokönig – er hat es geschafft! Alle wollen so sein wie er! Doch dann zerschlägt die Steuerbehörde sein selbst erschaffenes Königtum mit einem Schlag. Absoluter Tiefpunkt. Ist das wirklich sein Ende, oder entdeckt er dort einen zaghaften Schimmer Hoffnung am Horizont?

Andreas Schutti machte als Discokönig Schlagzeilen. Heute ist die Bibel für ihn das Fundament des Glaubens und Jesus Christus sein großes Vorbild.

Gebunden, 13,5 x 21,5 cm, 320 S.
ISBN 978-3-7751-5887-9
Auch als E-Book e

SCM
Hänssler

Peter Höhn
GANZ
ICH
SEIN
Entspannt
in Gottes
eintauchen
Berufung
AUFATMEN
SCM